はしがき

　本書で扱うのは商業と流通の歴史である。商業・流通の歴史を、タイトルの「世界流通史」に示されているように「流通史」、すなわち流通の歴史としてとらえようとしている。

　「流通」とは何か。これについてはさまざまな論者による定義がある。例えば、長年わが国で商学、流通学の研究に携わってきた林周二は、流通という言葉を「人間の手で生産されたさまざまな生産物が、その供給主体の手もとから、その需要主体の手もとまで届けられる社会現象、とりわけ経済現象を指すもの」として用いている（林周二『流通』11頁）。

　一般に、人間の経済活動は、生産・流通・消費の三つの過程に分けることができるであろう。このように単純化してみれば、流通とは、生産と消費とを取り結ぶ経済過程として位置づけることができる。それゆえ、流通史とは、「生産と消費とを取り結ぶ流通過程について、過去にさかのぼってその実態や変化を見ていく」学問領域であると理解することができる。

　生産と消費を取り結ぶ役割を指す、より一般的な用語としては「商業」があり、その歴史を扱う学問領域として商業史がある。本書では、「商業」と「流通」の厳密な区別を行なっていないが、強いて述べれば、商品の流れ（物流）に注目する際には流通という言葉が、また取引の主体（商人）や社会や文化とのかかわり（商業文化）が念頭に置かれる際には商業という言葉が用いられるということになろう。本書は、流通史を名乗っているものの、商人や社会との関わりにも触れているため、「商業・流通史」という言葉を頻繁に用いている。実際、歴史を描き出すうえで商業と流通をはっきりと区別することは難しいというのが、これまで流通史の教育と研究に携わってきた筆者の感想である。

　石井寛治によれば、かつて大学で「商業史」という講義名で設定されてい

た科目が近年「流通史」へと名称を変更することが増えたという。その理由として、最近では流通機構の発達により旧来とは違い商人を介在しない取引が増え、そのような取引も考察の対象とするために流通史という科目名が好まれるようになったことが挙げられている。「流通史の多様でダイナミックな展開を扱うには、商業史という名称ではもはや狭すぎるといわねばなるまい」と石井は断言する（石井寛治『日本流通史』2—3頁）。最近のことに限らず古い時代の事柄を扱う際にも、流通という言葉を用いることにより、ヒトやモノ、情報などの「流れ」をより鮮明に描き出すことができるのではないかと考えられる。

　本書は、大学で流通史ないし商業史を学ぶうえでのテキストおよび参考書として利用されることを念頭に置いて執筆された。筆者は勤務先で流通史関係の講義を担当しており、本書にはおもにそこで取り上げてきた内容が盛り込まれている。執筆に際しては、テキストとしての「とっつきにくさ」を少しでも軽減するために、「小ネタ」として使えそうな雑学を取り込むことをある程度心掛けた。それゆえ、商業や流通の歴史について広く関心を持つ一般の読者にも、それほど抵抗感を抱くことなく本書を手に取ってもらえるのではないかと思っている。
　煩雑さを避けるために、注はなるべく少なくして章ごとにまとめ、参考文献の参照・引用は括弧内で本文中に記すことにした。本文中には、著者名、タイトル（長い場合は短縮）、ページのみを掲げているので、必要な際には、参考文献一覧を利用してほしい。ここには、本書で特に参照することはなかったものの、商業・流通の歴史を知るうえで有益と思われる文献も合わせて挙げている。昨今の出版事情を反映して、重要な文献であっても入手不可能なものがあるかと思う。例えば、筆者が長年親しみ、本書執筆に際しても随所で依拠したテキストに石坂昭雄、壽永欣三郎、諸田實、山下幸夫著の『商業史』（有斐閣、1980年）があるが、これなども出版元のホームページで見出すことができない。学生、読者諸氏には図書館などの積極的な利用を望みたい。

昭和堂を紹介していただいたのは、同じ勤務先の柳田芳伸先生である。著名なマルサスの研究者として、すでに昭和堂からマルサスに関する研究書を数冊出版しておられる柳田先生は、筆者が本書出版の意思があることを告げるとすぐに昭和堂に連絡を入れ、鈴木了市氏を紹介してくださった。柳田芳伸先生に感謝申し上げるとともに、類書が少ないなど本書出版の意義をくみ取り、刊行に至るまで大変お世話になった鈴木了市氏にも御礼申し上げたい。

2017年2月
　　　　佐世保にて

　　　　　　　　　　　　　　　　　　　　　　　　　　　谷澤　　毅

目　次

はしがき　i

第Ⅰ部　流通史の考え方

第1章　流通史の射程 …………………………………… 2

（1）　本書が意図する流通史　2
（2）　商業・流通史の課題と方法　3

第2章　流通を形づくる要素 …………………………… 10

（1）　商品――商取引の対象　10
（2）　商人――商取引の主体　17
（3）　会社――中・近世の拡大と株式会社の誕生　26
（4）　市場――商取引の場　29

第Ⅱ部　歴史と経済のとらえ方

第3章　歴史とは何か …………………………………… 38

（1）　史実について　38
（2）　歴史観について　41
（3）　歴史学は科学か　45

第4章　ドイツ歴史学派経済学とその誕生の背景 …… 49
――歴史重視の風潮と社会

- (1) 経済発展段階説　49
- (2) ドイツ歴史学派誕生の背景　52
- (3) 歴史学派経済学の主張　53
- (4) フリードリヒ・リストの主張　56

第5章　ドイツ史学・ドイツ経済学の系譜 ………… 59

- (1) マルクスの歴史学説　59
- (2) ヴェーバーによる認識方法と資本主義理解　62
  - ◆1　認識方法　63
  - ◆2　資本主義のとらえ方　64

  補論　ゾンバルトの資本主義論　66
- (3) 大塚史学の考え方――生産と商業　67
  - ◆1　大塚史学誕生の背景　67
  - ◆2　資本主義成立論　68
  - ◆3　大塚史学の限界　72

第6章　全体を見る眼 ………… 75

- (1) ブローデルの世界――巨視的歴史像のなかの経済と商業　75
  - ◆1　アナール学派の世界　75
  - ◆2　ブローデルの『地中海』　77
  - ◆3　ブローデルの『物質文明・経済・資本主義』　80
- (2) 世界システム論　82

  補論　グローバル・ヒストリー　87

第Ⅲ部　商業・流通の展開

第7章　交換の始まり……………………………… 92

　(1)　原初の取引のかたち　92
　(2)　縄文・弥生期の日本——海上交易の役割　96

第8章　古代地中海地域の商業・流通 ……………… 98

　(1)　フェニキア人とギリシャ人　98
　(2)　ローマ帝国　102

　　補論　古代日本における貨幣と流通　107

第9章　中世ヨーロッパの商業・流通 …………… 109

　(1)　ヨーロッパ世界の誕生　109
　(2)　中世の世界経済　113
　(3)　中世都市の世界　118

第10章　南北二つの海域通商圏 ……………………123
——地中海地域とバルト海・北海地域

　(1)　地中海地域　123
　(2)　バルト海・北海地域　131

　　補論　ハンザ同盟の世界　138

第11章　ユーラシア・ネットワーク……143

- (1)　シルクロード　143
- (2)　マルコ・ポーロの足跡　147
- (3)　ユーラシア・ネットワーク　151

第12章　世界市場の誕生……157

- (1)　大航海時代の到来　157
  - ◆1　東インド　159
  - ◆2　新大陸　161
- (2)　スペイン帝国の盛衰　163
- (3)　流通拠点としてのアントウェルペン　166

第13章　近世ヨーロッパの商業・流通……171

- (1)　「黄金時代」のオランダ商業　171
  - 補論　日蘭貿易の展開と鎖国　176
- (2)　イギリスとフランスの台頭　180
  - ◆1　イギリス　180
  - ◆2　フランス　182
- (3)　近世の商業都市──港湾都市ハンブルクと大市都市ライプツィヒ　185
  - ◆1　ハンブルク　185
  - ◆2　ライプツィヒ　188

第 14 章　産業革命の到来 …………………………………… 194

(1) 産業革命とはなにか　194
(2) 流通界の動向――産業革命前夜の時期を含めて　197
　◆1　新たな流通組織の形成　197
　◆2　商品の多様化、広範な普及　198
(3) 交通の発展　201

第 15 章　大衆消費社会の成立 …………………………………… 208

(1) 世界商業史的前提　208
(2) アメリカにおける商業・流通の発展　213
(3) 大衆消費社会の出現　216
(4) 近代日本の商業と大衆消費社会　221

第 16 章　戦後の経済発展と流通――日本を事例として … 227

(1) 流通革命の進展　227
(2) 高度経済成長と「豊かな社会」の到来　233
(3) コンビニエンス・ストアとショッピングセンターの躍進　238
　◆1　コンビニエンス・ストア　238
　◆2　ショッピングセンター　240
(4) 世界貿易の展開　243

参考文献　250
図版出所一覧　257
索　引　259

第 I 部　流通史の考え方

第 1 章　流通史の射程

(1)　本書が意図する流通史

　まずは、本書で意図する流通史について述べておきたい。本書では、商業・流通の歴史を幅広い文脈の中で見ていくことを目指している。経済活動の生産・流通・消費といった三つの過程を万遍なく扱うことが求められる経済史学と比べれば、流通過程に主眼を置く流通史学は扱う範囲が狭い、それだけ専門性の高い学問分野であると言えるかもしれない。もし、流通現象にだけ極力限定した厳密な流通史を想定するのであれば、取引の抽象化やモデル化を積極的に行うことにより科学的に精度の高い流通の歴史が描けることであろう。

　しかし、ここで意図しているのはそのような流通史ではない。本書では、商業・流通を広い文脈の中でとらえることにより、その、いわば歴史形成力とでもいうものを念頭に置きながら商業・流通の歴史を描き出そうとした。これは、いわば商業・流通の側面から歴史に光を当てる試みであるともいえるであろう。政治や経済、社会や文化など、歴史世界に対する光の当て方によって見えてくる歴史像は異なるはずである。商業・流通の面から見えてくる歴史像を把握することにより、歴史が展開していく際に商業・流通が担った重要な役割の一端が見えてくるのではないかと思う。

　以下、本書では、この第一部で流通史とは何かという問題、第二部で商業・流通史を含む歴史と経済に関する主要な学説、第三部で時間軸に沿う形で商業・流通の具体的な歴史について扱う。人間界の諸現象、歴史上のさまざ

な出来事がいかに商業や流通と関わっていたか。本書は、このような問題意識と共に執筆が進められたが、いうまでもなく限られた紙幅に商業・流通のあらゆる側面を盛り込むことは不可能であるし、そもそも筆者にそのような能力はない。本来であれば取り上げられるべきである話題が見あたらないということもあろうし、逆に、流通史を学ぶ学生に知ってほしいと思う事柄については、流通とは直接関係なくとも取り上げたものもある。また第三部については、筆者が専門とする北方ヨーロッパの中近世の比重が大きすぎるとの批判もあることだろう。さらに第三部では、叙述の中心を近世までは大陸ヨーロッパに、産業革命期に関してはイギリスに、近代の流通プロパーの発展に関してはアメリカに、そして第二次世界大戦後の流通の展開に関しては日本に視点を置いている。視点の置き方に一貫性がないという批判もあるだろうが、世界史的に見て発展の著しい地域と時代の商業・流通を取り上げることによって、商業・流通の社会との関わり、歴史形成力の一端が見て取れるのではないかと考える。

　以上が、本書で意図する流通史に関する説明である。

(2)　商業・流通史の課題と方法

　商業・流通史学においては、どのような事柄が課題として設定され、研究の対象とされているであろうか。1980年に刊行されたある商業史のテキストは、過去の商業史の研究を踏まえて商業史の四つの課題を提示しているが、そこに示されている課題は流通史の課題としても、なお有効であると判断される。それゆえ、以下ではこの先学たちによるテキストを踏まえながら商業・流通史学の四つの課題について、一部敷衍しながら述べていこう（石坂昭雄、壽永欣三郎、諸田實、山下幸夫『商業史』10—12頁）。

1　商品の種類と量を明らかにすること

　これは、どのような商品がどれだけ取引されたかという問題である。商品

の種類と量を明らかにすることにより商業のタイプや性格が見えてくる。例えば、商品の分類方法として、生活必需品と奢侈品に分けることがよくなされる。もし、ある商人や商社が扱った商品が生活必需品から成り立っているのであれば、その商人や商社は一般の民衆とのつながりが強く、逆に奢侈品が多ければ王侯貴族をはじめとする社会の上層を相手とする商人や商社であるということが見えてこよう。

　概して、商品の種類と量の増加は経済発展の程度を判断する指標の一つと見なせるであろう。自給自足に近い時代と比較して、大衆消費社会の時代に流通する商品の種類と量が増加したことは言うまでもない。例えば、ある特定の国や地域、都市などを対象として貿易をはじめとする商品流通の規模を通時的に検証すれば、商業・経済の発展や景況を占う指標となるであろう。また複数の国や地域、都市の流通の規模を共時的に取り上げれば、商業・経済の発展の度合いや性格の比較研究に資するであろうし、複数の地域の流通を通時的に追うことにより、時間軸のなかででの比較が可能になるであろう。

　われわれは自然界の産物を商品として利用してきた。商品を扱う学問分野としては商品学があるが、例えば日本では、享保時代に自然界の有用物産に関する調査が盛んに行われたことがあった。本草学の伝統があったのであり、そこには商品としても流通する有用物産に関する情報も含まれていた。西洋にも博物学の伝統がある。われわれは、自然界の限られた産物を、これからも広く利用していかなければならない。今後は、博物学的な視点を視野に入れた商品史研究も必要になってくるのではないだろうか。

2　商品が取引される場の解明

　これは、商品がどこで生産され、どのような経路を流通してどこで販売されたという問題である。人々が自給自足的な生活を送っているのであれば商業活動は必要ない。経済が発達するにつれて生産者から消費者に至る流通経路は長くなるであろう。かつて、取引の場として大きな意味を持ったのは定期市である。今日、われわれはヒト、モノ、カネ、情報が地球規模で流通す

るグローバル経済の時代を迎えている。

　概して、商品は市場(1)を介して流通してきた。それゆえ、市場は重要な検討項目をなす。また、商品が取引される場については、一定の広がりを持つ市場圏や取引経路の網の目であるネットワークといった視点からの分析も重要だろう。例えば、古い時代の商品の流通をもとに、空間的な視点を加味して経済圏や中心地機能の一端を検証していく作業は、過去の流通を地図を使って目に見える形に結実させていく興味深い研究になるかと思われる。

　流通経路も商業・流通史における重要な検討項目である。ある地域や都市が重要な通商路に位置しているか否か、取引の拠点であるか否かはその地の経済事情を大きく左右する。しかも、経路は一定しない。長い時間をかけて、あるいはある出来事をきっかけとして短期間のうちにも経路の移動は起こりうる。流通経路の変化・移動は隣接する都市や地域の商業・経済の盛衰に大きく影響する。それゆえ、「商業・流通と歴史とのかかわり」を見ていくうえで経路の変化への眼差しは大きな意味を持っていると言えるだろう。

　具体例を挙げよう。例えば、アフリカの南端喜望峰を経由する東インド貿易のルートの開拓は、それまでの香辛料貿易の経路であった地中海の役割を低下させ、ヴェネツィアなどのイタリア商業都市の発展の頭打ちに繋がった。わが国の例も挙げれば、江戸時代、瀬戸内海は、「天下の台所」と謳われた商都大坂（大阪）を出入りする北前船をはじめ、多くの船が行き交い、その沿岸には室津や鞆、牛窓など交易や帆待ちのための大小さまざまな港が数多く並んでいた。しかし、明治期以降、鉄道や道路といった陸上の経路が整備され、陸上輸送が盛んになると船舶の寄港は急速に減っていき、多くの港町は繁栄から取り残されてしまった。なお、新たな交易路の出現や主要ルートの移動は、トンネルや橋の完成による新ルートの開通、鉄道や飛行機など新たな交通手段の出現など、諸技術の進歩とも関連していることを指摘しておきたい(2)。

3　商人とその組織、商行為の解明

　これは、だれがどのような方法で取引活動を営んできたのかという問題である。商品を商業・流通の客体とすれば、商人はその主体である。商人が作り出してきた組織や取引技術、彼らが結集してできた会社企業も法人として商業・流通史の検討項目となろう。

　歴史を振り返ると、社会の下層から上層までさまざまな人々がかつて商人として活動していたことがわかる。時代が下るにつれ、商業は組織的に行われるようになり、やがては会社が経済活動の中心を占めるようになってきた。また、商習慣やモラルなど、商業にちなむ民俗なども考慮すれば、地域ごとの違いにも注目されることであろう。

　取引の規模、領域の拡大は商人が生み出した組織を大規模なものとし、技術を複雑なものとした。時代により、商人の在り方や組織は大きく異なる。定期市における取引は、やがて店舗での売買や見本市（メッセ）、あるいは博覧会での展示にも受け継がれる。小売りに注目すれば、百貨店の時代の後、戦後のいわゆる「流通革命」といわれるスーパーマーケットの登場、さらに最近の現象としてコンビニエンス・ストアと郊外型大型商業集積（ショッピングセンター）の登場が考察項目に加えられるだろう。また商人の企業者としての面に注目するのであれば、商館や取引所、株式会社をはじめとする会社組織に注目する必要がある。また、本書では掘り下げることはしないが、金融（手形や信用など）や保険、税制、簿記・会計など、専門的な知識が必要とされるこれら諸分野の発達史も、商業・流通史の研究に奥行きを与えることであろう。

　4　商業・流通と歴史とのかかわりの解明

　これは、商業・流通の歴史形成力を念頭に置きながら商業・流通の歴史を広い文脈の中で見ていこうという、本書のねらいともかかわる課題である。これを、本書が依拠した先学たちの手になるテキストは「商業の歴史的意義」と表現したが（石坂ほか『商業史』12頁）、本書では表記のような文言に改め

て掲げている。以下、具体例を幾つか挙げながら、商業・流通と歴史とのかかわりについて、ややくわしく見ていきたい。

◎風土とのかかわり

　商業・流通は広く歴史の展開に影響を与えると同時に、それらにより影響を受けもする。そのような例として、ここでは風土を挙げてみよう。風土とは、文化をはじめとする人為的な条件と自然的、地理的条件とが微妙に交錯して成り立つ領域ゆえに、あいまいな、どちらかというと捉えどころのない概念であると言える。しかし、この風土という言葉を含む「経営風土」という用語が、商業・流通史とも関係の深い経営史学の分野で、ある地域の経営の特徴を捉える際にしばしば用いられているのである[3]。ひところ話題となった「日本型経営システム」とは、まさに日本の経営風土により育まれた企業経営の在り方であり、また、流通論を学ぶ上でよく取り上げられる「日本型流通システム」も、わが国独特の歴史的風土を抜きにしてその成り立ちを説明することは難しいだろう。おそらく、各地域の経営なり流通は、その地域独特の風土的な条件のもとに成り立っていると考えてよい。

◎商業・流通の道は文化の道である

　次に、商業・流通の側からの歴史の展開、形成に対する働きかけについて考えてみたい。ここで留意したいのは、商業・流通の道は文化の道として捉えることができるのではないか、ということである。「ヒト・モノの移動は情報・文化の移動を伴う」と言い換えてもよいであろう。商人に代表される越境する人々の移動と交渉の繰り返しのなかで情報が伝達され、文化が伝播してきた。シルクロードは、交易路が文化伝播の経路でもあったことを示す最もふさわしい例であろう。以下本書でも取り上げるように、ユーラシア大陸の東西を結ぶシルクロード（絹の道）は、絹をはじめとする商品が流通し、マルコ・ポーロをはじめとする著名な旅行家が利用した交通路であったのみならず、東西両洋の文化、文物、知識、情報が行き交った、まさに大陸の動

脈であった。
　わが国からも例を挙げよう。江戸時代から明治にかけて日本海側の沿岸地域では、商都大阪（大坂）を拠点とするいわゆる北前船による航海が盛んに行われていた。松前産の昆布をはじめ鰊や干鰯などの海産物や米、最上川周辺の産物である紅花などが大阪へと集荷され、その対価として上方各地の先進的な技術により製造された酒や紙、木綿、煙草などが流通した。こうした手工業製品に加え、日本海側の各地へは、上方の最新の情報や文化も伝わった。例えば、北前船の代表的な寄港地の一つとして、また米の集散地としても知られた港のひとつに酒田がある。ここ酒田から、最上川をさかのぼった流域で上方からの流入品とおぼしき享保雛や南画が現在も保存されているのは、かつてこの川の流域と大阪とが水運により結びついていたことのあかしと見てよい（丸山雍成編『日本の近世6　情報と交通』300—310頁）。最上川が流れる山形市は、また東日本のなかでは珍しい牛肉の多消費地として知られる。一般にわが国は、肉の消費の面から東の豚肉消費圏と西の牛肉消費圏に分けることができるが、肉のなかでも牛肉を重んじるという関西風の食文化が山形で根付いているのである。ちなみに、山形の料理の味付けは、関西風に近い薄味であるという（河野友美『食味往来』129—139頁）。このように、流通の歴史形成力は、食文化という人々の日常生活と関係する領域からも、その影響を見て取ることができる。
　さらに例として、うどんのだし汁を取り上げてみよう。一般に関東では醤油をベースとした濃い色と味が好まれ、関西では「だし」の風味を生かした薄い色と味が好まれるということは、常識となっている。関西風の「だし」で欠かせないのは昆布である。しかし、その昆布は蝦夷をはじめとする北日本の特産品である。昆布はまた、塩昆布や佃煮に加工され、大阪を代表する土産物の一つとなっている。生産地からかけ離れた大阪で昆布が大量に消費されるようになったのは、一見すると不思議である。だが、北前船の役割を考えれば、この謎は簡単に解決する。北前船により昆布の定期的な遠方からの供給があってこそ、大阪を中心とする関西に昆布を不可欠とする食文化が

根付いたのである。これらの昆布の一部は琉球にも供給されることにより、沖縄料理にも昆布は取り入れられることになった。蝦夷から琉球まで昆布が流通する経路が成立っていたのである（河野友美『食味往来』21―54頁）。

　長きにわたり、わが国の経済、文化の中心は上方にあった。それゆえ、上方の文化、文物、産物を貴ぶ風潮は、江戸が政治・消費都市として巨大化してからも続いた。酒をはじめとする伝統に裏打ちされたすぐれた製品を作り続けてきた上方からの到来物は、「くだりもの」として貴ばれた。菱垣廻船、樽廻船などと呼ばれた船舶が、それらの輸送に従事した。すぐれたものが上方から下ってくる。つまらないものは「くだらない」のである。ちなみに、関東の味付けでベースとなる醬油も、まずは高く評価されたのは、上方から送られる「下り醬油」であった。商品が流通し、人々が行き交い、情報が伝達されるなか、醬油は銚子や野田など、ようやく関東でも高品質のものが造られるようになる。「くだりもの」として珍重された食材である醬油が、関東の味覚の土台を成すようになった。こうした事例からも、商業・流通の歴史形成力の一端がうかがえるのではないだろうか。

　　　注

(1)　「いちば」と「しじょう」との区別については第2章（4）「市場」を参照。
(2)　リューベックやヴェネツィア、あるいはわが国の門司（門司港）のように、交易路の移動が衰退につながった都市や港の多くは、現在、観光地として注目されている。開発の遅れが古い建物や街並みの維持につながり、それらは貴重な文化遺産として注目されるようになった。
(3)　「経営風土」については以下を参照。渡辺尚、作道潤『現代ヨーロッパ経営史――「地域」の視点から』有斐閣、1996年、9―12、59頁。米川伸一『ヨーロッパ・アメリカ・日本の経営風土』有斐閣新書、1978年。

第2章　流通を形づくる要素

　ここでは、流通を形づくる要素として、取引の対象となる商品、取引の場となる市場、取引活動の主体である商人、そして、商人が経済人として組織する会社を取り上げる。これら諸要素を具体的に取り上げながら、歴史のなかで商業・流通が果たしてきた役割の一端を考察していきたい。

(1) 商品——商取引の対象

　広い意味で考えれば、商品には売買の対象となるものがすべて含まれる。この漠然とした商品の概念を商学の面から限定すれば、例えば林周二に従って、次のように述べることができるであろう。すなわち、商品とは、「商人たちが商取引の対象物と見なす財貨やサービスのような有価物をいう」と（林周二『現代の商学』163頁）。少し補足すれば、「商取引の対象物と見なす」ということは、売買の対象となり、交換が成り立つということを意味する。また、「有価物」であるということは、素材自体に実質的な価値があるということを示す。ただし、あらゆる商品がすべての人にとって有価物であるというわけではない。例えば、使用済の切手や古銭などは、興味のない人にとっては、極端に言えば、単なる屑でしかないが、これらのマニアやコレクターにとっては大変な価値がある商品であるということは十分あり得る。コレクターの間で市場が成立していれば、一般の人にとっては無価値なものでも、希少性や需要の程度などに従って価値が生まれる。使用価値はなくとも交換価値を帯びるのである。

◎商品を分類する

　商取引の対象となる有価物が商品であるから、そこには目に見えない菌類から巨大な装置まで無数の品々が含まれることになる。この商品界を理解するために何らかの分類がなされるのであるが、目的や観点が異なれば分類の仕方は異なるであろう。先に、奢侈品と生活必需品という区分を取り上げたが、経済史などでは、大局的な見地からある地域や国家の経済を見ていく際には、貿易の対象となる商品が外国・異郷の商品であるのか、それとも自国・地元の商品であるのかという区分を設けることがある。前者を扱う取引は地元の生産と直結しない中継商業として、また後者は地元の生産と関係するいわば生産密着型の商業として区分することができるだろう。

　この区分は、一頃国家の経済発展の可能性を推し量る指標として、モノを作り出す生産力を重視する、いわゆる「生産力史観」が強調されていた頃に重視されていた項目である。典型的には、近世・近代の世界経済を牽引したオランダとイギリスを性格分けする際に用いられた。すなわち、オランダは商業・海運力を土台として17世紀には世界経済を牽引する国となったが、その商業の中心が生産と結びつかない中継商業であったために、商業が産業革命に直結することはなかった。一方、自国の生産力を土台として生産密着型の商業を繰り広げていたイギリスは、オランダを追い越して産業革命への突入に成功し、「最初の工業国家」となったというのである。今日でこそ、近世のオランダ商業や海運に関する研究は盛んとなり、その意義を積極的に評価しようとする傾向があるが、かつては、近代のイギリスに資本主義の理想的な発展のパターンを見出そうとする意識が強かったのである。

　ちなみに、現在よく取り上げられる分類方法は、例えば商品一般を「産業用・業務用品」と「消費者用品」とに分類する方法である。前者はさらに、主要・補助設備や消耗用品、組立・構成部品、加工材料、原料などに分類されるが、一般になじみがある商品は後者の消費者用品のほうであろう。これはさらに、最寄品と買廻品、専門品の三つに分類される。「最寄品」には、食料品や日

用品のようにそれほど大きな価格差のない商品が含まれる。品質についても大きな差はないので最寄の店で手に入れることができる商品である。「買廻品」には、衣料品や装飾品のように各人の好みが異なり、品質や価格も店によりまちまちである商品を指す。それゆえ、さまざまな店を見て廻り、比較検討したうえで商品を手に入れることになる。「専門品」は、高級ブランド商品のように製品単価が高く、趣味性が強いうえに専門的な知識も必要とされる商品を指す。入手に際しては、消費者側もある種の努力を厭わない贅沢な商品である。

　人類は、誕生以来生きるために必要な物質を自然界から手に入れてきた。狩猟・採集の段階であれば、人々は必要なモノを求めて移動を繰り返していた。しかし、定住すれば、必要とされるモノの中には分布が限られているものが少なからず存在するので、今度はモノを移動させる必要が生じる。かくして、モノは商品として流通し、その流通をつかさどるために商人が誕生することになる。必需品はもちろん、奢侈品も人類文化の初期の段階から遠近さまざまな範囲内での流通が見られた。ただし、必需品ではない嗜好品が一般的に普及するのは、経済がある程度発展してからであっただろう。生産力が十分でなかった段階では、交換のための余剰の産物は十分ではなく、必需品を手に入れるだけで精一杯であったと考えられるからである。

◎世界商品への注目

　さて、流通史という側面から人類の歴史を見ていくうえで、取り上げるべき商品にはどのようなものが挙げられるであろうか。むろん、時代や地域により重要な商品、流通頻度の高い商品は異なるであろうが、まずは、あらゆる時代、地域でほぼ普遍的に広く流通したと思われる商品として塩を挙げよう。塩は、われわれが生存していくうえで不可欠であるにもかかわらず、内陸部では概して不足がちであった商品である。また、人類が道具を用いて社会的な存在へと進化していく過程では、塩以外にも、黒曜石などの石材や金属、装飾のための貴石や宝石、貴金属が流通するようになったであろう。い

ずれも原産地が限られている商品であるため、場合によっては遠方から入手する必要があったと考えられる。

　流通という観点から注目してみたいのは、やはり長い距離を移動した商品である。ぜひとも入手したい商品を求めて、人類は太古の昔から長い距離を移動し、商品は複数の商人の手を経て移動していたのである。そのような長い距離を移動していた商品として、いわゆる世界商品が存在する。「世界商品」とは、「政治、文化、言語、宗教といった障壁を超え、世界市場において取引される商品」を指す（川勝平太「世界商品」川北稔責任編集『歴史学事典1　交換と消費』474頁）。かねてより、洋の東西を超えて広域的に流通していた商品としては、例えば、中国産の絹やインド、東南アジア産の胡椒をはじめとする香辛料・香料などを挙げることができるだろう。また、後のヨーロッパを中心とする世界市場の誕生を考慮するのであれば、西洋世界で広く大量に生産され、流通した毛織物が重要である。毛織物は、大航海時代到来の後、銀を対価として新大陸にも盛んに輸出されるようになる。

　以下で取り上げてみたいのは、世界商品のなかでも大航海時代の到来以降、ヨーロッパに向けて盛んに流通するようになった商品である。そこには、世界経済をリードする態勢を整えつつあったヨーロッパにおいて新たな生活文化誕生のきっかけとなった商品も、少なからず含まれていた。このような商品に光を当てる作業は、人々の生活というミクロの世界と世界市場というマクロの世界との交錯を見ていくことに繋がり、興味深いものとなるはずである。

　「大航海時代」とは、コロンブスやマゼランなどに代表される大航海や探検により、ヨーロッパの海外に向けた進出が盛んとなったおおよそ15世紀末から16世紀にかけての時代を指す。これ以降、ヨーロッパを中心とした世界経済（ヨーロッパ世界経済）が拡大し、世界市場が形成されていくなかで、ヨーロッパには新大陸（アメリカ）や東インド（アジア）のさまざまな物産や生物、情報が流れ込むようになった。もともと当時のヨーロッパの海外に向けた進出の背景には貴金属や香辛料といった高額で取引される商品の獲得と

いった経済的な動機があった。むろん、一部の人にはキリスト教の普及といった宗教的な動機もあったであろうが、ここでは経済的な動機に注目したい。貴金属は貨幣素材として、胡椒をはじめとする香辛料は、食材としてのみならず薬種としても高額で取引される商品であった。大航海時代以降、これまで知られていなかった商品や、知られていたとしても流通量が少なく神秘のヴェールに包まれていた珍奇な商品がヨーロッパに向けて輸出されるようになった。そうした商品のなかに、やがてヨーロッパの人々に受けいれられ、広く普及していくなかでライフスタイルの確立という面からも影響を与える商品が含まれていたのである。

　世界市場形成の後にヨーロッパに流入し、このような役割を担った代表的な商品としては、木綿をはじめ、茶、コーヒー、カカオ、砂糖、煙草などが挙げられるだろう。特に新大陸からはさまざまな食材がヨーロッパに伝わり、食文化を多様なものとした。すなわち、ジャガイモをはじめ、トウモロコシ、サツマイモ、カボチャ、トマト、トウガラシ、落花生、インゲンなど、今日われわれ日本人にとってもなじみ深い食材である。それゆえ、こうした食材の多様化を通じて生まれた新たな生活文化は、食卓革命と呼ぶこともできる。

　そのほか、食材以外で重要性を帯びた商品として、染料のコチニールと薬剤のキニーネを挙げておこう。コチニールは、昆虫の一種（カイガラムシの仲間）から抽出される赤色染料であり、高貴な人々が身にまとう衣料品を鮮やかな赤に染める、多くの人々にとっては謎の多い神秘の染料であった。また、キニーネはキナノキの樹皮から抽出されるアルカロイド成分であり、マラリアの特効薬として知られるようになった。

◎木綿の普及

　これらの商品の中から、以下では木綿を取り上げ、それが人々の生活にどのようにして受け入れられていったか、イギリスを事例として見てみよう。

　一頃までのヨーロッパで、経済的に見て最も大きな意味を持った衣料素材は毛織物である。しかし、16世紀にまずポルトガルが、そして17世紀にイ

ギリス東インド会社が対インド貿易を掌握し、インド産の薄地の木綿織物がイギリスに輸入されるようになると、人々は木綿（コットン）製品に対する嗜好を強めていくことになった。

インド産の木綿織物は、同国の主要貿易港の一つであったカリカットの地名にちなみ、キャラコと呼ばれるが、それは「美しい蝉の羽根のように透きとおった、絹にも負けない織物であった」という（角山栄・村岡健次・川北稔『生活の世界歴史10 産業革命と民衆』58頁）。まずは希少な高級織物として、そして17世紀末以降はインドからの輸入量が増えて価格が下がったので、キャラコは中産階級の間でも広く流通するようになった。舶来の珍しい商品としてのみならず、薄地であることからインド・キャラコは、絹の代用品としての役割も担った。

「コットン革命」と川北稔が呼ぶ人々の嗜好の変化は、イギリス人の生活をどのように変えたか。同氏が紹介する18世紀初頭のD・デフォーの文章を一部引用してみたい。「……コットンはわれわれの家のなかにも侵入し、化粧室や寝室を占領している。カーテン、クッション、椅子からベッドにいたるまで、キャラコのようなインド製品が使われていないものはまずない。要するに、婦人の衣服や家具にかんするもので、かつてはウールや絹でつくられていたものは、どれもこれもインド貿易によって供給されるものに取って代わられたのだ」。

こうしたコットン・ブーム到来の背景に、イギリス東インド会社の「巧妙な販売戦略、市場開拓の努力」があったことは、流通に関心があるものにとって見逃せない。インドで木綿を買い付ける際に、同社は、前年の流行を考慮して色や模様を指示していたというのである。例えば、沈んだ紅色やグリーン、紫紅、白、赤などといったはっきりとした指定もあれば、「何かインドらしいもので、イギリス風でないもの」、「インドの樹木をモティーフとしたもの」などのように漠然とした注文もあったという。まずは社会の上層から徐々に下層へと普及していくことにより、インド・キャラコは流行の品となった。皮肉な言い方をすれば、一つ上の階級を目指そうとする人々の、いわば

「上流気取り」に支えられて流行（モード）が誕生し、広く社会で流通するようになったのである。

しかし、このようなキャラコ・ブーム、木綿の流通規模の増大が、イギリスの伝統的な手工業である毛織物製造業にとってはたいへんな脅威となったであろうことは、想像に難くない。キャラコの使用に関して論争が巻き起こり、使用反対の立場からの運動が盛り上るなか、イギリスではまず1700年にキャラコ輸入禁止法が、1720年にはキャラコ使用禁止法が制定され、ひとまずは木綿織物の普及が食い止められることになった。しかし、これらの禁止令をもってしても、イギリス国内での混織によるコットン類似品の生産を食い止めることはできず、むしろその生産量は増加を見せた。マンチェスターでは、次第に純綿の製品さえもが生産されるようになり、やがてはこの綿工業を土台として、かの「産業革命」が開始されることになる。1739年には、通称「マンチェスター法」が制定され、コットン類似品には、キャラコ使用禁止法は適用されないことが決まった。かくして、イギリスはキャラコの輸入を食い止めつつ国内産キャラコの生産規模を拡大させることができたのである。

一方、そのしわ寄せは、イギリス向けのコットンの生産地であったインドに及んだ。かつてインドは、イギリス人を虜とするほどの高品質で美しい綿布（キャラコ）の製造が可能な、それだけの技術を有していた。しかし、イギリスは東インド会社を橋頭堡としてインドの領土的、政治的支配を強化しつつあった。そして1877年、イギリスのヴィクトリア女王はインドの皇帝を兼ねることになり、インドはイギリスの完全な植民地となった。この間、インドの経済は、宗主国であるイギリスの都合に合わせてつくり変えられ、従属化が進んだ。すなわち、世界最大の綿布の輸出国であったインドは、イギリス産の機械制綿布の市場へと変質してしまった（加藤祐三「アジア三角貿易の展開」『週刊朝日百科　世界の歴史87』B-569頁）。インドは綿布の輸入国に転落してしまい、国内には大量の失業者が満ちあふれるまでになった。

さらにアジア全体へと視野を広げれば、イギリス主導のもとで、いわゆ

る「アジア三角貿易」が展開しつつあった。そこには、産業革命の母体ともなったこれら綿製品とともに、これもイギリス人の生活文化を語るうえで必須の商品となる茶も含まれていた（第14章（2）「流通界の動向」）。茶を中国から輸入する際に、その対価となる銀の流出を食い止めるべくイギリスが流通させた商品が、インド産のアヘンであった。すなわち、イギリスがインドに向けて綿製品を輸出し、インドからは中国へとアヘンが輸出される、そして、中国からイギリスへと茶が輸出されることにより流通のサイクルが完成する、かの三角貿易体制が形成されたのである。

コットンという個々の人々の嗜好にかかわる商品が、流通の網の目を通じて世界経済とも関係を持ち、アジアの貧困などいわゆる南北問題の誕生にも影響した商品であったということが、以上の考察から理解されるであろう。

（2） 商人——商取引の主体

商人は、商取引の主体である。再び林周二に依拠すれば、商人について以下のような説明が与えられる。「商人とは、自己の経済的危険において、市場裡へ自発的かつ継続的に立現われて、主として営利を目的に、その活動を営む人間主体をいう」（林周二『現代の商学』2頁）。この説明からは、商人が自らリスクを背負い営利を目的として継続的に活動を営む者、すなわち、専門的な職業として商業に従事している者が、念頭に置かれていることがわかる。偶然の機会にたまたま商業活動に携わったような人物は、一般に商人とは見なされない。ちなみに、わが国の商法では、第4条で「商人とは自己の名を以って商行為を為すを業とする者を謂う」と規定されている（原文カタカナ）。また、商人には、自然人であるヒトとしての商人とともに、会社のような法的人格を持つ「法人」を含めて考えるのが一般的である。それゆえ、次の節では会社の誕生に関しても、わずかではあるが言及することにする。

先にも指摘したように、かつては社会の下層から上層まで、さまざまな人々が商人として活動していた。経済活動に手を染めることが不名誉とされた古

代のローマでは、例えば、『サテュリコン』（ペトロニウス）のトリマルキオのような奴隷（後に解放奴隷）が商業や貿易の担い手として活躍した。近世重商主義の時代のヨーロッパでは、いかに国富を増やすかという観点から、国王や領邦君主自らが商人のように策をめぐらし、指示を臣下に与えた。商業活動に従事するものの身分や社会的な地位のみならず、商習慣やモラルなど、商業にちなむ民俗も、時代、地域により大きな違いがあった。

　ユダヤ人やアルメニア人のように、彼らが商業界で担った役割の大きさゆえにその意義が注目される、いわゆる商業民族なるものも存在した。例えば、ユダヤ人と商業を結びつけて考えれば、一般の人であればシェイクスピアの『ヴェニスの商人』の登場人物であるシャイロックをイメージすることであろう。しかし、ここに投影されているのは、シェイクスピアが生きていた時代（16—17世紀）のヨーロッパ人が抱いていた、かなり歪曲されたユダヤ人像であるといってよい。多くのユダヤ人は差別される存在として居住地や生業さえもが制約を受け、貧しい暮らしを余儀なくされていた。古物の行商や小金の融資など、細々と生業を繰り広げるユダヤ人のなかから、後世ロスチャイルド（ロートシルト）家やメンデルスゾーン家のように、経済活動で名声を博す一族も登場するのである。無論、ユダヤ人として彼らを蔑視する風潮もあったことであろう。ともあれ、彼らは知的訓練を重んじるという民族的な伝統を商業・経済界でも生かしながら、芸術や学問のみならず経済の分野でも欠かすことのできない存在となっていくのである。

◎専門的商人の誕生と発展

　さて、商業を生業とする人々の出現は、思いのほか早かったと考えられている。生産地が限定される塩や黒曜石などの必需品や貴金属、貴石のような奢侈品は、長い距離を一定のルートに従って流通していたことが、考古学などの研究成果から確認されている。このような長距離商業の担い手が、遠隔地商人と言われる人々である。彼らの出現が古くから見られた地域の一つに、「肥沃な三角地帯」と呼ばれるティグリス・ユーフラテス両河川の流域から

パレスティナに至る古代オリエント文明発祥の地がある。この地帯へは、ワインや油などが西方地中海方面から、香料・香辛料などが東方インド、アジアから流入していた。

　商取引のルールを定めた現存する最古の規定としては、紀元前18世紀頃に制定されたとされる「ハンムラビ法典」が知られる。そこには、取引や事業についての商業に関する詳細な規定が盛り込まれ、専門的な商人の活動を前提とする取り決めも含まれる。運送業者や船頭に関する規程も見られることから、この頃には生業として取引活動に従事する人々がいたと考えてよい。

　さらに時間が経過すると、これも商業民族として知られるフェニキア人が、地中海に乗り出していくようになり、通商拠点として名高い植民都市カルタゴが紀元前6世紀頃に最盛期を迎える。しかし、ローマとの戦争を通じてカルタゴはローマの属州となり、代わって地中海は、ローマの支配するところとなった。一方、地中海北東部ではギリシャ系の商人がエーゲ海を中心に活躍し、ペルシャとの諸戦役を勝利に終わらせたのちの前4世紀ごろに繁栄の頂点を迎えた。なお、古代地中海商業に関しては、以下第8章で改めて取り上げる。

　古代から中世・近世へと視点を移そう。以下では中世・近世の西洋の商人に焦点を当てて見ていきたい。そこでまず確認しておきたいのは、古代と中世のおおまかな性格の違いである。それは一言で言えば、古代が「国家の時代」であったのに対して、中世は「都市の時代」であったということである。ちなみに、近世以降は再び国家（近代国家）の時代となる。むろん、これはかなり思い切った見方であるが、流通や商人という側面から西洋中世の時代相を浮き彫りとするには有効な視角ではないかと思われる。中世には、古代オリエントやエジプト、ローマに存在したような専制国家、大帝国は存在しない。約一千年続いた西洋の中世社会を支えた経済基盤は農業であったが、紀元後の最初のミレニアムを迎えた後からは中世都市が発展し、都市・農村間に加えて都市同士を網の目とする流通が盛んになり、商人が各地を行き交うようになった。

概して、中世都市では市民の発言力が強く、領主に都市法を授与されて自治権を持つ都市も数多く存在した。そうした都市では市長をはじめ参事会のメンバーが市政の運営を担当したが、このような都市の要職を占めたのが財力のある商人たちであった。彼らは取引活動を通じて政治的な境界を越えてヨーロッパ各地を結びつける役割を担っただけでなく、市政の運営を通じて政治の世界でもその影響力を大きなものとした。イタリアやドイツのように近代的な国家の形成が遅れた地域では、商人の支配のもと、都市が外交や戦争の当事者として政治の表舞台で活躍することが続いたのである。また、商人は手工業者とともに同職組合（ギルド）を結成し、人々の横の繋がりを通じて社会的にも影響を及ぼし、独特の商人文化を形成した。「都市の時代」であったヨーロッパ中世は、「商人の時代」でもあったのである。

　中世の一千年という長い時間が経過するなかで、商人は遍歴商人から定着商人へと基本的な性格を変化させた。組織的な活動も増え、近世への移行期には会社誕生への胎動も見られるようになった。以下、中世から近世初頭のヨーロッパで活躍したおもな商人の足跡をたどってみよう。

◎遍歴商人

　古い時代の商人の出自に関しては不明な点が多い。遍歴商人であれば、貧しくて地位のない者であっても、自らの才覚と努力次第で商人として台頭していくことは可能であっただろう。出自がはっきりしないだけに遍歴商人に関する記録は少ないが、聖ゴドリックという人物の足跡に関しては、比較的まとまった記録が残されている（増田四郎『都市』126—127頁）。

　ゴドリックは11世紀イングランド南東部の商人であり、子供の頃は海岸に漂着する商品をかき集め、それを市で販売して家計を助けていたという。やがて成長すると、彼は遍歴商人として各地を歩き回り、雑貨の販売と仕入れを繰り返すなかで富を蓄積していき、利益の多い高級品の販売をも手掛けるようになった。ついには大商人として仲間とともに船を持つまでとなり、外国との商業に従事するとともにローマや聖地エルサレムにまで足を運んだ

らしい。晩年になり、ゴドリックはこれまでの生涯を顧みて、これまで蓄積してきた財産をまとめて救貧事業に寄付してしまい、自らは修道院で世俗を離れた生活を送ったという。後に彼には聖人の称号が与えられ、かくして聖ゴドリックと讃えられるようになったとのことである。

　もちろん、これは数少ない成功例の中の一つということになろう。公権力が不安定で治安が悪く、技術も未発達な状況のもと、盗賊の襲来や海難事故を免れることができた商人は幸運であった。陸路であれば、商人は安全確保のために隊商を結成して集団で移動するのが普通であった。集団での移動はこののちも見られるが、商人自らが商品に付き添って移動するというケースは少なくなっていく。商人自らは、執務室で事務をつかさどり、文書により取引を各地に向けて指示するという文書を用いた取引が一般的となった。であるとすれば、商人はそろばんに加えて読み書きに関する知識を身に付けていることが必要となる。中世という識字率が低かった時代、商人は「読み書きそろばん」ができる知識人だった。さらに彼らが定着して取引規模を拡大させていくと、複数の商人が資金を出し合ったうえで、まずは血縁関係を軸に商社を構え、取引を展開するという事例が増えていった。

◎メディチ家

　中世後期イタリアのメディチ家はその一例である。メディチ家は国際商業、そして何よりも銀行業を基盤としてフィレンツェに君臨した有力な家系であり、ルネサンス期には政治的な実力をも掌握することに成功した。コジモ・デ・メディチ、ピエロ・デ・メディチ、そしてロレンツォ・デ・メディチの三代が当主であった15世紀のことである。また、16世紀には一族の中からトスカーナ大公（コジモ一世）やローマ教皇（レオ十世）が輩出され、フランス国王に嫁ぎ、さらに同国王の生母として君臨した女性（カテリーナ・デ・メディチとマリア・デ・メディチ）も出現した。

　メディチ家の事業の中心には、送金業務や両替などで大きく発達した銀行業があり、フィレンツェのメディチ銀行（本店）以外にも、8から10の店

コジモ・デ・メディチ

舗がローマやナポリ、ヴェネツィア、ロンドン、ブルッヘ（ブリュージュ）などの主要都市に置かれていた。貿易業では、おもに地中海貿易を代表する商品が扱われ、毛織物や羊毛、香辛料・香料、オリーブ油、明礬、各種奢侈品などの重要商品がそこには含まれていた。家系の系譜は不明であるが、その名（医者稼業の medico の複数 medici）から医者もしくは薬種商であったのではないかとの説がある。最盛期には製造業をも手掛け、二社の毛織物製造業社と一社の絹織物製造業社に出資していた。事業形態を見ると、各店舗と三つの製造業は、それぞれ独自の資本で経営される独立した共同企業（パートナーシップ）、すなわち、複数の商人が資金を出し合って共同で経営にあたる会社として運営された。中央に位置したメディチ銀行も、同家と一人から二人の出資者からなる共同企業であった。それゆえ、メディチ家の事業全体は、多数の共同企業の結合体であったということができるだろう。この点でメディチ家は、バルディ家やペルッツィ家といったほかのイタリア中世後期の単一企業として成り立っている商事会社と違っていた（石坂昭雄ほか『商業史』51―52頁）。

メディチ家はまた、ルネサンス期イタリアの芸術家、文化人のパトロン（支援者）としても知られる。同家の支援を受けた芸術家を取り上げれば、ヴェロッキオ、ボッティチェリ、ギルランダイオ、ダ・ヴィンチ、ミケランジェロをはじめ、まさに当時のビッグ・ネームが列挙されることになる。

◎フッガー家

メディチ家の黄金時代に若干遅れて、アルプスの北では、ドイツのアウクスブルクを拠点としてフッガー家がヨーロッパ最大の商人、銀行家として活躍した。とりわけ16世紀前半は、経済のみならず資金の融資などを通じて政治的にもその影響力は拡大したので、しばしば「フッガー家の時代」とも

呼ばれる。

フッガー家は、まず南ドイツの特産品であったバルヘント（綿と麻の交織布）の製造・販売に着手し、事業を拡大していった。アウクスブルク以外に彼らの貿易の拠点となった都市は、第一にヴェネツィアであり、東方からもたらされた香辛料・香料や装飾品、各種高級織物、綿などをここで仕入れ、その対価としてバルヘント、それに銀や銅を輸出した。

ヤーコプ・フッガー

しかし、大航海時代の到来とともにアジア貿易の拠点が地中海から大西洋、北海沿岸へと移ると、フッガー家の通商網は北に向けて拡大していくようになった。ニュルンベルクを皮切りとして、アントウェルペンやリューベック、ブレスラウ（現ブロツワフ）など、当時の代表的な商業都市にフッガー会社の支店が設けられた。北海やバルト海といった北の海域やドイツ・中欧の鉱山地帯、それにハプスブルク家との関係が強いイベリア半島も、フッガー家の通商網の中に含まれていった。支店の数は80以上にのぼり、その数はメディチ家のそれを大きく上回った。

フッガー家が盛期を迎えたのは、「富豪」ヤーコプとその甥である「王者」アントーンが続けて当主となった16世紀前半に当たる。1546年の決算書をもとに、諸田實はフッガー家の資産規模を分析しているが、それによると、この年のフッガー会社の営業資本は510万グルデン、これは日本円に換算して2,550億円に相当するという（1グルデン＝5万円として換算）。それゆえ、宗教改革期のマルティン・ルターの抗議は、このフッガー家にも向けられた。「いったい、一人の人間の生涯のうちに、これほど大きな王者にも相当するような財産が山のように蓄積されるということが、しかも神の御召にかなっていると同時に合法的になされているということが、果たしてありうるであろうか」と（諸田實『フッガー家の時代』6―7頁）。

フッガー家の組織についても、諸田實の研究に依拠しながら見ていきたい。

第2章 流通を形づくる要素――23

同家の事業基盤は、①国際商業、②鉱山・精錬業とバルヘント織物業、③金融業の三つの部門にあった。これらの事業の中心にあったのが「フッガー同族会社」であり、一族のなかの聖職者を除く成人男子が社員（出資者）となった。事業が拡大すると、例えば、鉱山・精錬業やハプスブルク王家に対する融資のように、高額の資金や技術、ノウハウが必要とされる領域では、独自の管理と勘定を持つ特別組織が会社内部に設けられた。

　また、必要に応じて一族以外の商人と当座的な「企業結合」を形成することもあった。そのような組織として、諸田は商人団（コンソルティウム）とカルテルを挙げる。商人団は、「一社だけでは資金の調達や危険負担が困難な場合に、他の商人といっしょに」形成されたもので、皇帝への貸し付けや東インド貿易への出資に際して結成された。カルテルは、「複数の商人が互いに競争を避けて利益を独占するために価格協定」を結ぶことを指した（諸田實『フッガー家の時代』13頁）。

◎前近代と近代のあいだの商人

　以上、メディチ家とフッガー家の商業活動を概観した。では、中世と近世の狭間で活躍したこれら一族の活動からは、どのような特徴が見出されるであろうか。

　（1）まず挙げられるのは、彼らの取引網が国境を越えて広くヨーロッパ各地に及んでいたということである。中世のヨーロッパでは、「中世の世界経済」といわれるヨーロッパ規模の経済圏が形成されたことが指摘されているが、彼らも、その全域とは言わずとも、ヨーロッパ各地へと取引網を張り巡らしていたのである。

　（2）次に、会社組織形成の胎動が見られるということを挙げておきたい。この時期、既に商人は単独で取引を営んでいるのではなかった。メディチ家とフッガー家ともに、なおも同族会社の色彩が濃いが、やがては不特定多数の出資者からなる会社が数を増していく。会社主導の時代がやって来るのである。

(3) 最後に、近代と前近代双方とのかかわりを挙げよう。両家ともに中世から近世への移行期に活躍した商人一族であっただけに、新旧双方の世界と関係があった。まず前近代とのかかわりでは、メディチ家とフッガー家ともに旧教であるカソリックとの強い結びつきが指摘できる。メディチ家は、教会のローマへの送金業務を請け負ったことから「教皇庁の銀行家」と呼ばれ、一族から教皇さえも輩出された。フッガー家は、宗教改革の時代にカソリックの藩屏となったスペイン王室との関係が深かったほか、かの悪名高い免罪符の売上代金の送金に関係した点で、ルターから非難された。

　その一方で、両家の事業の展開からは新時代の到来も見て取れる。メディチ家とフッガー家ともに、その初期形態とはいえ、会社を結成したうえで広範に事業を展開し、資本を蓄積した。フッガー家の場合であれば、鉱山業という多額の資本と多くの労働者を必要とする装置産業にも出資し、近世のいわゆる初期資本主義の展開にも貢献した。また、メディチ家のほうは、ルネサンスの立役者となった数多くの芸術家や文化人を支援し、近代の文化・思潮の形成にも貢献したのである。

　17世紀になると、オランダやスウェーデンでエリアス・トリップ、ルイ・ド・ジェール（イェール）といった大規模商人が台頭する。彼らは国際的に商業を展開したが、オランダ独立戦争や三十年戦争といった大規模な戦争を背景として武器や弾薬の取引にも手を染めた。ことに、ルイ・ド・ジェールはスウェーデンに移住し、ここで大々的に製鉄業を営むとともに兵器の生産に力を入れ、17世紀にスウェーデンが強国化していく際の立役者の一人となった。戦争とのかかわりゆえに、彼らは17世紀の「死の商人」と呼ばれることもある。

　17世紀は、個人名義で活動する商人がなおも目立つとともに、一方では、オランダやイギリスの両東インド会社に代表される大規模な国策会社ともいえる会社組織が歴史の表舞台に出てくる時期でもあった。事業を拡大しようという意欲のある商人は、血縁・姻戚関係をもとに、さらには同業者のネットワークを母体として会社を結成していく。あらためて以下で会社の誕生、

とりわけ現在の会社組織の主流をなす株式会社の誕生の一端について見ていくことにしたい。

(3) 会社——中・近世の拡大と株式会社の誕生

◎会社形成の過程

　時代が進み、商取引が拡大、複雑化していくにつれ、事業は個人で操業できる限度を超え、それに要する資金も増大していく。そのため、商人は事業所（商社）を設けるとともに、まずは親族の協力をあおいで事業を営んでいった。ヨーロッパのなかで会社組織の萌芽がいち早く見られるようになったのは南欧、地中海地域であった。遠方からもたらされる高価な東方産品の買い付けのために、商人が長期の旅行を必要とし、多額の資金が求められたからである。

　初期の会社組織として知られているものの一つにコンメンダ（持分資本）がある。これは、12世紀頃に資金の不十分な貿易商人に対する高利貸付として生まれたもので、おもに以下の二つのかたちを持った。一つは、貸主が借主に資本を委託し、借主が貿易を実施して利益が上がればその四分の一を受け取るというものであり、狭義のコンメンダ、また北欧ではゼンデーヴと呼ばれた。もう一つは、ソキエタス・マリス（海の共同企業）もしくは北欧でヴェッダーレギンゲと呼ばれたもので、これは貸し手と借り手とが互いに資金を出し合い、少なく出資した側が借り手として貿易を行い、利益を折半するという形態であった。双方ともに、貿易が実施され、利益の分配が終われば解散するという当座的な会社であり、永続性はまだ持っていなかった。

　取引規模が安定すると商人同士が互いに資本を出し合い、共同で経営する会社も出現した。このような出資者による共同企業（パートナーシップ）はソキエタスと呼ばれる。上述のメディチ家は、共同企業の複合体であったと解釈されている。初期のソキエタスは5年程度の存続期間を有し、同族会社としての性格が強かったが、少しずつ永続性を帯びて一族以外の者からも出資

を受け入れていった。ソキエタスが規模を拡大した会社はマグナ・ソキエタスと呼ばれる。マグナ・ソキエタスになると、直接経営に関与せず、出資だけを行なう無機能資本家の参加が見られるのが一般的であった。ちなみに、15、16世紀の南ドイツで事業を展開した大ラーフェンスブルク会社は、マグナ・ソキエタスの一例と見なされている。同社には、南ドイツの100以上の家族が出資を行なっていたという。なお、北方ヨーロッパでは、出資者が資金を出し合ってある船舶の持ち分を購入し、船舶を共有する船舶共有組合（Reederei）による貿易が、ハンザ商業圏などで広く見られた（石坂昭雄ほか『商業史』47—48、141—143頁）。

◎株式会社の誕生――オランダ東インド会社

さて、近世の大航海時代の到来とともにヨーロッパでは取引規模が一挙に拡大し、通商網はアジア（東インド）や新大陸アメリカ（西インド）にまで拡大する。これに伴い、会社組織もこれまでのような当座的、同族会社的な性格を払拭し、永続的でなおかつ多くの出資者から必要なだけの資本を集めることができる組織へと脱皮する必要に迫られた。マグナ・ソキエタスからさらに一歩進み、後世株式会社と呼ばれる組織が登場するのである。

一説によれば、史上初の株式会社は、1602年に誕生したオランダ連合東インド会社（Verenigde Oost-Indische Compagnie：VOC）であるとされる。オランダでは、16世紀後半から移民も加わり多くの商人が先駆会社と呼ばれる貿易会社を立ち上げ、東インド貿易に進出していた。しかし、競争の激化とともに、香辛料価格の暴落と会社の共倒れが懸念されるようになった。そこで政府主導のもと、乱立した会社の整理・統合が進められ、いったんは四つの会社へとまとめられる。統合の過程で各会社は永続性を獲得していき、最終的に1602年、一つの会社に集約された。このような過程を経て設立されたので、同社はオランダ「連合」東インド会社と呼ばれる。

なぜ、このオランダ連合東インド会社を世界初の株式会社と見なすことができるのであろうか。あらためて、株式会社とはなにかを確認するために、

以下に百科事典の記述を引用する。「株式会社は会社の一種で、会社の構成員である社員（株式会社においては、株主と呼ばれる）の地位が株式という細分化された割合的単位の形をとり、同時に、すべての株主が、会社に対して、その出資額を限度とする有限責任を負担するだけ（いいかえると、株主は会社の債権者に対してはなんらの責任をおわない）の形態のものである」（「株式会社」『平凡社世界大百科事典』2007年改訂新版）。

マグナ・ソキエタスが出現したころ、会社はすでに、無機能資本家を含めて広く出資者から資金を集め、しかも徐々に永続性を確保しつつあった。それゆえ、一見するとそれは、われわれが普通にイメージする会社にかなり近づきつつあったと見ることができる。しかし、オランダ東インド会社は、これに加えて匿名の者を含むさらに広範な出資者を持ち、加えて各自の出資持ち分（後の株式に相当）は、以前と比べてかなりの程度自由に売買されるようになっていた。やがて、これらの持ち分証書（株式）の売買を目的として株式市場が出現する。

さらにもう一つ、オランダ東インド会社にはこれまでの会社とは違うところがあった。それは、同社が社員（出資者）の有限責任のもとに成り立っていたということである。貿易の舞台がアジアにまで拡大し、その規模もさらに拡大していけば、リスクも拡大し、社員の支払い能力をはるかに超える負債を抱え込む可能性もあり得る。かくして、ここに出資額を限度とする有限責任性に基づく会社が誕生した。オランダ東インド会社が史上初の株式会社といわれるのは、株式会社に備わっている要件を考慮してのことなのである。

とはいえ、オランダ東インド会社は株式会社としてはまだ完全なものではなかった。例えば同社には、出資者（社員）の民主的な総会、すなわち株主総会に相当する組織が欠けていた。しかも、重役は利益を独占しようとしていたので経理内容が公開されず、配当なども不規則で恣意的なものであったという〔「東インド会社（オランダ）」『平凡社世界大百科事典』2007年改訂新版〕。なお、イギリスで東インド会社が設立されたのはオランダよりも早い1600年のことであり、同社には設立当初から社員総会が設けられていたという。しかし、

発足当時のイギリス東インド会社には、単一企業としてのまとまりがなく、当座会社にとどまっていた。旧来の個人資本を結合した共同企業(パートナーシップ、ジョイントストック・カンパニー)の性格がなおも残されたままだったのである。株式会社が経済界において大きな役割を果たし、制度的にも完成の域に達していくのは、工業化の時代を迎える19世紀以降となる。

(4) 市場——商取引の場

◎言葉に注目する

各種商品が集荷され、売買される場が市場であるが、市場という言葉は、具体的な取引の場と目にすることのできない取引空間の双方を意味する(大黒俊二「市場」川北稔責任編集『歴史学事典1　交換と消費』27—31頁)。前者の場合、具体例として朝市や青物市場、公設市場などを挙げることができるだろう。商人をはじめ、財貨やサーヴィスの売買を行いたいという人々が集まって市場は成り立つ。この場合の市場は「いちば」と呼ぶのがふさわしいだろう。これに対して後者の市場は、需要と供給の兼ね合いのもとで価格が決定される抽象的な空間を意味し、金融市場や労働力市場、外国為替市場などの例が挙げられる。株式市場の場合、かつては東京や大阪などに設置されている証券取引市場を考慮すればよかったが、ウェブ上での取引が一般化している現在、株式市場は遍在する抽象的な空間としてイメージしたほうが実体にあっているだろう。このような抽象的な市場は「いちば」よりもやはり「しじょう」と読むべきであろう。

西欧系の言葉に関しても意味を確認しておこう。西欧では、英語のマーケットに相当する言葉(market：marché［仏］：Markt［独］)が具体的な市場と抽象的な市場の双方を意味する。しかし、具体的な市場を指す場合には、もう一つの系統の言葉が用いられる。英語のフェアに相当する言葉(fair：foire［仏］：Messe［独］)がそれである。具体的な市場を意味するとはいえ、マーケットとフェアでは、かなり性格が異なる。マーケット型の市は、一週間のなかの

商品が山積みされた現代の市場（ベトナム・ダナン）

特定の曜日もしくは毎月の特定の日に定期的に開催される定期市を指し、そこでは、食料や生活に必要な手工業製品、雑貨などの日用品（在地的商品）がおもに取引されていた。こうした日用品を扱う市は、洋の東西を問わず定期市として開催されていたと考えられる。

例えば、ドイツ語のWochenmarkt（週市）やJahrmarkt（年市）は、かつて毎週もしくは毎年決まった日に市が開かれていたことを示す言葉であり、また、わが国の各地に残る五日市や八日市、十日市などの地名は、かつて毎月これらの数字が付く日に市が立つ地であったことの名残と見てよいだろう。

これに対して、フェア型の市は、年に一回もしくは数回、開催期間を設定してマーケット型の市よりも大規模に開催されるのが普通であった。わが国では、「大市」と呼ぶのが普通である。マーケット型の市のなかにも年市の名で年に数回定期的に開催される市があるが、そのなかでも規模が大きく卸商業を中心に国際商業の拠点へと発展した年市は大市と見なすことができる。大市を意味するドイツ語である「メッセ」は、大市の進化形態である見本市をも意味する。メッセという言葉は、幕張メッセ（千葉）や朱鷺メッセ（新潟）など、見本市会場としてわれわれ日本人にもなじみのある言葉となった。

◎原初の市場の性格

さて、原初の市場はどのような姿を見せていたのであろうか。市場メカニズムが社会に行き渡り、抽象的な市場（しじょう）のウェイトが増した現在、市場から取引以外の機能を見出すことは難しい。しかし、ほんらい市場（い

ちば)には、「独特の社会的結合力」、「コミュニケーション創生力」が備わっていたと推測されている。「市場は過去の時代においてもたくさんの人々を引きつけ結びつけ、そして新たなルールを構築し、共同体や国家からも重要な場として注目されることで本来の機能以上の役割を持つことさえあった」と考えられているのである（山田雅彦「ヨーロッパとその周辺を対象とした市場の社会史」山田雅彦編『市場と流通の社会史Ⅰ』7頁）。経済がなおも社会に埋め込まれていた古い時代にさかのぼれば、今となっては見えにくい、はるか昔の市場が帯びていたさまざまな性格が見えてくることであろう。そのような性格を、ここでは西洋史研究者の大黒俊二に従い、境界性、聖性、祝祭性の三点から見てみよう(2)。

境界性：経済人類学などの研究によれば、人類最古の交易形態は、沈黙交易（沈黙貿易、無言交易）のかたちをとったと考えられている。沈黙交易とは、「交易（取引）をおこなう双方が、互いの姿も見せずまた言葉をかわす交渉もせずにおこなう交易」のことをいう（端信行「沈黙交易」『歴史学事典1　交換と消費』583—584頁）。沈黙交易が行われたのは、たいていは村落の中心から離れた周辺地域や共同体同士の境界地といった「所有や支配のおよばない所」であった。このような場所は、「無主地」や「無縁の地」とも表現することができるであろう。その典型的な例として挙げられるのが、浜辺や川原、墓地である。これらの場所は、いわば「権力の真空地帯」であることにより、取引に欠かせない平和が確保されたのである。市の境界性に関する具体的な事例として、大黒俊二は、ヘロドトスの『歴史』に記述されている古代カルタゴのフェニキア人とリビア人による波打ち際での沈黙交易や、虹が立つとその地が市の場となったという古代のわが国での事例を挙げている。虹は天と地の架け橋であり、虹が立った地点は両者の境界として聖性が付与されて市の開催地となったのだという。

聖性：虹が立つ場所は神が君臨する場と見なされ、聖なる空間となった。また、沿岸地域では漂着神が広く信仰されていた。神が海の彼方から訪れて

福をもたらすという信仰が広く見られたのである。わが国の恵比寿信仰はその一つに数えられ、現在でも漁業や商売、さらには市場の神（市神）として恵比寿を信仰する者は多い。一方、ヨーロッパではキリスト教の聖人が市の名前によく登場する。「聖バーソロミューの大市」や「聖ドニの大市」などは、これら聖人の祝日が市の開始日となった。大市を意味するドイツ語のメッセ（Messe）は、キリスト教の「ミサ」に由来する言葉であるという。市は聖なる場所であることから「アジール」（避難場所、平和領域）ともなった。市場の外の係争を市場に持ち込み、暴力、刀傷沙汰を起こすことは禁じられたのである。

　市場経済の発達とともに、市場が持つ取引の場としての経済的機能が強化され、市の聖なる性格は「意識の古層」（大黒俊二）へと沈殿していった。とはいえ、その名残はまだ見出される。ヨーロッパであれば、なおも教会前の広場で市が開催されることが多い。わが国であれば、例えば神社仏閣の境内で祝日に開かれる縁日が、かつての市の賑わいを今に伝えている。

　祝祭性：市は人々のお祭り気分を高揚させる祝祭の場でもあった。年市やさらに大型の大市であれば、異国の商人がもたらした遠方の珍奇な商品を目にすることができたので、会場には取引を目的とせず、物珍しさを体験したいだけの野次馬も集まった。人々が生み出す雑踏のなかで、大道芸人や辻音楽師は自らの芸を披露し、酔った人々も歌や踊りに参加して日頃たまったうっぷんを晴らした。飲み食いに明け暮れる人々もいたことであろう。こうした光景が繰り広げられる市は、まさしく非日常的な時と場を提供してくれたのである。

　フェア型の市は、ヨーロッパであれば近世になると経済的な役割を徐々に失っていき、取引の機能を低下させていく。とはいえ、娯楽市（プレジャー・フェア）としての性格は保たれる場合もある。例えば、ロンドンの「聖バーソロミューの大市」は毛織物市として栄えたものの、17世紀にはその機能を失い、その後は娯楽市として19世紀まで存続したという。また、ドイツのキールでは、「キーラー・ウムシュラーク」といわれた決済の市が開催さ

れていたが、16世紀に最
盛期を迎えた後は経済的機
能を失っていき、一度消失
した後に20世紀後半(1975
年)になって民間の祭りと
して再開された。ヨーロッ
パのたいていの都市では、
今もなおクリスマスに向け
て市が立ち、祝祭感を高揚
させてくれる。

ブレーメンのクリスマスの市

◎市場から見た時代区分

次に、市場から見た時代区分を考えてみたい。市場との関係から経済の発展を振り返ると、おおよそ以下の三つの段階に分けて考えることができる(大黒俊二「定期市」『歴史学事典1　交換と消費』598—602頁)。

Ⅰ. **市が存在しない時代**：自給自足が中心で必要に応じて互酬と再分配が行なわれた。
Ⅱ. **市が登場し、ある程度市場原理が稼働する時代**：この時代、市場原理はまだ社会全体を覆うまでには至ってない。
Ⅲ. **あらゆる財が商品として市場での交換の対象となり、市場原理が社会のすみずみを覆いつくしていく時代**：この時代、交換の中心は抽象的な市場(しじょう)が担うようになり、具体的な取引の場としての市場(いちば)は重要性を失う。現代はまさにこのような時代である。

この三段階のなかで、具体的な取引の場としての市場(いちば)が発展し、定期市として経済生活を通じて重要な役割を担うのは、Ⅱの段階である。ヨーロッパにこの時代(定期市の時代)を当てはめれば、中世から近世初頭にか

けて、すなわち、およそ 8 世紀から 17 世紀までがこの段階に相当するといえる。この時代のヨーロッパは、人口のかなりの部分が小規模な農民から成り立つ農業社会であった。また、この時代は「都市（中世都市）の時代」でもあった。かくして、定期市は余剰となった農産物と都市の住民が提供する手工業製品やサーヴィスとが交換される場となった。定期市は農民と都市民にとっての、いわば「出会いの場」となり、地域経済の中心として機能したのである。非農業民はここで食料を手に入れ、農民は農産物を売却して貨幣を手に入れた。農民が貨幣を入手したことにより、地代も貨幣で納めることが少しずつ可能となり、農村へも貨幣経済が浸透していくこととなった。

　一方で、定期市の存在は集落の発展、都市の形成を促した。領主の館の近くに定期市が設けられることもあった。その際、定期市は市場税徴収の場として領主の財源確保の場となり、自治都市の市であれば、都市にとっても財源確保の場となった。自治都市の場合、市場での取引に関する規制はたいてい厳しかった。例えば、禁制圏の設定によりその圏内での単なる通過（素通り）を禁止する、農民に都市内で農産物を販売するよう義務付ける、年市のような大規模な定期市で外来商人よりも市民への穀物の販売を優先させる、商品の品質管理を徹底させるなどの措置がとられた。こうした措置を設けることにより、都市当局は市民への確実な食糧確保を心掛けたのである。

　また、この「定期市の時代」は商人の活躍が目立ち、彼らのネットワークがヨーロッパ各地に及んでいた時代であった（中世の世界経済）。その結節点を成していたのが都市であり、とりわけ、大市が開催されていた都市は国際的な商品・貨幣流通の一大拠点となった。ヨーロッパで定期市が経済生活の重要な部分を占めていたこの時代、国際商業の世界でまず浮上したのは、フランス東部の諸都市で開催された、いわゆるシャンパーニュの大市である。12 世紀のこの大市の発展を皮切りとして、その後リヨンやジュネーブ、アントウェルペン、フランクフルト（アム・マイン。以下 M と略す）などの大市が、15、16 世紀にかけて繁栄を見せた。また、16 世紀には、これらよりも東寄りのライプツィヒの大市が最初の盛期を迎え、18 世紀から 19 世紀初頭にか

けて第二の盛期を迎えた。しかし、既にこの時期、西欧では市場原理の社会への浸透が進み、「定期市の時代」は終幕を迎えようとしていた。取引の重心は、定期市から店舗や常設市へと移りつつあった。

◎大市の経済的な役割

ほぼ時を同じくして、これまで大市が担ってきた経済的な役割も失われようとしていた。あらためて、「定期市の時代」におけるヨーロッパの主要な大市の開催地を確認してみよう。すると、時間が経過するにつれて代表的な大市が、フランスのシャンパーニュ地方からリヨン、さらに東に向けてドイツ中部のフランクフルト、そしてもっと東のライプツィヒへと移動していたことに気づかされる。さらに19世紀、ライプツィヒ大市が最盛期を終えると、次はなおも東のロシアはニジニ・ノブゴロドで大市が繁栄期を迎えるのである。

大市の役割の一つに、開催期間を一定の時期に絞ることにより、商品の確保や生産、資金の調達のために時間的な猶予を与えることが挙げられる。大市が機能していたからこそ、こうした準備に時間がかかる経済的後進地域も、大市への参加を通じて先進地域と経済的にリンクし、商品の交換関係を営むことができたと考えられる。大市とは、経済成長の段階が異なる地域が接する、いわばフロンティアにおいて発達する取引の制度であるといえるのかもしれない。であるとすれば、ヨーロッパで見られた大市の東漸は、産業化が進み大市の機能をもはや必要としなくなる先進地域が西から東に向けて拡大していく過程として理解することができるであろう。19世紀以降、大市が担った機能は見本市や博覧会、そして百貨店へと継承されていく（谷澤毅「近世ドイツ・中欧の大市」山田雅彦編『市場と流通の社会史Ⅰ』192―195頁）。

注

(1) 川北稔『洒落者たちのイギリス史――騎士の国から紳士の国へ』平凡社ライブラリー、

1993 年、221 頁。以下、キャラコに関する記述は同書に依拠する。
(2) 大黒俊二「市場」、川北稔責任編集『歴史学事典1　交換と消費』弘文堂、1994年、27―31 頁。下山晃『交易と心性――商業文化の表層と深層』太陽プロジェクト、2003 年も参照。

第Ⅱ部　歴史と経済のとらえ方

第 3 章　歴史とは何か

　この章では、「流通」の世界からいったん離れることにする。「流通史」の「史」の部分にこだわることにより、歴史とはなにか、歴史的に物事を見ることの意味や可能性について考えていきたい。

(1)　史実について

　日本人であれば、2011 年 3 月 11 日という日付は特別な意味を持つ。あの大震災の惨状は、ほぼすべての日本人の脳裏に刻まれていることであろう。さらに 2016 年 4 月には、熊本も一連の大地震に見舞われてしまった。これら大災害が起きたということを疑う人は、まずいないはずである。震災の爪痕は今も残る。
　では、1970 年の大阪万博（日本万国博覧会）の開催はどうであろうか。若い人は同時代人としての見聞の経験はないとはいえ、多くの記録や映像が残されており、大阪万博の開催を疑うものも、恐らくいないであろう。もっと古い時代についてはどうであろうか。例えば、商業・経済の歴史も含めて事例を挙げれば、1868 年の明治維新、マゼラン船団の世界周航、中世後期のフランクフルト大市の繁栄、古代フェニキア人の地中海貿易の活況などなど。はたして、これらは事実であったと言えるか。もし言えるとしたら、何を根拠としてわれわれはこれらの事実性を確認することができるのであろうか。
　例えば、「言い伝え」を根拠としてある出来事が事実であったということ

を確認することもできるだろう。一例を挙げれば、明治維新に際して戊辰戦争の戦場となった地点で、その惨状が地元の語り草となり、それが古老などを通じて代々伝わることにより、出来事としての明治維新の事実性を裏付けるための一つの証拠として用いることもできるだろう。しかし、言い伝え、口頭での伝承は、えてしてあやふやな内容を含む。短時間でもわれわれの記憶が当てにならないことは、いわゆる「伝言ゲーム」の経験者ならわかるはずである。

◎史実とはなにか

　過去にあった出来事や事実を史実という。一般に、歴史の研究者が史実の事実性を証拠立てるために用いる素材を史料という。その中心をなすのは文書史料である。文字による記録を頼りにわれわれは史実を捉え、過去の状況を再現していくのである。商業・流通の歴史であれば、取引の規模を把握するうえで数値化が可能な史料も欠かせない。埋蔵されていた貨幣や陶磁器など、考古学的な成果による出土物も、現物として過去の商業・流通の実態を具体的に示す素材となる場合が多いので重要である(1)。

　史実がまさしく史実であったということを裏付けることは難しい。古い時代の事柄であれば、一連の史実をどう解釈するかという歴史の見方の問題以前に、ある出来事がはたしてあったのか否かという、単純な問題に直面することもある。史実の事実性を証拠立てるのが史料である。しかし、われわれが史料から知り得る事柄はほんのわずかでしかない。現在にまで連綿と続く人類の営みのなかで、史料によって確認し得ることなど、たかが知れている。逆に言えば、人類のこれまでの無限ともいえる営みの、そのほとんどは史料に残されていないので確認のしようがない。つまり、われわれの記憶の埒外に置かれてしまっているのである。われわれにできることは、残された今ある乏しい史料を用いて過去について知ることだけである。その事実性を確認し得た事柄だけが史実と呼ぶに値する。とすれば、実際はあったにもかかわらず、史料に残されていないわれわれのこれまでのほとんどの営みは史実と

ならない。なかったことになってしまうのである。残酷とはいえ、こうして歴史学の客観性が確保されることになる。

　史料の記録自体が間違っている場合も、史実の確認はできない。もともと誤って記入されていたり、書き写す際に誤記が生じたりしていたことが、他の史料と照らし合わせることにより見つかることがある。意図的に史料がねつ造されたケースもあるだろう。例えば、これは考古学界の出来事であるが、2000年11月に明らかになった旧石器時代の遺跡ねつ造事件は、わが国の考古学界を大混乱に陥れてしまった。どれが本当の遺跡でどれがねつ造された遺跡かがあいまいとなり、何が事実で何がそうでないか、わからなくなってしまった。(2)ともあれ、もしはっきりとした証拠が手に入らなければ、当の史実はなかったことになってしまうのである。

◎史実は歴史家がつくる
　「歴史の事実というものは、もうなくなったものをあとから歴史家が証拠をもとに推測してもう一度つくってみるようなもの」である（神山四郎『歴史入門』68頁）。この点を指して、アメリカの歴史家であるカール・ベッカーは、しばしば引用される次のような言葉を残した。「歴史の事実というものは歴史家がつくるまでは存在するものではない(3)」。

　具体的な事例を挙げて考えてみたい。昔、あるところに雑貨商を営む男性がいたと想定しよう。この男性は、勤勉なうえに生活に困っている人の相談にのり、必要があれば小金を用立ててあげるなど、近所でも評判の商人であった。彼が亡くなると、子孫は生業を変えたので店は閉められてしまったが、近所の者は、彼こそは商人の鏡、街の誇りであったとその遺徳をしのび、誠実な人柄は語り草とされた。

　しかし、時がたち、世代交代が進むなかで彼に関する記憶はあやふやとなり、いつの頃か、彼の存在は子孫からも忘れ去られてしまった。近所でも評判であった当の商人は確かに存在した。しかし、彼のことを憶えている者は、もう誰もおらず、話題となることもまったくなくなってしまった。つまり、

彼が生きていたという史実はなかったことにされてしまったのである。

　ある日、一人の地方史研究者がかつてこの商人が暮らしていた旧家を訪れ、史料調査を行った。すると、古い日記が見つかり、その内容から、著者がかつて雑貨商を営んでいた当の男性であると同定された。調査にあたった地方史研究家がこの日記を雑誌で紹介すると、かつての雑貨商の男性はあらためて地元で評判になるとともに、子孫もこの祖先の遺徳を偲ぶようになった。かくして、この雑貨商の存在は、歴史家の調査を通じてみごとに甦ったのである。上で紹介したベッカーの言葉で述べられている歴史家の役割とは、このようなたとえ話を通じて理解することができるであろう。

（2）歴史観について

　歴史学は史実の発見だけから成り立っているのではない。史料により確認し得る史実は実際の歴史のほんのわずかな部分に過ぎないとはいえ、それでも膨大な量にのぼる。われわれは、自らの問題関心に従って歴史に光を当て適宜史実を選択し、自らが信じる世界観や価値観、すなわち歴史観に従って一貫した物語を組み立てていくことになる。これは、いわば、どのような素材を選び、どのように料理するかといった問題である。商業・流通史をはじめ歴史を学ぶ者にとって、歴史観を意識することは重要である。歴史家の関心や価値観に従って取り上げられる史実、紡ぎだされる物語が違うものとなってしまうことがあるからである。例えば、列挙すれば無限ともいえる世界のこれまでの出来事が、コンパクトな世界史のテキストに収まることなど、本来はあり得ない。著者なり時代なりの、何らかの歴史観に基づいて扱う題材が選択されて、解釈がほどこされて一冊にまとめられるのである。

◎進歩史観の行きづまり

　では、歴史観には具体的にどのようなものがあるか。幾つかある歴史観のなかでも、これまでわれわれが広く受け入れてきた歴史の見方を挙げるとす

れば、やはり「歴史は進歩する」という考え方であろう。いわゆる「進歩史観」である。このような歴史の見方は、一頃まで一般的な通念として多くの人に受け入れられてきた。近代以降、技術が進歩し、生活水準が向上するなかで多くの人は昨日よりも今日、今日より明日のほうが豊かになるということを信じて日々生活してきた。とりわけ、戦後の日本では高度経済成長期に目に見えて生活水準は向上した。多くの日本人の脳裏には、進歩史観が無意識のうちに刷り込まれていったのではないだろうか。

　ところが現在、進歩史観に対する信頼は揺らいでいる。進歩史観を代表してきたといえるマルクス主義に基づく歴史観が壁にぶつかってしまった。歴史は、物質的な生産力を増大させながら、「共産主義社会という大目的に向かって進歩する」（野田宣雄『歴史をいかに学ぶか』20頁）というマルクス、エンゲルスの思想は、20世紀にソ連（ソビエト連邦）・東欧諸国、中国（中華人民共和国）の国家運営を支える思想となり、ソ連とアメリカを軸とする東西間の冷戦の時代を招いた。西側資本主義諸国でも、物質的な生産力を重視するマルクスの歴史観（唯物史観）は、進歩的知識人の思想や歴史観に大きな影響を与えたものであった。

　しかし、マルクスおよびその系譜に連なるレーニンの影響を受けて存続してきたソ連は既になく、東欧諸国は社会主義・共産主義社会から資本主義社会へと、唯物史観的な進歩史観で想定されていたのとは逆方向の経済体制の移行を遂げた。中国は、体制を変更することはなかったとはいえ市場原理を取り入れ、経済発展を優先する国づくりを進めている。マルクス主義体制が現実にはそぐわないということが明らかになったことから、進歩史観に対する疑念はいやがうえにも高まってしまった。

　しかし他方で、アメリカに代表される自由主義的な歴史・社会観も順風満帆ではない。ソ連の崩壊により資本主義経済体制の強さが確認されたとはいえ、新自由主義に立脚した競争原理のさらなる拡大により貧富の差はますます拡大し、社会不安も生まれている。経済のさらなるグローバル化がもたらすマイナスの影響が懸念されるなか、社会が今後も進歩していくとは思えな

いという人の数も増えているはずである。歴史観などという難しい言葉を抜きにしても、日本であれば、平成に入ってから経済の低迷が続き、雇用不安や格差の拡大に治安の悪化などが加わり、生活実感の上からも将来に希望を託すことができないような状況が続いている。

「歴史は進歩する」と素直に信じることのできた社会は、過去のものとなってしまった。逆に言えば、進歩史観を相対視することが可能な時代となったということなのであろう。これまでの絶対的ともいえる価値観が揺るぎだしたからには、新たな歴史観の構築に向けた動きも始まっているのかもしれない。それがどのようなものとなるか、そこまでここで踏み込むことはしないが、これからの歴史観がどのようなものとなるのかにかかわらず、踏まえておくべきことは、歴史観とは絶対的なものではなく、時代や状況により変化するという相対的な視点であろう。

◎歴史観の歴史

では、近代的な進歩史観が成立するまでの歴史観とは、どのようなものであったのだろうか。例えば、古代ギリシャ・ローマでは、進歩史観のように「歴史を一定の目標に向かって進行する過程ととらえる考え方」は認められなかったらしい。歴史の見方で支配的だったのは、「変わらざる人間の本性」ゆえに、歴史は繰り返すという「循環史観」とでも言えるものであったという（野田宣雄『歴史をいかに学ぶか』20頁）。古代中国においても、歴史は循環するものとしてとらえられていたらしい（市井三郎『歴史の進歩とはなにか』22—23頁）。

このような循環的な時間意識にかわって直線的な時間意識が普及するに際しては、キリスト教の影響、とりわけ中世初期ヨーロッパの神学者アウグスティヌスの登場が大きく影響したといわれる。すなわち、天地創造からキリストの降誕、最後の審判、そして永遠の救済へと至るという時間の流れを「神の摂理」として受け入れ、歴史を理解するという直線的な時間意識に基づいた歴史の見方の登場である。歴史をある目的に向かう進行過程と見なす、こ

のような歴史意識が、やがて近世・近代の思想家、歴史家に受け継がれることにより、進歩史観が成り立っていくのである。例えば、啓蒙思想期のフランスの思想家ヴォルテールは、『諸国民の風習と精神にかんする試論』(1756年刊行) のなかで、「歴史は人間の理性の進歩の過程である」と述べた。また、ドイツの哲学者ヘーゲルは、『歴史哲学』のなかで、「世界精神(理性)」が歴史を推し進めるのだと述べ、世界史の流れを「世界精神」による自由の意識の進歩、拡大の過程としてとらえた(野田宣雄『歴史をいかに学ぶか』39―53頁)。そして、19世紀にマルクスが登場し、ヘーゲルの「世界精神」が「物質の生産力」に置き換えられて唯物史観(史的唯物論)が進歩史観の中心に位置づけられるようになった。

ところで、唯物史観は物質の生産力を歴史発展の原動力と見なすのであるから、これはまた、「生産力史観」と言い換えてもよいであろう。上でも述べたことだが、これまでの経済史研究は、生産力史観に基づく研究が主流を占めてきた。歴史のなかの移動や交流に注目するのであれば「流通史観」も成り立つはずである。商業・流通の側面から歴史に接近していくのであれば、これまでの生産力史観により描かれた歴史とはまた違う歴史像が描けることであろう。例えば、東洋史学者宮崎市定の書いた歴史書はおもしろいとの定評があるが、彼が、歴史の中で移動や交流の持つ役割を強調するある種の「交流史観」、「流通史観」の持ち主であることも、そうした評価が生まれる理由の一つとして挙げてよいのかもしれない[4]。

もう少しわれわれ日本人になじみのある歴史観としては、例えば「皇国史観」を挙げることができよう。これは大まかに言えば、皇室を中心に置き、国の力を重視する歴史観である。第二次世界大戦までのわが国は、この皇国史観によって染め上げられていたと言ってよい。そして、戦後は一転して進歩的文化人を中心に民主主義を肯定し、わが国の戦争経験を否定的に扱う唯物史観に裏打ちされた歴史観が主流となった。終戦(1945年)までのわが国の在り方が否定的に評価されるので、戦後主流となった民主主義的な歴史観は、新自由主義者などにより「自虐史観」と呼ばれることもある。

われわれの身近にあるこうした事例にも示されるように、時代が移り変わるに従い歴史観も変化する。長い時間をかけて理念的に彫琢が施されてきた進歩史観も絶対的なものではない。歴史観が異なれば、同じ題材を扱ったとしても描き出される歴史は異なったものとなることであろう。さらに言えば、各歴史家が抱いている哲学やものの見方、歴史観が全く同じということはないのであるから、歴史家の数だけ歴史は存在するということになってしまう。このような「あやうさ」を含む歴史学を、われわれは近代的な学問、近代科学の一分野に含めることはできるのか。はたして、歴史学は「科学」といえるのであろうか。

(3) 歴史学は科学か

◎科学とはなにか

普通の人であれば、科学という言葉を聞いてまず思い浮かべるのは自然科学の世界であろう。数学や物理学、生物学などといった科目名を想起する人もいるかもしれない。これら狭義の科学と歴史学との関係を考えれば、歴史学が科学ではないことは説明するまでもない。しかし、広い意味での科学は自然科学に限られない。『大辞泉』(増補・新装版457頁)によれば、科学とは「一定の目的・方法のもとに種々の事象を研究する認識活動。また、その成果としての体系的知識」。「広義には学・学問と同じ意味に、狭義では自然科学だけを指すことがある」と述べられる。ここでは認識活動、方法としての広義の科学を念頭に置いて歴史学とのかかわりを考えてみたい。改めて問う。商業・流通史学を含めて歴史学は科学といえるであろうか。

方法の面から科学を取り上げるとしても、科学的な方法といえば、やはり自然科学的な方法、とくに数学や物理学で扱われる法則や、化学で重視される実験が想起されるのが普通であろう。科学とは、厳密な手続きに則って論理的に事実を明らかにするための方法であると言うことができる。だとすれば、史実は歴史家がつくるのであるとか、歴史観によって選択される史実や

解釈が異なるなど、歴史家それぞれによって描き出される内容や論調が違ってくる歴史学とは、ファジーな、あやふやで非科学的な学問領域ということになってしまう。科学というよりも、個人が紡ぎだす物語であり、むしろ文学作品に近いのではないかといった見解も出てくることであろう。確かに歴史学には、そのような側面がある。実際、例えば、ギボンの『ローマ帝国衰亡史』やシラーの『三十年戦争史』をはじめとする歴史叙述、あるいはブルクハルトやホイジンガの作品などは、歴史学の成果としてというよりも文学作品として親しまれているといってよいのではないだろうか。

「歴史は物語であり、文学である」。こう述べる岡田英弘は歴史を科学とは認めない。彼の主張はこうである（岡田英弘『歴史とはなにか』82頁）。第一に、科学では繰り返し実験ができるのだが、歴史は一回しか起こらない。ゆえに歴史は科学の対象にならない。第二に「科学では粒子の違いは問題とならない。みんな同じだとして、それらを支配する法則を問題にする」。「ところが歴史では、ひとりひとりはみんな違う。それが他人に及ぼす機能も違う。それを記述する歴史を書く人も、歴史を読む人も、みんな同じ人間」だが、各人はすべて違う。すなわち、科学的な操作の対象とならず、客観性を確保しえない歴史学は科学ではなく、文学であるとされるのである。[5]

歴史は文学であるとするこのような見方には、大方の人も納得することであろう。だがその一方で、歴史から主観性を排除し、少しでも客観性をそこに多く盛り込もうとする動きも歴史学界には見られた。近代的な学問分野の一つとして歴史学が発展していくうえで、19世紀ドイツの歴史家レオポルド・フォン・ランケが果たした功績はきわめて大きい。ランケは、歴史から極力主観を取り去ることにより、実際にあったことを描き出そうとする。そのために彼が重視したのは史料が持つ役割である。歴史家は感情や特定の価値観（歴史観）を排除し、史料に史実を語らせるべきである。こう主張し、実践することにより、ランケは「近代歴史学の父」と呼ばれるようになった。厳密な史料批判、史料操作を経て、客観的な立場から史料に基づいて事実を検証していく「実証史学」の手法が、こうして確立されていった。歴史学の

科学性は大いに高まり、歴史は「科学的」になったのである。では、実証史学のどこが科学的なのであろうか。

◎歴史学の科学性

　科学とは何かをあらためて問えば、結局のところ、それはほかならぬ「事実の発見」に帰着するのではないだろうか。ただし、その事実は「検証可能」なもの、すなわち、同じ条件のもとで実験や観察などの手続きを経ることにより同じ結論に達するものでなければならない。単なる仮説でしかないものは、実験や観察を通じて事実であることを証明する必要がある。

　さて、ここでいう事実とは、法則化の可能な事実に限られない。自然界には法則化できる事実は多いであろうが、人間界には法則化できない個別的な事実が満ちあふれている。もちろん、人間が造りだす社会を扱う社会科学でも、とりわけ経済学の理論分野では、事象を抽象化し、数学を駆使することで自然科学のような法則化、モデル化が積極的になされていることは、よく知られる。このような科学は「法則定立科学」と呼ぶことができる。これに対して、歴史学で扱われるのは、多くは個別的な事実であるといってよい。このような、個別的な事実の発見を重視する科学は、「個別実証科学」と呼ぶことができるであろう。だとすれば、法則化を目指すものではないとはいえ、歴史学も科学ということになる。ではその際、歴史学における検証可能性はいかにして確保されるのであろうか。自然科学における実験や観察に相当する過程は歴史学に存在するであろうか。

　そこで注目されるのが、史料の存在である。史料の存在、そして史料の正確な読みと解釈、これらが客観性すなわち科学性を確保していくうえで、きわめて重要な意味を持つ。すなわち、誰もが同じ実験で同じ事実に到達するのと同じように、同じ史料を検討することによって同じ事実に到達することが求められる。そのためには、厳密な史料批判は欠かせない。歴史学において史料学が重視される理由はここにある。きちんとした手続きを経ることによって、歴史学は科学の要件を満たしていくことになる。それゆえ、歴史学

は一般に「人文科学」の一分野として扱われ、流通は経済の下位分野なので、流通史は「社会科学」に位置づけられるのが一般的である。もちろん、歴史学の一分野として流通史を人文科学に含めることも可能であろう。

　以上、実証史学の立場から歴史学を科学と見なす見解について述べてきた。確かに、実証史学の確立により歴史学の科学性は高まったと言える。しかし、史料の読みと解釈が実験や観察に相当するとはいえ、そこに実験や観察と同じ程度の厳密さを求めることはできない。解釈のみならず、史料から得られた成果をどのような文脈に位置づけるかなど、歴史学においては、やはり研究者個人もしくは時代的な制約に由来する歴史観に依拠する部分が大きい。例えば、実証史学を打ち建てたあのランケにしても、『世界史概観』で紙幅の多くを割いているのは、「世界史」と銘打っているにも関わらずヨーロッパの歴史なのであり、ヨーロッパ中心史観から免れてはいないのである。

　歴史は科学といえるか否か。これに対するはっきりとした解答はない。とはいえ、少なくとも次のように言うことはできるであろう。すなわち、歴史は正当な手続きを踏まえることにより科学性を増すと。

　　　注

(1)　文書をはじめさまざまな史料が歴史学においてどのように活用されるのか、具体的に論じた文献として、一例として以下を挙げる。高山博、池上俊一編『西洋中世学入門』東京大学出版会、2005年。
(2)　この遺跡捏造事件に関しては以下を参照。立花隆『立花隆・サイエンスレポート　なになにそれは？緊急取材・立花隆、「旧石器ねつ造」事件を追う』朝日新聞社、2001年。
(3)　例えば、神山四郎『歴史入門』、62、69頁。ベッカーのこの言葉は以下に掲載されたものであるという（筆者未見）。Atlantic Monthly,October,1910,P.528. Ｅ．Ｈ．カー（清水幾太郎訳）『歴史とは何か』岩波新書、1962年、25、236頁。
(4)　以下の一般向けの書籍でも、宮崎市定の歴史学の特徴に「流通」があることが言及されている。鷲田小彌太『学者の値打ち』ちくま新書、2004年、86頁。
(5)　歴史と科学との区分については、以下も参照。E.H.カー（清水幾太郎訳）『歴史とは何か』88—89頁。

第4章　ドイツ歴史学派経済学とその誕生の背景——歴史重視の風潮と社会

　以下では、商業・流通の歴史を考察していくうえで土台となる歴史と経済にまつわる主な学説を扱う。まず本章では、ドイツ歴史学派経済学を取り上げ、この学説が誕生した背景を中心に解説する。ドイツ歴史学派を取り上げるのは、この学派が歴史を重視する学派であり、流通を含めて経済を広く見ていくうえで歴史が重要であることを理解させてくれるからである。また、この学派が誕生する背景に重点を置いていることにも理由がある。歴史学派経済学は、それを生み出した19世紀のドイツを取り巻く時代状況と密接にかかわりながら誕生した。すなわち、歴史学とは決して時代から遊離した学問分野なのではなく、むしろ現実的な問題と絡み合いながら発達してきたということが、歴史学派経済学誕生の背景を見ていくと理解されるのである。

(1)　経済発展段階説

　歴史学派経済学とは、考察の対象とする国や地域の固有の歴史的条件を考慮しながら経済の現状を分析し、政策的な提言を行おうとする経済学である。ドイツで誕生し、発展した経済学であるのでドイツ歴史学派経済学と呼ばれることが多い。この経済学には、歴史が占める比重が大きいということと並んでもう一つ大きな特徴がある。それは、この学派では経済の発展が段階的にとらえられ、発展段階説として提示されることが多いという特徴である。

◎おもな発展段階説

　例えば、歴史学派を代表するフリードリヒ・リストは経済を、⑴ 未開状態、⑵ 牧畜状態、⑶ 農業状態、⑷ 農・工業状態、⑸ 農・工・商業状態の各段階に区分して、生産の観点から経済発展の筋道を示した（本章（4）「フリードリヒ・リストの主張」を参照）。また、ブルーノ・ヒルデブラントは、交換の側面から経済の発展を、⑴ 自然経済、⑵ 貨幣経済、⑶ 信用経済の三段階に分けて説明しようとしている。一般的に、歴史学派経済学は1873年の社会政策学会の成立を境として旧歴史学派と新歴史学派とに区分され、この二人は旧歴史学派に位置づけられる。社会政策学会の成立に伴い、ドイツでは経済学が貧困や福祉、労働運動などの社会問題に積極的に取り組むようになったという変化があった。

　新歴史学派のなかでは、グスタフ・フォン・シュモラーとカール・ビューヒャーの段階論がよく知られる。このうち、シュモラーは、経済活動が営まれる領域に注目した段階論を提唱している。その内容は、おおよそ、⑴ 家族・種族経済、⑵ 村落経済、⑶ 都市経済、⑷ 領域経済、⑸ 国民経済を経たうえで、やがて ⑹ 世界経済に至る、とまとめられる。このような経済活動領域を単位とする段階論を提唱するうえでシュモラーが重視しているのは、各領域を担う政治主体が果たす役割である。ここからシュモラーの、政府を主体として現実問題の解決に当たろうとする社会政策学派的な意図を見て取ることができる。これに対してビューヒャーは、財貨が生産者から消費者に至るまでの経路、すなわち流通経路の長さに注目した段階論を提唱し、経済の発展を ⑴ 封鎖的家内経済、⑵ 都市経済、⑶ 国民経済に区分している。

　このような発展段階説は、「人間の社会生活の歴史性をいくつかの「時代」（Epoche）の段階的継起としてとらえたことにおいて大きな功績を有している」と評価される。しかし、これらの「経済発展段階理論は人間生活のある一面からの観察に止まった」ものでしかなく（林健太郎『史学概論（新版）』84、96頁）、理論的な精緻さという面で大きな問題があった。それゆえ、歴

史学派の学説は、歴史に対する深い理解を示したマルクスやヴェーバー、さらに理論経済学者のメンガーなどからも批判されることになる。このうちマルクスは、後に進歩史観の土台となるような段階説を打ち立てるが、これなどは一見すると経済発展段階説の一つと見なせそうであるものの、後で述べるように、段階の移行のメカニズムにまで踏み込んでいるなどの点で、歴史学派との違いが強調される。

◎ロストウの登場

なお、経済発展段階説は理論としての影響力をすぐ失ってしまうが、第二次世界大戦後の冷戦時代、アメリカで段階説を踏まえた経済発展論が一世を風靡したことがあった。新たな段階説を提唱したのは、ケネディ、ジョンソン両大統領のもとで特別補佐官を務めた経済学者ウォルト・ロストウである。彼は経済の発展を、(1) 伝統社会、(2) 離陸先行期、(3) 離陸期、(4) 成熟期、(5) 大衆消費時代の五段階に分ける。このうち、最も重要な意味を持つとされるのが離陸（テイク・オフ）期であり、ロストウの段階説は「テイク・オフ理論」として脚光を浴びるとともに、テイク・オフの時期を巡って活発な議論が繰り広げられた。

ロストウの発展段階説を見ていくうえで注目すべきも、やはり冷戦時代という時代背景であろう。当時アメリカは、共産主義経済の優位を強調するソ連に対して、資本主義経済の優位、さらにはその永続性を強調する必要があった。資本主義経済の継続的な繁栄を見通したロストウの理論は、時代が求めていたアメリカを正当化する理論にほかならなかった。彼の主著の一つである『経済成長の諸段階』は、「非共産党宣言」をサブタイトルとする（木村健康・久保まち子・村上泰亮訳『経済成長の諸段階——一つの非共産党宣言』）。マルクス主義の有名な古典（『共産党宣言』）をもじったこの副題からも、歴史学説を検討するうえで時代背景への目配りが欠かせないということが見て取れるであろう。以下、ドイツ歴史学派へと話題を戻し、あらためてこの学派が誕生した背景について検討してみよう。

(2) ドイツ歴史学派誕生の背景

　19世紀は、しばしば「歴史の世紀」と呼ばれる。それを象徴する同世紀の人物として、近代歴史学の父といわれるランケや唯物史観を打ち立てたマルクスを挙げることができよう。社会科学を離れても、時間軸のなかでの生物の進化を扱う学説（進化論）が、ダーウィンやウォーレスにより提唱されたのも19世紀であった。「進化論」は、やがて「社会進化論」（Social Darwinism）として人間社会に適用されていくことになる。歴史を重視する学説やものの考え方が、19世紀には広く社会に行き渡ったのであった。

　このような19世紀の特徴は、その前の18世紀の特徴と比較することでより鮮明となる。19世紀が「歴史の世紀」であるのなら、18世紀は「空間の世紀」と呼べそうである（樋口謹一編『空間の世紀』）。18世紀は大規模な航海や探検により空間的な視野が拡大し、地球に関する知識や情報が格段に増えた時代であった。その結果、博物学が発展してリンネをはじめとする博物学者の活躍が目立ち、フランスでは百科全書学派の成立を見た。

　さて、「歴史の世紀」といわれる19世紀に、とりわけ歴史を重視した国としてドイツが挙げられる。ドイツでは、歴史学それ自体が隆盛を迎えただけでなく、法学の分野ではザヴィニーを中心に歴史法学が、また経済学では歴史学派経済学が隆盛を迎えた。歴史主義の気運が高まったのである。なぜ19世紀のドイツで歴史意識が高まり、歴史を踏まえた研究が広く手がけられるようになったのであろうか。そこには、周辺諸国と比較した場合のドイツの「遅れ」があった。

　当時、イギリスやフランスはすでに近代国家としての体裁を整え、その影響力は植民地の獲得などを通じて広く海外にまで及んでいた。とりわけ経済の分野ではイギリスがいち早く産業革命に突入し、後述するように、その圧力はドイツでも問題視されるようになっていた。ところが、ドイツは19世紀に突入した段階では、まだ国家の態を成していなかった。ドイツの統一は、

明治維新よりも遅い 1871 年のことである。それまでのドイツは、プロイセン王国という核となる新興国の発展は目を見張るものがあったとはいえ、まだ数多くの領邦国家や都市国家からなる分立状態にあった。民族の統一はまだ実現していなかったのである。

統一後のドイツも、いわゆる後発先進国として、まずもってその遅れを取り戻すことに力が注がれた。民族意識が高揚するなか、自民族の個性や特徴を歴史にさかのぼって探り出し、歴史を顕彰する機運が高まった。個性を重んじるとともに、懐古主義的な性格を持つドイツ・ロマン主義の広がりも、歴史意識の高揚と合わせて理解することができるだろう。歴史主義の時代、ドイツ民族の個性や特殊性に光が当てられ、神話や民謡に対する関心が喚起された。経済や法律の分野でも、周辺の諸国や諸民族とは違うドイツの特徴に光が当てられ、現状とともに問題点が明らかにされていったのである。このような、個性や特殊性を重視する「歴史主義」は、前世紀の「啓蒙主義」とは大きく異なる。

18 世紀のフランスを中心とする啓蒙思想の時代において重視されたのは、普遍性や合理性であった。法学でも重視されたのは自然法であり、自由や平等といった地域や時代を問わず、普遍的に妥当するとされる理念が強調された。これは、限定された地域の個性や習慣を過去にさかのぼって検証しようとする歴史法学とは、まったく性格を異とする[1]。

(3) 歴史学派経済学の主張

経済学においても、「歴史の世紀」のドイツ歴史学派経済学と、啓蒙思想の時代である「空間の世紀」の西欧の古典派経済学とでは、大きな違いがあった。「経済学の父」と仰がれるアダム・スミスが『国富論』を著したのは 1764 年のことである。需要と供給は、「(神の) 見えざる手」に導かれて均衡するので市場への介入を極力少なくし、あるがままの自由な競争に任せるべきだとの、市場メカニズムを重視する彼の経済観は、後の主流派経済学

第 4 章　ドイツ歴史学派経済学と その誕生の背景——53

の土台となった。価格を客観的な指標として重んじ、自由という自然法の重要な理念に裏打ちされたスミスの経済学は、啓蒙思想と同様、普遍化を念頭に置いた経済学であったと言ってよいだろう。

　これは、ドイツで発展した歴史学派とはまったく異なる経済学である。すでに述べたように、歴史学派経済学とは、特定の国や地域の民族的な特徴や歴史的条件などといった個別性を考慮しながら経済を分析し、政策提言を行おうとする経済学である。「遅れたドイツ」という現状を認識しながら、その遅れをどうやって取り戻し、時代の最先端へと自民族を引き上げていけばよいか。このような国家的な課題に応えようと、ドイツの歴史学派経済学は、国家の統一を視野に入れて国民経済的な観点から現状分析を進め、ドイツにふさわしい政策を提言しようとした。とりわけ、19世紀ドイツの現状を踏まえて主張された重要な提言が保護貿易政策である。

　19世紀のドイツでは、政治的な統一に先駆けて、プロイセン（ライン・ヴェストファーレン）をはじめ、シュレージェンやザクセン、ヴュルテンベルクなどの諸邦で製鉄・機械、紡績などの工業が盛んとなり、産業革命に向けた動きが始まりつつあった。しかし、周囲を見渡せば、各国に先駆けて産業革命に突入していたイギリスがあり、その経済力はドイツにも影響を与えつつあった。19世紀のイギリスは、世界経済において「ヘゲモニー」を掌握したと見なされ（ウォーラーステイン）、「世界の工場」と言われるその圧倒的な工業生産力を背景に、世界各地に自国の製品を輸出していた。ドイツでも、とりわけ西部や南部では機械制大工場で製造された安価な綿や鉄などのイギリス製品が浸透し、萌芽期にあったドイツの製造業に悪影響が出始めていた。保護貿易政策は、こうしたドイツ経済が抱える現実問題を背景として主張されるようになった。すなわち、関税障壁を設けて安いイギリス商品の流通を食い止め、十分な競争力が備わるまでドイツの工業を保護すべきであるとの声が高まったのである。

　当然のことながら、このようなドイツの主張は、自由な競争を主張するイギリスの自由貿易学派（マンチェスター学派）から批判を受けた。自由という

普遍的な理念を掲げながら、マンチェスター学派は効率性を重視する古典派経済学をベースに自由な取引、すなわち自由貿易を主張したのである。

　では、ドイツの保護貿易論者は、このような自由貿易学派の主張に対してどう対応したであろうか。彼らが依拠したのは、まさに歴史的な観点からの研究成果である。それは、端的に言えば、自由貿易は必ずしも普遍的、絶対的な貿易形態ではないということである。自由貿易を主張している当のイギリスにしても、まだ経済力が十分でなかった17世紀には、当時の覇者であったオランダをターゲットとして保護主義的な政策を設け、自国の経済を守ろうとしていたのである。現代を生きるわれわれにとっては、20世紀後半の日米関係がよい事例となろう。競争原理に基づいた自由な経済活動、自由な貿易を重んじる国でありながら、アメリカは繊維製品や鉄鋼など、自国側が劣勢に立たされそうになると、これまで繰り返し日本側に圧力をかけ、自主規制をするよう要請してきたのである（日米経済摩擦）。

　概して、自由貿易を主張するのは、他国との競争に勝てるだけの経済力を備えた国である。「世界の工場」と謳われた19世紀のイギリスがそうであり、20世紀のアメリカがそうであった。17世紀に黄金時代を迎えたオランダも、当時は自由な貿易活動を重視していた。換言すれば、自由貿易とは強者の論理ということになるのであろう。それゆえに、自由に貿易を行っていた時代のイギリス経済は、「自由貿易帝国主義」の名で呼ばれることもある。貿易の歴史的な研究から、自由貿易が持つこのような性格が導き出された。これを土台として、歴史学派はさらに、各国は自らが持つ歴史的な条件に照らし合わせて固有の経済政策を採用するべきであると主張する。そうであれば、時代状況や、各国経済の発展段階を見極めながら保護貿易なり自由貿易なりが採用されることになる。この点を含め、歴史学派経済学を代表するリストの貿易や流通に関する考えを探ってみることにしよう。

(4) フリードリヒ・リストの主張─────────────

　先にも紹介したように、フリードリヒ・リスト（1789—1846年）は旧歴史学派の経済学者として経済の発展を(1)未開状態、(2)牧畜状態、(3)農業状態、(4)農・工業状態、(5)農・工・商業状態の5段階に分けて考えようとした。この段階説が提示された彼の『経済学の国民的体系』が出版されたのは1841年、まだドイツが統一される以前のことであった（小林昇訳『経済学の国民的体系』54—55頁）。この段階説に照らし合わせれば、本書が出版されたころのドイツの経済は、(4)の農工段階にあったとされる。これに対して当時のイギリスは、既にその先の(5)農工商段階に達していたと解釈される。つまり、両国は同じ段階に位置しているのではない。ドイツにおいて、保護貿易政策が採用されるべきであるとする考えは、ここに根拠があった。つまり、自由貿易は対等な立場にある国同士で行われるべきであり、当時ドイツはイギリスと比べればなおも遅れていた。それゆえ、保護貿易策を採用し、国内産業を保護することがドイツには認めらるべきであると考えられたのである。リストが目指したのは、ドイツ国民経済の形成とその発展であった。やがて、イギリスと同等な段階へとドイツ国民経済が発展したあかつきには、ドイツでも自由な貿易活動が認められることになる。

　かくして、リストは対外的には保護関税政策を主張した。では対内的、すなわちドイツ諸邦に向けてはどのような政策を訴えたであろうか。国家統一が実現する以前、彼がドイツ諸邦に向けて強く訴えたのは、一国的なドイツ国民経済の形成であった。国家の統一を視野に入れながら彼が力を入れたのは、ドイツ諸邦間の関税の撤廃と鉄道の建設である。これらを手段として、ドイツ国民経済内部で地域間分業を推進しようと考えたのである。

　多数の邦国、都市国家から成り立っていた統一前のドイツでは、国境を超えるたびに関税が課せられたので、それが円滑な商品の流通を妨げていた。こうした事態の解消を目指して、1834年にはプロイセンを中心におもな邦

国が参加して関税同盟が結成され、まずは統一市場の形成に向けて同盟内部での関税が撤廃されていった。ただし、ドイツ関税同盟自体は、必ずしも保護貿易を強く主張したわけではなかった。

次に、鉄道について言えば、関税同盟成立の翌年（1835年）、ニュルンベルク・フュルト間でドイツ最初の鉄道が開通した。とはいえ、これは距離にしてわずか 6 キロの短距離鉄道でしかなかった。ドイツ最初の本格的な

フリードリヒ・リスト
（ドイツ・ライプツィヒ駅）

都市間鉄道は、1839 年に全線が開通したライプツィヒ・ドレスデン鉄道であり、この建設にリストは大きく貢献した。リストは自費で鉄道建設のための請願書を 500 部作成し、それを政府や関係する都市、有力商人に配布した（諸田實『晩年のフリードリヒ・リスト』83 頁）。他にもリストは、数多くの鉄道に関する論文や雑誌記事を執筆して鉄道建設の必要性を訴え、具体的な建設案を提示した。すぐれた輸送手段としての鉄道を活用することにより、一国的な商品流通網を形成し、産業発展に生かそうと考えたのである。

以上のような政策を主張する際、リストの発想の源となったのが歴史的な知見であった。歴史学派の学徒であるリストにとって、欧米諸国の貿易政策の歴史は、「「新しい体系」を構築する際の「確かな案内人」であった」のである（諸田實『晩年のフリードリヒ・リスト』26 頁）。

注

(1) ちなみに、歴史主義とロマン主義が通底するのであれば、啓蒙主義と親和性を持つのは古典主義（クラシック）ということになろう。古典主義に求められるのは、特定の時代や地域ではなく普遍的に妥当する形式や格調の高さである。ドイツで個性を強調する歴史主義が影響力をもち、フランスで普遍性を重んじる啓蒙思想が花開いたというのは、両国の性格を考えるうえでも興味深い（むろん、啓蒙思想は 18 世紀のドイツでも普及した）。特殊性に力点を置く「文化の国」ドイツと、普遍性に重きを置く「文明の国」

フランスという両国の性格の違いは、このようなところからも見て取ることができそうである。

第 5 章　ドイツ史学・ドイツ経済学の系譜

　前章に引き続き、本章でも学説を扱う。流通史や商業史は、これまで商業学や経済学、経済史学の下位分野として社会科学の一分野として、また歴史学の一分野としても位置づけられてきた。広い視野の中で流通の歴史を見ていこうとするのであれば、マルクスやヴェーバーなどの社会科学や歴史学の土台をなす学説は、やはり踏まえておいたほうがよいだろう。

(1)　マルクスの歴史学説

　ここではマルクスの経済学（マルクス経済学）には立ち入らず、彼の歴史学説に焦点を当てたい。本書ではすでに歴史観について述べた際に、進歩史観とともにマルクスの名前を挙げた（第3章 (2)「歴史観について」）。
　カール・マルクス（1818—1883年）は一般に経済学者としてその名を知られ、彼の名を冠した経済学は、冷戦体制の崩壊まで現在主流となっている経済学（いわゆる近代経済学）とともに、もう一つの流れを形成していた。マルクス経済学は、経済体制の変遷のなかに資本主義経済を位置づけるという視点を持ち、歴史と親和性が強い。それを支える歴史観が「唯物史観」（史的唯物論）である。唯物史観とは、物質的な生産力が人間社会の進歩を規定しているという歴史観である。それゆえ、商品生産の規模が歴史の発展と関係してくる。その際、商品に付与される価値の源泉は、人間の労働力であるとされる（労働価値説）。以下、マルクスの経済を中心とした歴史へのアプローチについて、後世の歴史学者の理解に基づいて概観してみよう。

◎マルクスによる歴史発展のとらえ方

　さて、人間社会は経済や法律、政治や宗教、文化など、社会を構成するさまざまな要素から成り立っている。このような観点から見た社会は「社会構成体」という言葉で表現される。社会構成体は下部構造と上部構造から成り立つとされ、経済が下部構造に、それ以外の要素が上部構造に当てはめられる。すなわち、モノ（商品）を生産する構成要素である経済が下部構造として、法律や政治、宗教、文化などの構成要素からなる上部構造を支えるというのである。生産力が歴史発展の原動力となるという唯物史観的な考え方が、ここからは見て取れる。

　歴史発展の見取り図は、どう描かれているだろうか。マルクスは、『経済学批判』のなかで、「唯物史観の公式」の一部を成す有名な発展段階説を提示している。すなわち、社会構成体の変遷を経済面から捉えるに当たり、「アジア的、古代的、封建的、近代ブルジョア（市民）的」とされる各段階を挙げている。各段階について付言すれば、アジア的段階は古代メソポタミアなどの専制社会を指し、古代的段階は古代ギリシャ・ローマの奴隷制社会を、封建的段階は中世ヨーロッパの封建制社会を、そして近代市民的段階は近代資本制（資本主義）社会を指す。これらに引き続き、将来的な見通しとして社会主義という過渡的な段階を経て共産主義という平等な社会が到来することになる(1)。

　このように、社会の発展を段階的に捉えたことから、一見するとマルクスは歴史学派の経済学者と見なせそうである。しかし、両者の間には大きな違いがある。それは、歴史学派が経済発展の道筋をただ段階的に提示しただけなのに対し、マルクスは歴史発展の原動力に注目しながら、ある段階から次の段階へと移行するメカニズムを明らかにしたということである。

　マルクスによれば、現在まで続く近代資本主義社会とは、資本家と労働者の間の生産関係を土台とする社会構成体ということになる。「生産関係」とは、人々の社会的な関係、とりわけ人的な支配関係から見た生産のしくみを指す。同じようにして封建制社会は、封建領主と農奴との間の生産関係を土台とす

る、さらに奴隷制社会は、貴族・市民と奴隷との間の生産関係を土台とする社会構成体として理解される。

では、このような構造を持つ社会は、いかにして継起的に移行していくのであろうか。マルクスの考えに基づけば、ある段階から次の段階への移行（経済体制の移行）は、生産力と生産関係の間の矛盾により実現するとされる。生産力とはモノを造り出す力であり、生産の量的な側面を指す。生産関係とは、上で述べたように、人的な支配関係から見た生産のしくみを指す。封建制社会であれば、農奴と封建領主からなる生産関係が成り立ち、資本制社会であれば、労働者と資本家からなる生産関係が成り立つ。

さて、これらの生産関係は、それぞれの段階に見合った生産力に基づいて成り立っているものと考えられる。封建制社会であれ、資本制社会であれ、各段階の生産関係は、その段階へと移行した当初の生産力に合わせて成立したと解釈できる。とはいえ生産力は、一般に人口の増大や技術の発展などに伴い増大する。しかし、モノが造られるしくみである生産関係は容易には変化しない。すると、ある生産関係のもとで生産力が最大限に達してしまうと、当の生産関係が続く限り生産力は頭打ちとなってしまう。その後の発展は望めなくなってしまう。そこで、新旧の生産関係の衝突により既存の生産関係は破棄され、次のさらに高次の生産関係が採用されることになる。こうして、経済体制は次の段階へと移行する。ここからは、あるテーゼが否定されてより高次のテーゼへと移行する（アウフヘーベン：止揚）という、ヘーゲルの弁証法の影響を見て取ることができるだろう。

新旧の生産関係の衝突は、社会的な摩擦をも伴い、出来事としても現れる。これが「革命」である。すなわち、17世紀イギリスの二つの革命（清教徒革命と名誉革命）や、18世紀末のフランス革命は、「市民（ブルジョア）革命」として封建制から資本制への経済体制の移行に際して出現した摩擦として理解され、20世紀初頭のロシア革命は、資本制から社会主義への移行に際して出現した摩擦として理解される。革命は流血の惨事を伴うことが多い。それゆえ、社会の発展、より高次への移行には痛みが伴うということになる。

経済学を含むマルクスの学説はまた、多くの人々を行動へと駆り立ててきた。社会や歴史を単に解釈するだけでない、貧富の差のない平等な社会を実現するための、「現実を変えるイデオロギー」としての性格を持った。それゆえ、わが国でも戦後の一時期、マルクスを通じて理想社会の建設を夢に描いた労働組合や学生の実践活動が活発化し、過激化したこともあった。

　◎流通の軽視
　共産主義国家の実現を目指して誕生したソ連（ソヴィエト社会主義共和国連邦）は、もう存在しない。なぜソ連は崩壊したか、その理由を見ていくためには、ソ連内部のペレストロイカ（自由化、民主化）や東欧の民主化革命の展開、西側諸国との経済力の格差など、多面的な考察が必要になるが、ここでは流通に関してだけ述べておこう。
　それは、一言で言えば流通の軽視である。生産力の上昇が優先されていたため、国内の流通機構の整備が後回しにされていたのである。それゆえ、必要なところに必要な商品が行き渡らないという状況が至る所で出現した。生鮮食料品が、目的地に到着する以前に傷んでしまうということも多くあったという。ソ連時代の末期には、商品がほとんどないマーケットの様子がわが国でもしばしば紹介された。必要な商品の入手のために人々が長時間行列を作ることもあたり前のように見られた。接客態度なども含めて、サーヴィスを提供する際の基本的な心得も欠いていた。さらに言えば、広い意味でのマーケティング思想が欠落していたといってよいであろう。唯物史観が持つ「生産力史観」に依拠した国では、やはり流通面にそのしわ寄せが及んで社会が成り立たなくなってしまったのである。

（2）　ヴェーバーによる認識方法と資本主義理解 ──────

　マルクスと同様、ヴェーバーがこれまでの人文・社会科学に与えてきた影響はきわめて大きい。ここでは、方法論と資本主義にまつわる必要最低限の

ことについてのみ取り上げたい。

◆1　認識方法

　マックス・ヴェーバー（1864—1920年）は、第4章でも述べた社会政策学会に名前を連ね、新歴史学派の経済学者を自認したこともあった。しかし、やがて歴史学派とは袂を分かち、自らの方法論的な立場を主張することにより、同学派に対する批判を強めていった。とりわけ、シュモラーとは価値判断をめぐって科学にまつわる重要な論争を繰り広げた。シュモラーなど、歴史学派の経済学者たちが構築しようとしていたのは、ある種倫理的ともいえる経済学であった。社会政策学会が動き始めた19世紀後半、ドイツでは労働組合運動が激化し、貧困や衛生など、産業化の進展により生じた社会の問題をいかに解決していくかが焦点となった。社会政策という観点から、経済学は実践的な意味を持つようになり、何らかの政治的な判断を伴う領域へと踏み出しつつあった。歴史学派経済学は、価値判断を含む政策の提言などを通じて社会と密接にかかわろうとしていたのである。

　これに対してヴェーバーは、人間を対象とする社会科学が自然科学と同様、高度に科学的であるためには客観性が重視されなければならないと考えた。われわれが歴史や社会を見る際には、えてして主観的な価値観に基づいた目的論的な観点から物事を解釈してしまいがちである。しかし、そうであれば、「社会科学的認識の中に諸個人の、また党派的な価値判断が、同時にまた世界観のレベルでの価値判断ばかりでなく、さまざまの先入観、偏見、幻想のたぐいまでもが入ってくることになり、まさに科学的認識がくもらされ」てしまうことになる。それゆえ、ヴェーバーは、「科学的認識の成立にはそうした価値理念の問題が避け難く前提されていることを明確に意識的に前面に押し出すことによって、とくに研究主体の側における<u>価値判断の意識的な自己抑制</u>（いわゆる「価値自由性」）を主張した[(2)]」。ヴェルト・フライハイト（Wertfreiheit）はまた、「価値判断排除」、「没価値性」などとも訳される。

　しかし、価値判断を排除した客観的な認識は大切であるとしても、それを

実践することは容易ではない。歴史の研究では史実が大きな意味を持つとはいえ、より深い理解のためには集めた史実の一般化、概念化が必要となる。しかし、流通史という限られた領域においてさえ、無限ともいえる史実をすべて検討の対象とすることはできない。一部の限られた知識を素材として、抽象化が図られなければならない。そこでヴェーバーは、「理念型」という概念を用いて史実を理解していこうとする。理念型とは、いうなれば、ものごとの客観的な理解に到達するために、われわれが自らの価値観や視座の偏りを意識しながら得たイメージをその都度つくり変え、現実には存在しない純粋な理念として構築していく型(タイプ)のことである。

例えば、資本主義や重商主義、中世都市、手工業などといった経済史や流通史で重要な概念も、われわれは理念型として理解していることになる。資本主義、中世都市一般というものが存在するわけではない。実際に存在するのは、資本主義が誕生してから現在に至るまでの時代や領域を限定して見えてくる資本主義なのであり、例えば、18世紀イギリス、19世紀末ドイツ、20世紀初頭アメリカなどといった具体的な資本主義を理解していく中で、われわれは、資本主義一般を抽象的に理念型として頭に描きだしていく。中世都市にしても、ケルンやブレーメンなど、具体的な中世都市を理解する過程でわれわれの脳裏には中世都市一般に関するイメージが形成されていく。このイメージは、われわれが新たな事例を理解するたびに修正されて、より多くの中世都市に該当するより本質的な理念型として彫琢されていく。こうしてわれわれは、すべてを知ることができなくとも諸現象を極力正確に理解することができるのである。

このような、あえて難しい説明をしなくとも、実はものごとを正確に理解するために、われわれはこのような工夫を普段から無意識のうちに実践しているのではないだろうか。

◆2　資本主義のとらえ方

次に取り上げるのは、ヴェーバーの資本主義誕生論である。ここでいう資

本主義とは、営利の追求を特徴とするいわゆる営利主義とは違う。これを資本主義とすれば、資本主義とは太古の昔から東洋においてさえ見出されることになる。しかし、ヴェーバーが考察の対象としたのは、このような広義の資本主義ではない。彼が俎上に上げたのは、もっと特殊な近代のヨーロッパで生まれた、いわば狭義の資本主義である。では、この特殊ヨーロッパ的、近代的な資本主義とはどのようなものか。ヴェーバーによれば、それは自由な労働により合理的に利潤を追求する組織から成り立つ経済とされる。合理的とは、無駄が省かれて理にかなっているということであり、それは客観的なかたちで提示される必要がある。すなわち、情報を数量化することによって達成される。賃金や財が数値化されることにより計算が可能となり、見通しが確保され、厳密な生産の管理と計画が可能となる。

　では、このような合理的な利潤追求システムは、なぜ近代のヨーロッパで誕生したのであろうか。そこで注目されるのが「資本主義の精神」である。このような合理的な経済活動を人々の内面で支える規範的な倫理（エートス）からなる「資本主義の精神」にヴェーバーは注目したのである。彼は、有名な論文である「プロテスタンティズムの倫理と資本主義の精神」(1904—05年)でこの問題を取り扱った。そこで得られた仮説は、プロテスタンティズム（16世紀の宗教改革以降登場した新教）の禁欲的な倫理こそが、「資本主義の精神」の母体であるというものであった。プロテスタンティズムのなかでもヴェーバーが特に注目したのは、カルヴァンの布教により西ヨーロッパ、とりわけイギリスで広まったピューリタン（清教徒）の禁欲的な生活態度、経済倫理であった。

　新教徒の出現は、ヨーロッパに職業観の変化を招いていた。すなわち、現世の職業を神から与えられた天職であるとする見方の登場であり、ピューリタンによって職業の中に神の栄光を見出そうとする気運が高まったことにより、積極的な職業観が植えつけられることになった。職業の遂行は、神の栄光を実証することに繋がる。かくしてプロテスタントは、信仰ゆえに求められる道徳的な規範と禁欲的な生活態度を維持しながら職業に邁進し、それが

結果的に意図せざる資本の蓄積に結実し、浪費されずに再投資にまわされ、やがて産業資本の出現に繋がった、というのである。ヴェーバーのこのような仮説は大きな議論を巻き起こし、彼の仮説を批判する実証研究も多く出現することになったが、今でも、資本主義とは何かを本質にさかのぼって考察するのであれば、ヴェーバーが提示したこの仮説（ヴェーバー・テーゼ）を無視することはできないであろう[3]。

補論　ゾンバルトの資本主義論

　ヴェーバーと並んで資本主義の起源をめぐり大きな業績を上げた経済学者として、ゾンバルトを挙げておこう。
　ヴェルナー・ゾンバルト（1863―1941 年）は、若い頃マルクス主義の影響を受けたものの、やがてはヴェーバーと同じく精神史的な側面からの経済史研究に力を入れるようになり、数多くの成果を世に問うこととなった。資本主義の起源をめぐって近代のヨーロッパに注目したという点も、ヴェーバーと共通する。しかし、得られた見解はヴェーバーのそれとは異なるものであった。
　ヴェーバーがプロテスタントの禁欲的な精神に資本主義の起源を見出そうとしたのに対して、ゾンバルトが重視したのは人間が本来持つ意欲や欲望といった、いわば経済に向けられた活力とでもいうものであった。しかもそれは、ヴェーバーにおけるプロテスタンティズムのように一つに収斂するのではなく、多要素並立的とでもいえるものであった。具体的に彼の著作を挙げてみよう。例えば、『ブルジョア』では、近代ヨーロッパの堅実な市民階級とともに企業家や航海者などといった冒険心に満ちた野心家の役割が強調される。また、『ユダヤ人と経済生活』では、プロテスタントではなく、ユダヤ人が経済の発展に対して果たした役割が詳しく説明され、資本主義の精神はユダヤ教徒と関係が深いとされる。これだけではない。『戦争と資本主義』

では、資本主義の発展に際しては戦争が大きな意味を持ったとされ、さらに『恋愛と贅沢と資本主義』では、女性の関心を買うための奢侈が資本主義発展の原動力の一つであったと主張されるのである。

近年は、以前と比べるとヴェーバーやマルクスが経済学のなかで取り上げられることが減ったようであるが、ゾンバルトが取り上げられるケースはさらに少ない。その理由として、資本主義の起源が多元的で判然としないところや、恋愛や贅沢といった一見すると社会科学となじみにくい主題が扱われている点を挙げることができるかもしれない。つまり、ゾンバルトの経済史学は、経済学の精密さを欠き、しかも「禁欲的」でないという点で物足りなく見えるのである（ゾンバルト（金森誠也訳）『ブルジョア』訳者解説）。しかし、歴史や経済、社会そして商業の多様性を知り、人間に対する洞察力を養うためにも、ゾンバルトの著作はもっと読まれてよいのではないだろうか。なお、ここで挙げたゾンバルトの文献は、すべて翻訳がなされている（参考文献参照）。

（3） 大塚史学の考え方――生産と商業

◆1　大塚史学誕生の背景

昨今、流通史を含めた経済史が経済学全体のなかで占める比重は大きくない。経済学のなかで歴史は十分顧みられることはなく、経済史自体のなかでも近代以降、とりわけ現代史の占める比重が大きくなった。しかし、以前はそうではなかった。とりわけ、戦後の一時期、「社会科学の女王」とも言われる経済学のなかで、経済史は今とは違った輝きを見せていた。扱われる時代も、今と比べて古い時代が多く取り上げられていた。とりわけ中世後期から近世にかけての封建制から資本制への移行期には多くの注目が集まり、資本主義社会の形成、言い換えれば産業社会誕生の原点を探ることに研究の主眼が置かれた。このような観点からの研究の中心に位置していたのが大塚久雄（1907—1996年）である。彼の両翼には、フランス経済史の高橋幸八郎と

大塚久雄

ドイツ経済史の松田智雄がひかえ、彼らを中心に、いわゆる「大塚史学」が成り立っていた。

大塚史学の中心には、このように資本主義社会がいかにして誕生したのかという問題意識があったが、これは大塚が生きた終戦後の日本が直面した現実的な課題とも密接に関係するテーマであった。すなわち、わが国の真の近代化である。戦後の日本は第二次世界大戦の敗北を契機として、これまでの国のあり方に対する根本的な反省を強いられることになった。表面的な繁栄だけでない、社会の真の近代化を成し遂げるにはどうすればよいか。この課題に戦後多くの心ある知識人が取り組んだ。

この課題とともに、現在もよく取り上げられる三人の社会科学者が存在する。政治学の丸山眞男と法学の川島武宜、それに経済学の大塚久雄である。経済学の分野から西洋経済史学者の大塚の名前が挙がることからも、当時の経済史の影響力を推し量ることができるだろう。

こうした問題意識を背景として大塚たちが取り組んでいったのは、西洋の主要国の近代化に関する比較史的な研究である。日本がまだ近代国家に達しているといえないのは、社会から前近代的な封建的な要素が十分払拭されていないからではないか。このような問題意識から、大塚たちは、イギリスを筆頭とする西洋諸国でいかにして近代的な資本主義社会が誕生したのか、言い換えれば、封建制から資本制への経済体制の移行がいかにして成し遂げられたのかという点を中心に研究を進めた。こうして、大塚の近代資本主義成立論が形成されていった。(4)

◆2 資本主義成立論

大塚の資本主義成立論は、イギリスの農村で生じた狭い市場圏が分業を土

台として拡大し、中規模の生産者が二つの層へと分解していくなかに資本主義の誕生を見出そうとするものである。以下、生産面と流通面に分けてその変化を捕らえてみることにしたい。

◎中産的生産者の両極分解

　近世初頭のイギリスでは、中産的生産者という言葉で総括される一群の生産者が、農村部を中心に誕生していた。農業では、独立自営農民であるヨーマンがそれに当たる。彼らは領主に地代を支払っていたとしても、それは名目的なものに過ぎず、生産物の多くを自らで処分できたので、工夫しだいで豊かになる可能性があった。また、手工業の分野で大塚が重視したのは毛織物製造業者（織元）であり、しかも都市ではなく農村の製造業者であった。なぜ、都市ではなく農村の手工業者なのか。中世以来都市ではギルド（同職組合）制が発達し、商人や手工業者は、一般にギルドに属してその規制に服することが義務付けられていた。これに対し、進取の気性に富んだ企業家的精神を持つ手工業は、ギルドにより与えられる制約を嫌ってその規制が及ばない農村へと移住し、生産に従事していた。しかも都市の織元は、問屋制前貸という前近代的な存在であった。

　農村の中産的生産者は、分業体制のもとで互いに商品の自由な生産と流通を繰り広げていく。すると、農村の織元のなかにはエンクロージャー（囲い込み）により土地から切り離された農民を雇い、マニュファクチャー（工場制手工業）の経営者として、また農民のなかから農場主として経営規模を拡大していく者が出現した。生産規模の拡大とともに競争原理も働き、中産的生産者は社会の上層と下層へと両極分解を遂げていく。すなわち、一方では生産手段や土地の買収などを通じて多くの労働者を雇い入れ、マニュファクチャーや農場の経営者からさらに産業資本家へと成長していく人々が出現し、他方では土地や財産を失い、自らの労働力を売る以外に生活手段のない一群の人々が出現していった。この両極分解の過程で、いわゆる「資本の原始的蓄積（原蓄）」がおし進められた。これは、産業資本家への資本の集中と、

資本家と労働者という資本主義社会における二大階級の形成という二つの要素からなる。こうして、資本家が労働者を雇うという資本主義的な生産関係が生じ、工業の領域ではやがて産業革命が達成されていくのである。

では、このような流れと並行して、流通面ではどのような動きがあっただろうか。中産的な生産者が商品の自由な生産と流通を実現することにより、農村部では、農産物や日用的な手工業製品などの必需品が狭い範囲で流通する小規模な市場圏が出現した。これは「局地的市場圏」と呼ばれる。この小規模な市場圏は、生産規模の拡大と分業体制の展開とともにさらに大きな地域的市場圏へと拡大していく。やがては、各地に出現したこれら地域的市場圏が一つにまとまり、イギリス全体をおおう統一的国内市場の形成へと至る。中産的生産者層の両極分解の過程で、このような国家を単位とする「国民経済」の形成に向けた動きがあったとされるのである。

◎商業資本と産業資本

さて、このようにして産業資本の出現と国民経済の形成を説く際に、大塚は産業資本と商業資本との違いに注意を促す。(5)

「商業資本」は、前近代的な性格を持つので「前期的資本」とも言われる。これは、商人が地域間の価格差を利用して、安いところで仕入れて高いところで売ることにより蓄積した資本である。しかし、価格差とは偶発的な要因により生まれるものであるから、このような偶然に左右される取引は投機的な色彩が濃い。しかも、もし統一的な市場が形成されていれば、このような利潤の蓄積は不可能であろう。なぜなら、情報が行き渡ることにより商品価格はどこでも同じとなるから（一物一価）、価格差を利用した利潤の蓄積は不可能となるはずだからである。商人資本は、市場が未発達な状況を利用して蓄積されるのである。それゆえ、商人資本家は近代的な市場の形成に向けた発展を望まない。例えば、中世の遠隔地商人や初期重商主義時代の独占的な貿易業者は、封建領主や絶対王政といった前近代的な権力に寄生しながら延命を図ることになる。

これに対して、産業資本が依拠するのは合理化である。コストの削減など、生産・流通面での合理化により利益を捻出するのであるから、地域間の価格差は必要ない。しかも、その前提となる前近代的な体制は、競争相手となる前期的商人資本を温存させるので、むしろ産業資本家にとっては桎梏である。それゆえ、合理的な精神を持つ彼らは近代化の推進者として位置づけられることになる。中産的生産者層の両極分解の過程で、近代経済発展の担い手として登場してくる新たな階級が産業資本家であり、資本主義の精神（エートス）の持ち主である。前近代的な存在である商業資本家が産業資本家に転化して、資本主義経済の牽引者となることはない。このように大塚は、産業資本と商業資本とを峻別する。

◎マルクス、ヴェーバーと大塚久雄
　以上が大塚による近代資本主義成立論の、おおよその見取り図である。ここからは、大塚の学説が、マルクスとヴェーバーから強い影響を受けていることが見て取れるであろう。まず、マルクスからの影響として、唯物史観的な生産力を重視する学説であるということと、継起的な体制の移行を視野に入れた学説であるという接点が指摘できる。大塚が重視したのは、独立自営農民や農村手工業者といった中産的な、まさに生産者だったのであり、商人ではなかった。局地的市場圏の出現という流通面からの発想も大切であるとしても、まずその前提となったのは、農村地域での分業体制の成立という生産面での変化であった。また、封建制から資本制への移行期に生じた変化に注目し、そこから資本主義成立の原理を導き出しているという点からも、経済体制が移行する際のメカニズムに注目したマルクスの影響が見て取れる。
　次に、ヴェーバーからの影響として、合理性の重視とイギリスにおける資本主義精神の担い手への注目が挙げられる。大塚が商業資本と産業資本とを峻別する際に強調したのが、後者の担い手の合理的精神である。ヴェーバーがヨーロッパの近代に狭義の資本主義——合理的な利潤追求システム——を見出そうとした際にも、これが注目されたのであった。さらに、大塚が近代

資本主義誕生の地として重視したのは近代のイギリスである。すなわち、禁欲的なピューリタニズムから資本主義的な精神（エートス）が育まれたとして、ヴェーバーが注目した国である。

大塚久雄は敬虔なクリスチャンとして知られる。内村鑑三と同じく、大塚にとってイエスと日本を意味する「二つのJ」は、彼の学問の土台をなした。キリスト教が普及した西洋の先進諸国の経験をモデルとして、大塚は祖国日本が戦後改めて民主化・近代化を遂げていくための道筋を示そうとしたのである。

◆3　大塚史学の限界

戦後、大塚久雄を中心とする大塚史学は、わが国の経済史研究において中心ともいえる位置を占めた。しかし、現在にまで至る実証研究の進展や時代状況の変化に伴う歴史観の変化（進歩史観への反省）は、大塚史学が持つ限界を徐々に明らかにしていった。以下にそれらを簡単にまとめてみよう。

一つは、生産力史観への偏重である。このような歴史の見方は、当然のことながら、商人や商業国家への軽視につながる。本書でもすでに指摘したように（第2章（1）商品）、かつて経済史では、産業革命に到達したイギリスに対する評価が高く、中継商業で成り立っていた近世のオランダに対する評価は低かった。現在では、わが国でもオランダに対する注目の度合いは増し、同国が近世の国際商業界で果たした役割は、以前と比べて正当に評価されつつあるが、大塚史学の影響力が強かった頃はそうではなかった。また、イギリスで大塚史学が注目したのは、堅実とはいえそれほど豊かとはいえないヨーマンリー（独立自営農民）であった。しかし、最近イギリス史で注目されているのは、もっと社会の上層に位置するジェントリーのほうである。ジェントリーという、生産部門以外でも商業や金融業、あるいは法律家などの専門職に従事していた一群の人々の役割を評価するようになったことから、近代のイギリスを「ジェントルマン資本主義」と表現するケースも増えた。

次に指摘されるべき点は、イギリスへの偏重を伴った一国史観であるとい

うことである。大塚史学では、産業革命にいち早く到達したイギリスの資本主義発展の足跡が正当とされ、他の国々の経験がそれとの比較で検証・評価された。それゆえ、大塚史学はイギリスをモデルとする比較経済史学であると言われた。しかも、その発想は国民経済の形成を重視する一国史観的なものであり、そこには、様ざまな国や地域が同時・並行的に互いに影響を及ぼしあうという観点はない。しかし、例えばイギリスに続く工業国家であれば、イギリスの経験が生かされることによりガーシェンクロンが提唱する「後発先進国の有利」と言われる影響が見られたであろうし、植民地化されるような地域であれば、イギリスとの不平等な関係から「低開発」的な影響が生じたはずである。だが、大塚史学のような一国経済史的な手法に依拠するだけでは、このような関係、影響は見て取ることはできない。

　大塚久雄に世界経済史的な視点が欠けていたわけではない。例えば、大航海時代以降の近世経済を論じるに当たり、彼は西欧の毛織物工業と新大陸産の銀、それに東インド産の香辛料の交換からなる世界商業についてのダイナミックな見取り図を提示したことがあった。しかし、彼の近代資本主義成立論を見る限りでは、一国史的な観点からイギリスの生産力に焦点が当てられたことにより、世界経済的な観点が抜け落ちてしまっているのである。

　　　注
───────────────────────────────
(1)　さらに、アジア的段階の前にエンゲルスの『家族、私有財産および国家の起源』において言及されている原始共産社会を加えることもできるとされる。加勢田博編『新版西洋経済史』昭和堂、1996年、13頁。
(2)　引用は、住谷一彦『マックス・ヴェーバー――現代への思想的視座』NHKブックス、1970年、65頁から。原著で太字の部分は下線を引いている。
(3)　以下のような、少なからずショッキングなタイトルを持つ文献も刊行されている。羽入辰郎『マックス・ヴェーバーの犯罪――『倫理』論文における資料操作の詐術と「知的誠実性」の崩壊』ミネルヴァ書房、2002年。
(4)　このような現実問題と歴史研究との結びつきは、二つの大戦に挟まれた両大戦間期にも見られた。いわゆる「日本資本主義論争」がそれである。この論争は、マルクスが想定した発展段階（本章(1)参照）を踏まえ、当時の日本経済がその段階のどこに位置しているかをめぐり、二つの陣営で議論された論争である。二つの陣営とは、労農派と講座派である。前者は、『労農』という雑誌の関係者が結集していたため労

農派といわれ、後者は、岩波書店の『日本資本主義発達史講座』の執筆者が多かったので講座派と言われた。争点の一つとなったのは、発展段階のなかでの明治維新の位置づけである。労農派は明治維新をブルジョア（市民）革命と見なしたのに対して、講座派は明治維新を絶対主義の成立と見なした。これは段階論のなかでの明治維新の位置づけの違いに過ぎず、現在の感覚からすれば、ほんの些細な違いのように見受けられる。しかし、そこから導き出される将来の国家建設のためのヴィジョンは双方でまったく異なる。労農派にとって、明治維新以降の社会は市民社会となるから、次の変革は資本主義の後の段階を視野に入れた社会主義革命となる。これに対して、講座派にとって、明治維新後の社会は絶対主義となるから封建制はまだ継続していることになる。それゆえ、次の変革はブルジョア革命であり、その後は市民社会のもとで資本主義社会の建設が求められることになる。かくして、双方の陣営の現状認識の違いは、その後の国家建設に向けたヴィジョン、さらには戦略の違いに影響したのである。しかし、戦時色が濃くなり思想統制が強化され、マルクス主義自体が取締りの対象となると、論争自体が中断してしまう。ただし、論争自体は戦後実施された民主主義的な諸改革を踏まえ、講座派に軍配が上がったとする見解がある。『経済辞典』講談社学術文庫、1980年、928頁、「日本資本主義論争」の項目を参照。また、大塚自身は、講座派の影響を受けたと後に語ったという。

(5) 資本とは、一般に、「商売や事業をするのに必要な基金。もとで」と解釈される。『大辞泉』増補・新装版、小学館、1998年、1216頁。事業の展開とともに利益が生じるのであるから、資本とは、いわば自己増殖する「価値の運動体」である。

第6章　全体を見る眼

　ここでドイツ流の歴史学、経済学の系譜を離れ、巨視的なまなざしのもとで歴史、経済を捉えようとしたブローデル（フランス）とウォーラーステイン（アメリカ）の学説を検討していきたい。

(1)　ブローデルの世界——巨視的歴史像のなかの経済と商業

◆1　アナール学派の世界

　戦後のフランスにおける歴史学は、「アナール学派」の名称とともに取り上げられることが多い。わが国では、一頃フランス現代思想がブームとなったことがあったが、その頃アナール学派にちなむ書籍は、歴史学界のみならず一般の読書家のあいだでもよく話題とされた。アナール「学派」と呼ばれるとはいえ、そのような学派が正式に存在したわけではない。この「アナール」は「年報」を意味し、『年報：社会・経済・文明』など名前を幾度か変更して現在も続くフランスの年報雑誌の略称である。この雑誌に深くかかわってきた歴史家を指して、一般にアナール学派という言葉が用いられてきた。

　アナール学派の歴史学にはどのような特徴があるか。それは明確な学派をなしているわけではないが、おおよそ、次のような特徴が挙げられるであろう。すなわち、民衆や日常生活など、これまで歴史学で十分光が当てられてこなかった人々や領域に対する注目と、人文・社会諸科学の歴史学への積極的な取り込みである。

近代の歴史学は、ランケが提唱する実証史学の普及により、ドイツを中心に厳密さの度合いを高めた。それゆえ、科学的には精度を増したといってよいだろう。しかし、そこにはまた弊害もあった。例えば、あまりに史料批判や操作を厳格にすれば、扱うことのできる史料は限定されてしまう。すると、利用可能な史料は出所の明らかな公的な文書（公文書）などに限られてしまい、大方の歴史記述は外交や戦争など政治中心のものへと偏ってしまうことになる。一方でまた、歴史学が厳密化したことにより政治史や外交史、経済史、文化史など各分野が細分化し、全体を見渡すことが困難となった。

　こうしたドイツ流ともいえる方法の厳密化と視野狭窄に不満を抱く歴史家が、フランスには数多く存在していた。19世紀のフランスでは地理学や社会学が発展し、その影響を歴史家たちも受けていた。フランスにはまた、博物学の伝統も強く残っていた。例えば、ジュール・ミシュレのように、『山』、『海』、『鳥』、『虫』といった博物学的なタイトルを持つ書籍を著した歴史家もいた。このような伝統のもとで、人間と自然との相互関係の中から風土が生まれるとするヴィダル・ド・ラ・ブラーシュ流の地理学や、人間の営みを集合的な事象として全体的な観点から理解しようとするエミール・デュルケム流の社会学が、歴史家たちに受け入れられていったのである。当然、彼らは専門領域へと細分化しつつある歴史学の動きには批判的であったと見てよいだろう。こうした一群の歴史家の中から、アナールの第一世代といわれ、後のアナール学派の学風の形成にも影響を与えたマルク・ブロックとリュシアン・フェーブルが登場することになった。

　ブロックやフェーブルが歴史学において重視したのは、「生きた歴史学」をつくり出すということにあった。生きた歴史学、二宮宏之によれば、それは現実に対する生き生きとした感覚に支えられた歴史学ということになるが、このようないわば血が通った歴史学は、さらに歴史に対する二つの視点により支えられるという（二宮宏之『全体を見る眼と歴史家たち』増補版）。一つは、物事を常に全体との関連の中でとらえること、すなわち、「全体を見る眼」を重視するということである。近代の歴史家は、専門の狭い殻の中に閉じこ

もる傾向があるが、それでは「生きた人間」を描き出すことはできない。歴史学が厳密化の度合いを高めた頃のフェーブルの、このような主張に二宮は注目する。二つ目は、過去を常に現在との対話を通じて理解するように心掛けるということである。これは、一つの解釈として過去を現在としてとらえる、すなわち、当時の人々がまだ知らない未来にどう臨んでいったかを、われわれ自身も未来を知らない当時の人間になったつもりで考えていくことと解釈することができるだろう。

　このような歴史の捉え方がフランス史学界で育まれていくなかで、ブロックからは『封建時代』や『フランス農村史の基本性格』、またフェーブルからは『大地と人類の進化』などの名著が生まれていった。例えば、『封建社会』で描かれているのは、経済の様式や法制度としての封建制ではない。「ここに見られるのは中世社会の成り立ちを根源的な人間関係のところでおさえなおし、その上に立って政治支配のあり方までも解きあかそうとする全体史の試みであり、また、中世の人々のからだとこころのありようを通じて共同性の成立根拠をさまざまなレベルで検証する社会史の試み」でもあると、二宮は評価する（二宮宏之『マルク・ブロックを読む』5―6頁）。また、『フランス農村史の基本性格』と『大地と人類の進化』は地理学からの影響が見て取れる研究であり、自然、大地といった広い観点からの考察を含む、やはり全体史的な成果と見なすことができる。

◆2　ブローデルの『地中海』

　第二次世界大戦後、このようなアナールの問題意識を受け継いださらに巨大な歴史家が登場した。フェルナン・ブローデル（1902―1985年）である。以下では、このブローデルの代表的な著作である『フェリペ二世時代の地中海と地中海世界』（以下『地中海』と略）と『物質文明・経済・資本主義』の二つを取り上げ、これらの著作の構造的な特徴と内容について見ていくことにしたい。

　まず取り上げるのは、多くの反響を巻き起こした『地中海』（初版1949年）

である。本書の特徴は、やはり二宮宏之に従えば、次の二点にまとめられる（二宮宏之『歴史学再考』244—245頁）。

フェルナン・ブローデル

一つ目は、枠組みの巨大さである。アナールの歴史家たちは、先にも述べたように、「生きた人間」を描き出すために「全体を見る眼」を重視する。そうした総合的な視点からの研究は、これまで国家の一部をなす、ある特定の地域を相手として行うのが普通であった。「ところが、ブローデルは、近代歴史学が立脚してきた一国史の枠組とは無関係な、一つの文明圏」である16世紀の地中海世界を相手にしてそれをやり遂げてしまった。「これは、国民国家の枠組みの中にどっぷりつかりこんでいた19世紀以来の近代歴史学の通念に対しては、実に鮮やかな一撃だった」と二宮は推測する。

二つ目はもっと重要である。それは、地中海世界に対するアプローチの斬新さである。本書は、時間の流れという観点から三部に区分され、歴史的な「時間の三層構造」を意識した構成をなす。

その第一部となるのは「環境の役割」である。ここでは、山や高原、平野、海といった歴史の舞台となる自然が問題とされ、自然条件に左右されやすい交易路も取り上げられる。時間の流れになぞらえれば、自然、地理的条件という最も変化しにくい次元を流れる時間であり、波に例えれば、緩慢な長波の層ということになろう。

第二部は、「集団の運命と全体の動き」という表題で社会・経済の動きが扱われる。地中海世界の商業や流通は、おもにここで扱われる。バルト海地方からの穀物輸入も取り上げられ、商業や流通に言及する際には地理的な範囲を超え、広義の地中海世界が考察対象となる。ここでも時間の流れを波に喩えれば、中期的な波動の層といえるであろう。第一部と比べれば速く、第三部と比べれば遅く流れる中波の変動局面をなす次元が扱われている。

第三部は、「出来事、政治、人間」というタイトルで、16世紀後半のスペインとトルコとの地中海を舞台とした対立関係が描き出される。ここで扱われているのは政治や外交、戦争といった、いわば「出来事」の領域であり、時間の流れからすれば、最もせわしなく流れる時間の世界、波に例えれば、激しく変化する短波の層ということになろう。常に嵐や貿易風などの影響を受けて波立っている海の表面と同じく、いわば歴史の表層を成す次元である。ドイツをはじめ、これまでの伝統的な歴史学が重視してきたのは外交や戦争など政治の世界であった。それが、ブローデルの『地中海』では、歴史の表層の「出来事」として扱われてしまうのである。

　第三部が海の表層に例えられるなら、第二部は目では見えないものの、ある程度ゆっくりと潮が流れる中層の海域、第一部はほとんど潮の流れがなく、わずかしか変化しない深層海域（深海）に当てはめることができよう。

　このように、ブローデルは、地中海世界という広大な領域を対象として「時間の三層構造」という観点からこの世界の歴史構造を描き出した。彼の歴史学は、経済史や海域史など後世の歴史学に大きな影響を与えた。[1]

　まずは、次節で扱うウォーラーステインに対する影響が挙げられる。『地中海』で示された全体史的な発想は、彼の「世界システム論」へと受け継がれた。ブローデルは地中海世界という巨大とはいえ限定された海域世界を俎上に上げたが、ウォーラーステインは世界経済に注目する。後述するように、彼の理論は「中心と周辺」という発想が土台にあり、時間の流れに注目した『地中海』とはまた異なるものではあるが、構造への関心という点でも、両者には共通性が見出される。

　ブローデルは時間の流れを重視し、それは波に喩えられた。その後のアナールの歴史家たちは、変動局面を時間軸のなかで波としてとらえ、時系列を重視することが増えた。このような時系列史学ともいえる分野では、長期間にわたる数量データが恰好の素材となる。すなわち、物価をはじめ、関税や船舶数などを素材として数量史的な側面から経済や貿易を研究することが増えた。例えば、ピエール・ジャナンはバルト海と北海を結ぶエーアソン海峡で

徴収された関税簿を素材として北方ヨーロッパ海域の貿易の変動を明らかにし、ピエール・ショーニュはセビーリャ（スペイン）の貿易統計を基に、この港の大西洋貿易について詳細な分析をほどこした。長期的な同質のデータを扱うこれらの研究は、ある地域の経済や商業の変動局面を見ていくうえできわめて有益である。ただし、アナールの歴史家たちが取り組んだ数量史的な研究は、アメリカの「ニュー・エコノミック・ヒストリー」（クリオメトリックス）に連なる数理経済学的な経済史とは異なり、それほど高度な数学的発想や手法には依拠していなかった。

一頃の歴史の深層に対する関心の高まりにも、ブローデルの影響を見て取ることは不可能ではない。『地中海』で示された変化しにくい長期的な変動の次元への関心は、直接目にすることのできない構造や心性（マンタリテ）、ならびに普段は意識化されない日常生活に対する歴史家の関心と重なるからである。

◆3　ブローデルの『物質文明・経済・資本主義』

ブローデルのもう一つの主著である『物質文明・経済・資本主義』では、この日常生活をも視野に入れた近世（15—18世紀）の経済が、全体史的な視野のもとで扱われる。本書も『地中海』と同様、扱う領域の広さとともに構造面での特徴を持つ。『地中海』と同じく三部構成を取り、それぞれの部分が経済の異なった層（領域）を扱う。いわば、「経済の三層構造」に対応した構成となっているのである。

第一巻は、邦訳で「日常性の構造」と名付けられる。衣食住など、日常的なあまり意識されることのない物質文明の世界がここで扱われる。ブローデルは、このようなモノと人間との関係から成り立つ経済領域に対して「下部経済」という言葉を用いる。すなわち、市場経済の網の目に引っかかることのない、それよりもこまかい下位の狭い範囲内でのモノのやり取りから成り立つ経済の層が描かれる。

第二巻は、邦訳で「交換のはたらき」というタイトルを持つ。ここでは本

来の経済、すなわち、われわれが一般的にイメージする市場と結びついた経済が扱われる。農業や手工業、商店や金融、市場、貿易など、市場経済を成り立たせているさまざまな経済領域が取り上げられるが、とりわけ目立つのは、商業に対する関心の高さである。ちなみに、ドイツ語訳の第二部のタイトルは「商業」である。経済のレベルから見れば、ここで扱われる経済の層は、第一巻よりは高く、第三巻よりは低い中層ということになる。

　そして第三巻は「世界時間」と題され、最も高い層に位置する経済、すなわち資本主義がここで扱われる。この「世界時間」を訳者の村上光彦は、「世界のもろもろの経済に助けられた時間」と解釈する(「世界時間2」訳者あとがき、348頁)。世界を多様な広がりを持つ経済空間として理解しようとするブローデルの発想が生み出した用語なのであろう。

　資本主義は世界的な性格を持つ。それは、中心とともに性格の異なったさまざまな地域から成り立ち、しかも時代の変化に従い中心が移動するなど、あたかも生き物のような有機的な性格を持つ。このような広がりを持つ経済を、ブローデルは「世界＝経済」と命名し、近世のイタリア都市やアウクスブルク（フッガー家）、アムステルダムの商人などの商業・経済活動と合わせて理解しようとした。これらの商人は、為替や信用といった庶民とは無縁の取引技術を駆使して事業を世界へと広げていく、いわばエリートとして位置づけられる。それゆえ、資本主義は最も高い層に位置する経済として理解される。

　このように、本書では全体を通じて「経済の三層構造」が描き出される。改めて内容と構成を確認すれば、第一部では、下部経済に位置づけられる日常的な物質文明の世界が、第二部では、その上の層を成す市場経済の領域が、そして第三部では、最上層をなす資本主義の世界が扱われている。『物質文明・経済・資本主義』というタイトルが、端的に本書の内容と構成を示しているのである。

(2) 世界システム論

◎世界経済への注目

「世界システム論」とは、世界を一つの広大な有機的システムとして理解する考え方であり、そのシステムは、世界の各地が経済的な役割を分担することにより成り立つとされる。この考え方を提唱したのは、アメリカの歴史学者、社会学者のイマニュエル・ウォーラーステイン（1930年— ）であり、巨視的な歴史理論の一つとして普及するようになった。

ウォーラーステインによれば、世界システムは歴史を通じて二つの形態を持つとされる。一つは「世界帝国」であり、これは政治的に統合されている領域で分業体制が成り立つ場合を指す。その典型的な例を歴史に求めれば、古代の中国やエジプト、ローマで見られた帝国がそれに該当するという。もう一つが「世界経済」であり、これは政治的に統合されることなく分業体制が成り立つ場合を指す。すなわち、複数の国家や地域が一つの経済圏を成しているケースである。ウォーラーステインによれば、「世界経済」は15世紀末頃に「ヨーロッパ世界経済」として成立し、現在に至っているという。「世界経済」とは、中世から近世への転換期に封建制から資本制への経済体制の移行を成し遂げつつあったヨーロッパを中心として誕生したのであり、その勢力が拡大する過程で世界各地がこのシステムに吸収され、今に至るグローバルな経済ができあがったのである。その意味で、資本主義は、本来的に世界経済的な性格を持つとされ、世界規模の分業体制の中に資本主義の特徴があるとされる。大塚久雄のように、資本主義を国民経済を単位として考えるのではなく、その世界経済的な特徴を強調する点に、ウォーラーステインの資本主義観の特徴があるといえるだろう。

◎世界経済の構造

では、そのような「資本主義世界経済」はどのような構造を持つのであろ

うか。ウォーラーステインによれば、そこでは分業体制が成り立ち、その分業体制は三つの構成要素からなるとされる。すなわち、中心、周辺、半周辺の三つである。以下、16、17世紀の場合について述べよう。

1．**中心**（中核：core）：西欧諸国がここに該当する。ここでは、資本家的な地主（ジェントリー）が自由な契約に基づき労働者を雇用し、賃金を支払うという資本主義的な雇用形態が見られる。高度な技術が農業に生かされるとともに、手工業も発展し、余剰となった手工業製品は輸出に振り向けることが可能となる。この工業力をばねとして、やがてイギリスを筆頭として西欧諸国は産業革命に突入していき、近代化を遂げることになる。その一方で、都市化の進展による非農業人口の増大は食糧不足に繋がり、外部からの食糧輸入を増加させるとともに、工業化は原材料の輸入を促す。それゆえ、中心地域は手工業製品を輸出して、食糧・原材料などの一次産品を輸入するという貿易構造を持つ。

2．**半周辺**（半辺境：semi-periphery）：「ヨーロッパ世界経済」の形成期であれば、地中海ヨーロッパやイベリア半島が半周辺とされ、17世紀になるとここにスウェーデンが加わる。この地域は、中心地域と以下で述べる周辺地域とを結びつける役割を担う。それゆえ、商品を運ぶ海運業や貿易を円滑に進めるための金融業が盛んとなる。農業では地主と小作人が収穫を分け合う分益（折半）小作制が採用され、手工業では貴金属細工や絹織物のような付加価値の高い高級品の生産が見られる。半周辺地域は中心地域とともに周辺地域を搾取することになるのであるが、この地域の海運・金融業であれ高級手工業製品の生産であれ中心地域に向けられたものであり、中心地域の繁栄を前提として成り立つ。その意味で半周辺地域とは、中心地域にいわば「寄生」した地域であるといえるのかもしれない。

3．**周辺**（辺境：Periphery）：「ヨーロッパ世界経済」の形成期には、ラテンアメリカと東欧がここに該当するが、やがてはアジアの各地やアフリカも周辺へと組み込まれていく。周辺地域では、労働管理のために強制的なシステムが採用される。すなわち、ラテンアメリカであれば、奴隷制に基づいた

プランテーションが、東欧であれば、農奴制（再販農奴制）が見られ、食糧や原材料などの一次産品が、農場主や領主の管理のもとで生産される。それゆえ、周辺地域の貿易構造は、一次産品を輸出してその対価として手工業製品を輸入するという中心地域とは逆の貿易形態の上に成り立つ。また、周辺地域の輸出は特定の産品に集中する傾向が強い。これは、この地域の産業が中心地域から課せられる圧力のもと、中心地域が必要とする特定の産品の生産に特化するように改変されてしまうからである。かくして、ラテンアメリカであれば、タバコや砂糖、カカオなどが、また東欧、とりわけバルト海南岸地域であれば、ライ麦を中心とする穀物が集中的に生産され、西欧に向けて大量に輸出される。周辺地域の経済はモノカルチャー化されてしまい、特定の産品に経済全体が依存するという極めて脆弱なものとなってしまう。中心地域との関係が、周辺地域を低開発化してしまうのである。

　以上述べた三つの性格の異なる要素に、「世界経済」を構成している国や地域は分類される。これら三要素の間の貿易をはじめとする諸関係に注目しながら、広域的な政治・経済関係を歴史的に理解するという点に、世界システム論の特徴がある。しかも、このシステムは変化する。時代が変化するにつれ、「世界経済」はその外部にある地域を取り込んでいくとともに、各構成要素を形成する地域も変化していくのである。

　世界システム論に連なる学問的な系譜として、従属論とブローデルの歴史学を挙げておこう。

　世界システム論に見られる二項対立的な発想は、既に従属論に見られる。従属論（従属理論）とは、主に南北問題の側面から世界経済を見ていこうとする政治・経済学であり、発展途上国の貧困を先進国との関係において理解しようとする。一国史観的な段階論とは異なり、世界経済的な発想を土台とする点にその特徴があり、サミール・アミンやアンドレ・グンダー・フランクなどがその代表である。概して、従属論のなかでの先進国と後進国との関係は、中枢＝衛星国構造としてとらえることができる。先進的な中枢国と後進的な衛星国とが、それぞれ工業製品と一次産品という付加価値の度合いの

異なる商品の生産に特化し、分業体制が繰り広げられるなかで衛星国が中枢国に従属していく。衛星国（周辺）の貧困は資本主義世界経済の発展がもたらした、いわば「歴史的な産物」であるとする発想も、世界システム論に受け継がれる(2)。

さらに、ブローデルの歴史学からの影響も、ウォーラーステインの資本主義観や世界経済のとらえ方に見ることができる。「全体を見る眼」を重視する総合的な歴史と経済のとらえ方を、ウォーラーステインはブローデルから受け継いだのである。ちなみに、ウォーラーステインは、「経済・史的システム・文明研究のためのフェルナン・ブローデル研究所（センター）」の所長を務めた。

従属論、そして世界システム論は、資本主義世界経済を構成する国や地域の間の不平等な関係に注目する。それは一方では、周辺地域の植民地化、貧困に見出される。既に述べたように、周辺地域の貿易は、一次産品を輸出してその対価として手工業製品を輸入するという構造を持つ。また、周辺地域の輸出は、特定の産品に集中する傾向が強い。これはこの地域の産業が、中心地域から課せられる圧力のもと、中心地域が必要とする特定の産品の生産に特化するように改変されてしまうからである。このような圧力の中には政治的のみならず軍事的なものさえ含まれる。かくして、周辺地域は収奪され、富は中心地域に蓄積されていく。資本主義世界経済の中で、周辺地域は「低開発」化されてしまうのである。「低開発」は、西欧諸国やわが国も経験した「未開発」とは異なる。まだ開発されていない（未開発）のではなく、開発されたがゆえに低い開発状況に追い込まれてしまった状況を指す。

他方で、世界経済の中心地域のなかには、やがて「ヘゲモニー」（覇権）を掌握する国が登場する。ヘゲモニーとは、生産・流通・金融の順に他の中心地域を上回る圧倒的な勢力を勝ち得た国を指し、ウォーラーステインによれば、世界経済においてヘゲモニーを掌握した国は以下の三国に限られるという。すなわち、17世紀のオランダと19世紀のイギリス、そして20世紀のアメリカである。既に21世紀を迎えているが、今世紀にどの国がヘゲモ

ニーを掌握するかは、なおも不明であるとされる。

◎世界システム論の限界
　最後に、世界システム論に対する批判をまとめておこう。世界を包括的に扱うグランド・セオリーであるだけに、世界システム論は、当初それぞれの分野の専門家から批判がなされてきたが、ここでは、以下の二点に絞ってその問題点を確認しておきたい。
　一つは、世界システム論は国家中心の国家の存在を前提とした議論であるという問題である。確かにそれは、世界を視野に入れた国家を超越した理論であるが、中心や半周辺、周辺への分類やヘゲモニーの選定など、分析の単位とされるのは相変わらず国家である。これでは、国家を単位としないヒトやモノ、情報の移動や流通が見えてこない。例えば、ユダヤ人やアルメニア人などのような商業民族の活動や一部の新教徒（プロテスタント）などのように、民族や宗教を理由に弾圧され、離散（ディアスポラ）を余儀なくされた人々の足跡や活動は、世界システム論のように国家を単位とする議論からは抜け落ちてしまうのである。
　二つ目は、いわゆる「ヨーロッパ中心史観」にまつわるものであり、世界システム論も、それを免れてはいないという問題である。確かに近代以降、世界経済は産業革命に突入したヨーロッパを中心として動いていくことになる。しかし、大航海時代を迎えて「ヨーロッパ世界経済」が誕生したころのヨーロッパは、中国をはじめとするアジアと比較すれば、まだ優位にあったとはいえず、「後進的」な位置にあった。とりわけ、ウォーラーステインの「ヨーロッパ中心史観」を手厳しく批判するのは、従属論の論客であるフランクである。彼は『リオリエント』（山下範久訳）という大著において、近世のグローバルな銀の流通に注目することにより、当時のヨーロッパに対するアジア経済の先進性を強調する。ただし、フランクのこの著書は、世界システム論を批判するために意図的に仕組んだのかもしれないが、「アジア中心史観」を濃厚に漂わせている。

補論　グローバル・ヒストリー

　世界システム論には、以上のような限界が指摘される。とはいえ、これまで経済史研究において主流であった国民経済の形成を最重要項目とした一国史的な歴史観は、世界システム論の普及によりかなりの程度相対化されたといえるのではなかろうか。また、この世界システム論の登場を一つの契機として、グローバルな観点から歴史に光を当てようとする、いわゆるグローバル・ヒストリーの研究が盛んとなりつつある。その意味で、ウォーラーステインはグローバル・ヒストリー研究の開拓者の一人と見なしてよいだろう。

　以下、グローバル・ヒストリーについて、その特徴を中心に簡単に述べておくことにしたい。水島司は、グローバル・ヒストリーの特徴をこれまでの世界史との違いを考慮しながら以下の五つにまとめている（水島司『グローバル・ヒストリー入門』1―8頁）。

　1．長期的視野：グローバル・ヒストリーの特徴の一つ目は、扱われる時間の長さにある。歴史を巨視的に見ることに関心があるので、人類の誕生以降の先史時代や場合によっては宇宙の誕生さえもが視野に含まれることがあるという。一般的にも数世紀という長期の動向が考察の対象となる。

　2．広域的視野：グローバル・ヒストリーの対象となるテーマは幅が広く、扱われる空間は広大である。研究対象は、これまでの歴史研究がほとんど触れることのなかった領域へと拡大し、空間的にもある陸上地域や海域全体を視野に入れることが多い。ある特定の国の歴史（一国史）に考察が限定されることはないのである。

　3．ヨーロッパ中心史観の再検討：グローバル・ヒストリーは、これまでの歴史叙述に見られたヨーロッパを記述の中心に置く方法や、ヨーロッパが近代以降はたしてきた歴史的な役割やその先進性の意味を再検討しようとする。これまであまり重視されてこなかった非ヨーロッパ世界の歴史や、これら世界の歴史発展のあり方に光を当てようとするのである。

4．相互関係・影響の重視：地域同士の比較に終始することなく、異なった諸地域間の相互の関連や影響を重視することもグローバル・ヒストリーの特徴である。例えば、あるものや制度に注目するのであれば、それらを通じて諸地域がどのように関連しながら歴史的な動きを見せたかという点が重視される。

5．対象、テーマ、視角の拡大：グローバル・ヒストリーで取り上げられる題材はこれまでの歴史学ではあまり考慮されてこなかったものが多い。従来は戦争や政治、経済、宗教、文化などがおもな研究対象であったのに対して、グローバル・ヒストリーでは、疫病や環境、人口、生活水準など、われわれの日常生活と関連するとともに、社会や歴史の全般にかかわる重要な問題が扱われると水島司は述べる。

以上のような特徴を兼ね備えたグローバル・ヒストリーをめぐる諸理論のなかから、一例としてポメランツの「大分岐」(Great Divergence) 論を挙げてみたい。その内容を玉木俊明に従って簡潔にまとめれば、「ヨーロッパとアジアは同じような経済成長のパターンをたどっていたが、1750年以降に前者は工業化の道を歩んだのに対し、後者の経済は停滞した」。「その理由は、イギリスが大西洋経済の開発に成功し、石炭を大量に利用できるようになったから」であるとまとめられる。(3) このようなポメランツの見解は大きな論争を呼び起こしたが、彼の議論がこれまであまり例のないスケールの大きさと斬新な切り口を持つものであったことは、認めてよいであろう。

国民国家というシステムが抱える問題が明らかになり、グローバリゼーションがいっそう進展しつつある現在、グローバル・ヒストリーは万能とはいわずとも、人類が抱えている諸課題を歴史にさかのぼって検討していく際の一助にはなるかもしれない。人類の諸課題などという大問題を挙げずとも、例えばグローバル・ヒストリー研究に含まれるネットワーク論などは、商人やモノの移動、航海など商業・流通にまつわる諸現象を広域的にとらえるうえで有益であろう。グローバル・ヒストリーは流通史とも無関係ではないのである。なお、ネットワーク論や交易圏に関しては、以下第11章 (3)「ユー

ラシア・ネットワーク」でその代表的なものを幾つか紹介している。

注

(1) とはいえ、二宮宏之によれば、『地中海』を継承したといえるような仕事はでていないという。なぜなら、『地中海』には、「名人芸のようなところがあって、なかなかまねのできない作品」であるからだという。
(2) I・ウォーラーステイン（川北稔訳）『近代世界システム——農業資本主義と「ヨーロッパ世界経済」の成立』Ⅰ・Ⅱ、岩波書店、1981年、「まえがき」xii—xiii頁。
(3) 玉木俊明『近代ヨーロッパの形成——商人と国家の近代世界システム』創元社、2012年、20ページ。なお、ポメランツの翻訳は以下となる。K．ポメランツ（川北稔監訳）『大分岐——中国、ヨーロッパ、そして近代世界経済の形成』名古屋大学出版会、2015年。

第Ⅲ部　商業・流通の展開

第7章　交換の始まり

(1) 原初の取引のかたち

　まずは、商業の誕生について考えてみたい。むろん、史料が存在しないはるか遠い過去の交換行為を正確に描き出すことは不可能である。先にも触れたように、人類最古の取引は沈黙交易の形をとったと推測されている（第2章（4）「市場」）。ここでも、沈黙交易を出発点として、その後の商業・流通の展開を追っていくことにしたい。まずは、沈黙交易によりリスクの少ない共同体同士の平和的な取引が可能となったと想定しておこう。

　人々は共同体に属していた。ここでは共同体を、人類が生活を営むうえで成り立たせている諸集団——血縁共同体や地縁共同体、村落共同体など——として捉えておく。人々は共同体の一員であることにより過酷な自然や外敵から保護される。と同時に、組織であるからこそ必要とされるさまざまな規制に服することになる。共同体はまた、土地を占拠していった。狩猟や採集、やがては農業や漁業を営みながら、人々は食料や生活に必要な天然の品々を手に入れていった。共同体の内部では、それらが必要に応じて首長を通じた「再分配」やお互いの交換による「互酬」など、市場を経ないかたちで交換されていたものと考えられる。

　しかし、自然条件や立地条件などの違いもあり、各共同体が調達できる物資の種類や量はさまざまであった。人々の天然の品々に関する知識やそれらを利用するための技術が向上し、さらに共同体の外の世界に関する情報も伝わるようになれば、人々は別の共同体からも物資の入手を望むようになった

と考えてよいだろう。初期の段階では、他の共同体の物資を略奪という手っ取り早い手段で入手したことであろうが、やがて人々は損害やリスクの少ない平和的な取引を優先させるようになった。こうして共同体の外側、すなわち他の共同体との商行為——共同体間商業——が営まれるようになった。むろん、そのためには他の共同体との交換に必要なもの（商品）の確保が求められた。共同体内で必要とする以上の余剰物資が存在していることが、取引の前提になったと考えられる。

　おそらく、最初に交換されたのは必需品であり、なおかつ産地が限定された商品であっただろう。そのような商品として挙げられるのは、塩や金属、黒曜石などの鉱石、それに宝石や貴金属である。塩は、生物としての人間の生存に不可欠な商品であり、内陸部では岩塩などの産地が近くにない限り、沿岸部から塩を調達する必要があった。わが国でも、千国街道（糸魚川・大町・塩尻）や三州街道（岡崎・飯田・塩尻）など、塩が頻繁に輸送された古道は、現在も「塩の道」として知られる。銅や鉛、鉄などの金属は、道具や兵器を作成するための必需品であった。しかし、産地が限られているので共同体の外部からの供給に依存することが多かった。

　宝石や貴金属は奢侈品であり、人々の生存に不可欠な商品であるというわけではない。しかし、人類社会が誕生し、政治組織や宗教が生まれれば、その主催者にとって、これらの奢侈品は必需品とでもいえるものであった。なぜなら、彼らが貴石や宝石、貴金属で身を飾ることは、彼らの物欲や支配欲を満足させただけでなく、彼らが主催する政治組織や宗教の豊かさと権威の誇示につながり、それがその権威のもとにあった人々の安寧を招き、満足にも繋がったと考えられるからである。政治は政（まつりごと）を通じて神事に通じているのであるから、首長が祈祷師（シャーマン）を兼ねていることも多かったことであろう。贅沢な品々は、ほかの共同体や敵の権威や財力を圧倒する手段として、一般民衆が手に取ることはなかったとしても、彼らにとっても必要な商品だったのである。

　取引の場として選ばれたのは、共同体の中心に対する周辺、共同体と共

えびすのイメージ

一橋大学校章（カドゥケウスを含む）

同体の間の境界地である（市場の境界性）。そのような場所がやがて市（いち）として発展していくことになり、内陸部と水域の接点であれば、「貿易港」として機能していく（港市）。境界地が選ばれたのは、そこが互いの共同体の支配が及ばない中立の場所だったからである。取引を円滑に進めるには、そこが平和領域である必要があった。各共同体の成員が、自分の共同体の権力や文化、習慣をそこに持ち込めば、摩擦が生じることは必至である。そのために、人々はまずは沈黙交易という手段を用いて相手との接触を極力少なくし、トラブルを回避しようとしたと推測される。対面的な交換が増えても、取引の場は「権力の真空地帯」、「無縁の場」として、日常的な約束事をいったん排除して、改めて取引のためのルールが設定される場となった。こうして徐々に形成されていった交換のためのルールや習慣は、やがて市場法や商法へと結実していったと考えられる。

こうして原初の市が出現し、交易を目的にそこを訪れる人は、ある意味賓客として扱われるようになった。ありがたい品々をもたらしてくれる賓客を、人々が福の神になぞらえることも多かった。わが国では、例えば「えびす」——恵比寿、恵美須、夷、戎など——がそれに該当し、沿岸部を中心にえびす信仰が広まった。市場は神が訪れる神聖な場であった（市場の聖性）。一方、ヨーロッパでは、ギリシャ神話のヘルメス（ローマ神話のメルクリウス：マーキュリー）が、天地の間を駆け巡る伝令として商人や旅人、羊飼いなどの守護神

として崇められた。ちなみに、その持物（アトリビュート）であるカドゥケウス（ケリュケイオン）――二匹の蛇が左右対称に巻き付いて頭部にヘルメスの翼を装飾した杖――は、ヘルメス（商業）を象徴する装飾としてよく用いられ、わが国でも一橋大学や長崎県立諫早商業高校など、幾つかの商業関係の学校で校章に取り入れられている。また、ヘルメスは天と地を行き交う両義的な存在であり、その身の軽さからトリックスター（いたずら者）と見なされ、文化の解読装置として注目されることもある。

　市が神の到来により聖なる場となれば、そこはまた神の到来を祝福する祝祭の場となる（市場の祝祭性）。やがては、神を祝福する催しの一つとして市が開催されるようになる。大規模な市である大市は、まさに非日常的な祝祭の場であり時である。会場には物珍しさを体験したいだけの人々も集まって日頃のストレスを発散し、カーニヴァル的な時空間が出現するからである（第2章（4）「市場」も参照）。

　以上のような経過のなかで商業は誕生したものと推測される。生産も交換も小規模でしかなかった段階では、専門的な職業人としての商人は、まだ出現していなかったと見てよいだろう。やがて取引の機会が増えると職業的商人が誕生し、取引に関するルールも定められて交易活動がある程度組織的かつ恒常的に営まれていくようになった。先にも述べた古代バビロニアのハンムラビ法典は、そのような商業界の存在を裏付ける最古の史料である（紀元前18世紀頃）。バビロン第一王朝のハンムラビ王は、商業流通を重視し、通商路の安全確保のために軍事力を用いた。それゆえ、首都バビロンは通商拠点として大きく栄え、中央アジアや南アラビア、東アフリカ、地中海諸港、小アジアなどから隊商を迎え入れたのであった（伊藤栄『西洋商業史』15―16頁）。やがてはフェニキア人やユダヤ人などのように、民族として商業活動に多大な足跡を残す一群の人々（商業民族）も出現するようになる。

(2)　縄文・弥生期の日本――海上交易の役割

　文書史料に限らず、遺跡の発掘や出土品の分析などの考古学的な成果も援用すれば、ハンムラビ法典の制定をさかのぼるもっと古い時代に関しても、組織的とはいえないまでも、交易活動の具体的な痕跡を確認することができる。一例として、ここでわが国を代表する縄文時代の遺跡である三内丸山遺跡に注目してみよう（『三内丸山遺跡と北の縄文世界』）。

　青森県の三内丸山遺跡は、縄文時代前期から中期（約5500年―4000年前）にかけての大規模な集落の遺跡であり、多数の竪穴式住居の跡のほか、高床式倉庫、それに直径一メートルの栗の柱6本からなる巨大な用途不明の建造物などからなる。文化圏としては、平底の円筒型土器の出土を指標とする円筒土器文化圏に属し、津軽海峡をはさんだ東北地方の北部から北海道の南西部にかけての一帯が、この文化圏に含まれる。出土品には、森や海の産物の利用を裏付ける堅果類（団栗など）の殻や、動物や魚の骨、数多くの土器や石器などがあり、人の顔や身体をかたどった土偶の出土は、祈りやまじないを通じた呪術的な宗教が存在したことを想定させる。しかし何よりも、商業・流通史の観点から興味深いことは、交易を通じて入手したと考えられる黒曜石やアスファルト、琥珀、翡翠といった遠方からの特産品がここで数多く出土していることである。

　三内丸山遺跡で見つかった鏃（やじり）や匙（さじ）などの黒曜石は、産地分析の結果、そのほとんどが白滝をはじめとする北海道産であることがわかっている。しかし、なかには長野県霧が峰産のものがあり、青森に至るまでの交易ルートはわからない。アスファルトは、秋田県のアスファルト湧出地からもたらされたと想定されている。琥珀は、その産地として有名な岩手県の久慈産のもの、そして翡翠は新潟県の糸魚川周辺から運ばれた。糸魚川の姫川周辺はわが国を代表する翡翠の産地である。これら遠方の特産品は、おそらくは海上ルートでもたらされたと考えられる。早い段階から、津軽海

峡や日本海沿岸を経由して組織的な交易活動が営まれていたと推測されるのである。

　弥生時代の遺跡についても一つ事例を挙げておこう。長崎県壱岐市にある原の辻（はるのつじ）遺跡は、弥生時代の環濠集落跡であり、有名な『魏志』「倭人伝」に記述されている「一大（一支：いき）国」の中心集落とされている。遺跡からは、わが国最古のものとされる船着場跡が見つかったほか、中国産と思われる貨幣や鏡、鏃などの鉄製品、朝鮮半島産の土器など、ここが大陸との交易の一拠点であったことを裏付ける品々が出土している。古くから対馬とともに、壱岐島は日本列島と大陸を結びつける役割を担っていたのである。

　三内丸山遺跡も原の辻遺跡も、そこにあった集落の繁栄を支えた要件の一つに海上交易があった。日本海は、大陸と日本列島に囲まれた大きな内海と見なすことができる。日本海を舞台とした、その沿岸諸地域同士の結びつき（環日本海交流）は、思いのほか早くから生じていたのかもしれない。一頃、わが国の日本海側の地域は、太平洋側の都市集積地帯と対比して「裏日本」と呼ばれていた。しかし、北前船の盛んな往来からも推測されるように、かつては日本海側のほうが「表日本」にふさわしい活発な交易を繰り広げていたとも考えられるのである。[1]

　　　　注

(1) 「裏日本」をめぐる議論については古厩忠夫『裏日本──近代日本を問いなおす』岩波新書、1997年を参照。なお環日本海交流圏は、縄文時代からその存在が想定されている。西谷正「総論──対外交渉の諸段階」、大塚初重ほか編『考古学による日本歴史10　対外交渉』雄山閣、1997年、6頁。

第8章　古代地中海地域の商業・流通

(1) フェニキア人とギリシャ人─────────

　商業・流通の展開を早い段階からある程度、正確に跡づけていくことができる地域の一つに地中海地域がある。地中海が商業の舞台として浮上していくうえで最初に大きな貢献を果たしたのは、商業民族としても知られるフェニキア人である。

　◎フェニキア人の商業
　フェニキア人は、紀元前15世紀頃から地中海東岸の現在のレバノン一帯に都市を建設し、歴史の表舞台に登場してきた。この地は大文明が栄えたメソポタミアとエジプトの中間地帯に位置し、地政学的観点からも商品や情報の流通という観点からも、要と言うにふさわしい立地条件を備えていた。彼らが建設したおもな都市にはシドン（サイダ）、ティルス（ツロ、スール）、アラドス（アルワード）、ビブロス（ジュベイル）などがあり、このうちビブロスは、アルファベットの源であるフェニキア文字の誕生地としても知られ、バイブルやビブリオの語源とも考えられている。また、シドンとティルスは旧約聖書（エゼキエル書）でも詠われるほどの繁栄の極地に達した豊かな都市であった。しかし、地中海東岸の細長い一帯だけでは人口に見合うだけの食糧や資源を十分確保することはできず、人々は早くから地中海をはじめ周辺各地域へと進出していた。彼らの取引相手地域は、東はメソポタミア、南から西にかけてはエジプト、地中海の沿岸部やマルタ、シチリア、サルディニアなど

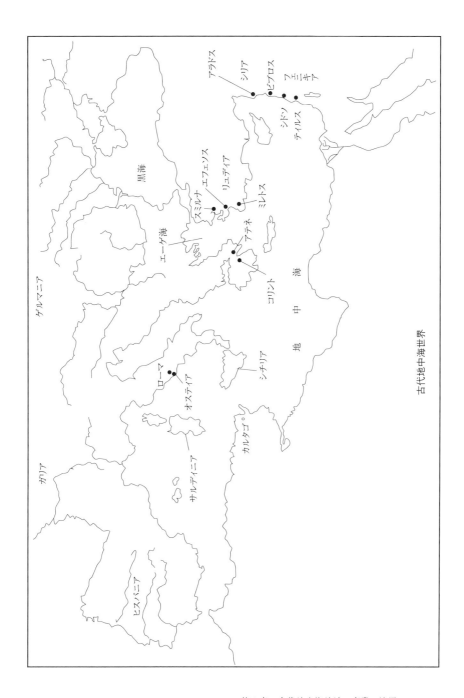

古代地中海世界

第8章 古代地中海地域の商業・流通──99

の島々を経てイベリア半島などに及び、おもな交易拠点に商館を設け、植民地を建設することもあった。その最大のものが、現在のチュニジアの首都チュニス近くに建設されたカルタゴである。

　カルタゴの起源は不明であるが、紀元前9世紀頃からメソポタミアの地でアッシリア帝国が強大化すると、その圧力を受けた地中海東岸のフェニキアの諸都市から人々が海上へと逃れ、その多くがカルタゴへと移住した。かくして、フェニキア人の交易拠点はカルタゴへと受け継がれ（伊藤栄『西洋商業史』19—20頁）、やがては地中海西部の通商権を掌握する都市国家へと発展し、第三次ポエニ戦争（紀元前149—146年）でローマに敗北するまでその繁栄は続いた。

　フェニキア人が扱った代表的な商品としては、紫染料と木材が挙げられる。紫染料は、ツロツブリやシリアツブリなどのツブリ貝のなかま（アクキ貝科）の貝類から抽出された。一個の貝から抽出される量はわずかなので、一着分の衣服を染め上げるには17,000個ほどが必要だったという（波部忠重『貝の博物誌』）。紫（ティリアンパープル）に染め上げた衣服は、一部の特権的な身分にある者しか身に着けることができず、紫（緋色）は西洋において高貴な色と見なされるようなった。ちなみに、「フェニキア」という言葉は、古いギリシャ語の紫に由来するという説もある。

　木材はレバノン杉（マツ科ヒマラヤスギ属）の木材であり、レバノンやシリアの高地地域にかつては広く分布していた。レバノン杉の木材には、丈夫で腐りにくいという特徴があった。それゆえ、古代エジプト以来建築資材や造船、家具製造の資材として利用され、大量に流通した結果、乱伐が進んでしまい、現在では希少な植物となっている。そのほかフェニキア人が扱った商品には、ワインやオリーブ油、果実、穀物などの食材や金銀細工、銅、羊毛などがあった。

◎ギリシャ人の商業
　地中海の北部では、エーゲ海を中心としてギリシャ人が商業を牽引した。

エーゲ海周辺では、紀元前2000年頃から海上商業を基盤としてミノア（クレタ）文明やミケーネ文明などの諸文明が栄えたが、史料が乏しいいわゆる「暗黒時代」の末期の紀元前8世紀頃から、ギリシャ人がエーゲ海を越えて地中海各地に進出していくようになった。海岸線が入り組み、多くの島々からなるギリシャの地は、標高の高い山々が連なり、耕地は不足しがちであった。そこに北方からドーリア人がやってくると、ギリシャ人は押し出されるようにして黒海や小アジアの沿岸、イタリア南部、さらにはアフリカ北岸へと進出し、植民都市を建設した。

　こうして出現した植民都市のネットワークを通じて、地中海のさまざまな商品が流通した。すなわち、不足しがちな穀物は黒海沿岸のロシアやシチリア島、エジプトのナイル川流域から輸入され、ワインやオリーブ油、香辛料・香料、魚類、羊毛、皮革などの食材や原材料も、アテネを筆頭とするギリシャ都市へと輸入された。北のバルト海からは、この海域の特産品である琥珀がもたらされた。ギリシャの都市部からは、各種織物や陶器、金属細工など、おもに手工業製品が各地に輸出された。貿易の発展は製造業に刺激を与え、例えば、ミレトスの織物や絨毯、コリントの織物、染色、金属細工などの生産やスミルナとエフェソスの鍛冶などの手工業を盛んにした（伊藤栄『西洋商業史』26頁）。赤や黒をベースとした古代ギリシャの陶器は、現在では美術品として高く評価されている。

　ギリシャにおける商業の発展は、鋳造貨幣の利用によっても促進された。世界最古の鋳造貨幣は、紀元前7世紀にリュディア王国で鋳造された金と銀の天然合金である琥珀金（エレクトロン）貨とされるが、実際に貨幣が広く流通するようになったのは、ギリシャ都市でも鋳造されるようになった紀元前5世紀頃と考えられている。アテネは、アッティカ半島にあったラウレイオン銀山を国営化し、奴隷を酷使して採掘された銀を用いて銀貨を大量に流通させた。貨幣が流通したことにより、資金の貸付や両替を営む商人も誕生した。

(2) ローマ帝国

◎ローマ帝国の発展と商業

　フェニキア人もギリシャ人も地中海商業を大いに発展させたとはいえ、彼らの影響が地中海全域に行き渡ることはなかった。これに対して、ローマ人は戦争を通じて領土を拡大し、やがては地中海全体を囲繞する帝国を形成することに成功した。内陸部では、北はアルプスを越えてヨーロッパ北西部、南はアフリカ北岸一帯の広い範囲に及んだ。とりわけ三次にわたるポエニ戦争は、フェニキア人の一大通商拠点であるカルタゴを一度は滅亡させ、地中海における制海権を掌握していくうえで大きな意味を持った。かくして地中海はローマ人の内海となり、彼らにとって地中海は、まさに「我らの海」(Mare Nostrum) となった。ここを舞台として、ローマの人々が必要とする商品が広く流通していくのである。

　ローマ世界で商業が発展した理由には、どのようなものがあっただろうか (石坂ほか『商業史』16頁)。まず、「ローマの平和」(Pax Romana) として知られる平和な時代の到来（アウグストゥス帝から五賢帝までの時代。紀元前1世紀末から紀元180年頃まで）が、商人が安心して貿易活動に従事できる環境をつくり出した。次に、道路の建設が挙げられる。これは、軍事のみならず商業活動にも大いに役立った。貨幣単位と度量衡の統一も重要である。これらは計算の手間を省き、売買の時間を短縮して取引の合理化につながった。ローマ法の普及も無視できない。人々が共通の法に服するようになったことにより争いごとが減り、生じたとしても解決が容易になったからである。

　では、流通していた商品にはどのようなものがあっただろうか。帝都ローマをはじめとする都市部は、都市人口を養うために穀物を筆頭にオリーブ油やワイン、各種日用品などの必需品を多く輸入していたと考えられる。木材や銅、鉛などの金属資源も加工用素材として、また奴隷も労働力として不可欠の商品であった。とりわけ、非農業人口が集中していた都市ローマは、ナ

イル川流域のエジプトやシチリア島などから外港のオスティアを経て、大量の穀物を輸入する必要があった。例えば、紀元後62年には、オスティア沖の海上で嵐により200隻もの穀物輸送船が沈没したことがあったという（青柳正規『トリマルキオの饗宴』17頁）。

古代ローマのガレー船

帝政期のローマ世界では、平和の到来を背景としてじつにさまざまな商品が地中海を流通していたが、総じて言えば、それらの商品の多くは皇帝を頂点とする一部上層の人々の消費生活を彩るための奢侈品から成り立っていた。とりわけ地中海東方、オリエント、インド方面からさまざまな贅沢な品々が流入した。例えば、乳香や没薬、胡椒、肉桂などの香料や香辛料、香木、象牙、真珠、宝石、絨毯、染料、金銀細工、大理石、色絵ガラスなどがあり、さらに中国からは生糸や絹織物がもたらされた。

これらの贅沢な商品から成り立つ地中海の対東方貿易の内容を明らかにしてくれる史料が存在する。帝政初期の紀元1世紀中頃にエジプトで生まれた無名の商人により著されたという、「エリュトゥラー海案内記」がそれである。エリュトゥラー海とは、インド洋、ペルシア湾、紅海を含めての総称である。この案内記に目を通すことにより、われわれは、西アジアの海域を舞台とする古代の南海貿易において、地中海がどの地域からどのような商品を輸入していたかを知ることができる。東西交渉史の観点から言えば、南海貿易が繰り広げられたこのルートは、ユーラシア大陸を東西に結ぶ幾つかの通商路（シルクロード）のなかの「海のシルクロード」として位置づけることができる（第11章（1）「シルクロード」）。さらに、紀元2世紀にはローマと中国の間の直接的な交渉が生じ、記録されることになった。後漢・桓帝統治下の166年、当時の中国領日南（後のベトナム）の地に大秦王安敦の使いが現れたとの記

述が4世紀に編集された『後漢書』にあるが、この大秦王安敦とは、いわゆる五賢帝の最後の哲人皇帝としても名高いマルクス・アウレリウス・アントニヌスであるとされる。

「エリュトゥラー海案内記」から、流通に関して見て取れる特徴を二つほど指摘しておこう。一つは、南海貿易において取り扱われた商品の多くが、必需品とはいえない奢侈品であったということである。すなわち、アフリカの象牙や亀甲、アラビアの乳香、インドの胡椒、真珠、宝石、木綿織物、中国の生糸、絹織物などの舶来の高価な品々が、エジプトを経由して地中海に渡り、ローマへと流通したのであった。

もう一つは、ローマ帝国から東方に向けてデナリウス貨をはじめとする銀貨、金貨が輸出されていたということである。さらに、インドにおけるローマ貨幣の出土状況を見れば、共和制期の貨幣の出土がまれであるのに対して、それよりも後のアウグストゥス帝以降の時代の金銀貨は数多く出土しているという。これは、平和な時代が到来した後に、ローマの人々の東方の珍しい物産に対する需要が増大したことを物語るものと考えられる。ローマは、これら地中海圏内で手に入れることのできない珍奇な商品の輸入のために、大量の貴金属を輸出していた。貿易収支の観点から言えば、ローマの対アジア貿易は赤字だったのである（村川堅太郎訳注『エリュトゥラー海案内記』19—97頁）。

◎文明の爛熟と衰退

ここから垣間見ることができるのは、人々の贅沢な商品に対する欲望の高まりである。五賢帝の平和な時代を経てコモドゥス帝以降の愚帝が支配する時代に入ると、ローマの文明はいよいよ爛熟の度合を高めていくが、その兆候は、すでに五賢帝の前の逸話の豊富な、かのネロ帝の時代（紀元1世紀）に現れていた。その一端は、その頃の風俗を描いたとされるペトロニウスの『サテュリコン』における「トリマルキオの饗宴」の場面からもうかがい知ることができる。富豪へと成り上がった解放奴隷のトリマルキオが主催する饗宴の場では、ローマの通商網を利用してはるか遠方から取り寄せられた食

材を利用した贅沢な料理が、奇想天外な演出を伴いながら次々に供されるのである。

人々は「パンとサーカス」に幻惑され、快楽を求めて差し迫りつつある危機から目をそらされた。ローマの文明は最盛期を経て爛熟の度合を高め、やがては衰退していくことになる。3世紀頃には、危機は目に見えるものとなった。

ローマという、ある種繁栄の頂点を極めた大帝国がなぜ衰退したか、その理由を明らかにすることは歴史学にとっての大きな課題であるが、経済の面からその理由を探る際によく指摘されるのは、労働力の不足である。「ローマの平和」の到来が戦争による捕虜獲得の機会を減じさせ、それが各種労働の担い手である奴隷の減少につながったのである。モノをつくる現場でも、それらを流通させる現場でも、実際の仕事のおもな担い手は、奴隷や自由の身分を手に入れた解放奴隷であった。上述のトリマルキオは、地中海貿易で巨万の富を手に入れた解放奴隷と設定されている。やがては、本来は軍人である騎士（エクイテス）も、商業や徴税請負などを通じて経済的な影響力を増していった。

労働力の減少は食糧を含む基本的な商品の生産・流通規模の頭打ちにつながった。しかし、税は重くなる一方で物価も上昇しつつあった。特に3世紀後半には著しいインフレが生じ、この時期にデナリウス銀貨の品位は「劇的に」低下した（ケヴィン・グリーン『ローマ経済の考古学』126—135頁）。農場経営者は、農場（荘園）内部で消費する農産物を確保するために市場向けに流通する農産物の量を減らし、農村に依存する都市部では、必要物資がなかなか手に入らなくなってしまった。結局は、それが都市部から農村部へと人口を流出させてしまい、都市とそこを基盤とする商業の衰退につながった。こうして農村部では、大規模な荘園を中心に、都市部から流出した市民や重税を逃れて逃亡した小規模な土地経営者などを吸収しながら、自給自足的な経済（オイコス経済）が形成されていった。

ローマ経済の脆弱化は、3世紀頃には明らかであった。農村部における労

働の主要な担い手はもはや奴隷ではなく、拘束が強かったとはいえ土地を与えられ、自らの裁量で農事にいそしむことのできた隷農（コロヌス）であった。奴隷の不足が、彼らの地位向上を招いたのであった。やがてはアルプス以北のヨーロッパでも、奴隷より身分的な制約の少ない農奴が、生産面から中世の封建社会を支えていくことになる。

一方、ローマ帝国の外部に目を向ければ、北方のゲルマン諸民族が、4世紀末からアジア系のフン族の西進の影響を受けてローマ帝国の各地に侵入しつつあった。政治の混迷、社会の混乱が続くなか、さしものローマ帝国にとっても広大な領土を一体的に維持することは難しくなった。395年、デオドシウス帝の統治を最後としてローマは東西に分裂する。しかし、一方の西ローマ帝国はゲルマン人との軋轢にさらされて476年に滅亡、ローマ帝国の伝統は、コンスタンティノープル（コンスタンティノポリス）を首府とする東ローマ帝国（ビザンツ帝国、395-1453年）へと受け継がれていく。

東ローマ帝国は、ローマの文化、伝統を継承するとともにギリシャ的な要素を加味し、西ヨーロッパとは異なる独特の文化世界を構築していった。首都コンスタンティノープルはビザンツ文化の中心都市であるとともに、アジア・ヨーロッパ間商業の中継拠点としてユーラシア規模の商品流通を媒介した。東ローマ帝国が最終的に滅亡するのは、トルコ系のオスマン帝国の攻撃を受けた1453年のことである。東西に分裂してから一千年以上の長きにわたり東ローマ帝国は存続していく。

われわれは、巨大な文明世界の衰退への関心から、ローマはなぜ滅んだかという観点からローマ世界に注目することが多い。しかし、見方を変えれば、衰退過程にあったと言われるローマが、東西に分裂してからこれほど長期間存続したのも不思議である。なぜ、ローマはこれほどの長期間にわたり存続することができたのか。このような観点からローマ世界の商業・流通を見ていくこともできるのではないだろうか。

補論　古代日本における貨幣と流通

富本銭

　古代のわが国の流通について、貨幣の流通を中心に見ておきたい。わが国でかねてより最古の貨幣として位置づけられてきたのは、708（和銅1）年に発行された和同開珎であった。ところが、1999年に奈良県飛鳥池遺跡から富本銭の鋳型が大量に見つかり、この富本銭がわが国最初の流通貨幣ではないかと考えられるようになった。これまでもしばしば富本銭は出土していたが、その役割は流通貨幣ではなく、まじないや魔よけを目的とした厭勝銭であると考えられてきた。しかし、鋳型が数多く出土したことから、大量の富本銭が鋳造され、流通していた可能性が高まった。『日本書紀』で683（天武12）年4月に「今より以降、必ず銅銭を用いよ。銀銭を用いること莫れ」とあるのが富本銭である可能性が高まったのである。富本銭が鋳造された背景としては、例えば、藤原京の造営と結びつけて考えられることがある。すなわち、天武天皇が中国式の都城を造営しようとした際に、銅銭を基軸とした貨幣制度を中国から導入したのではないかといわれている（石井寛治『日本流通史』12—17頁）。

　なお、さらに古いわが国の貨幣としては、いわゆる無文銀銭が知られており、上記『日本書紀』にある銀銭がこれであるとの説もある。ただし、無文銀銭は秤量貨幣の一種であり、出土した状態から、取引の際には銀片を貼り付けて必要な価値に調整していたと考えられる。

　さて、富本銭と同様に、和同開珎も首都となる中国式の都市（平城京）建設がその発行の背景にあったと考えられている。造営に必要な大量の労働力をまかなうために、その給与として和同開珎が支給されたのである。概していえば、わが国の場合、貨幣の鋳造は律令国家の財源確保という目的に応じ

て行われたといえるだろう。商品流通が活発化したために貨幣が必要とされたというのではなく、中国・唐の通貨（開元通宝）をモデルとして朝廷主導のもとで貨幣の普及が図られたのである。朝廷はこの後も、私鋳銭の流通を食い止めるために万年通宝や神功通宝などのいわゆる皇朝十二銭の発行を継続していくものの、素材となる銅の大量確保は難しく、重さは減り品位も悪化する一方であった。それゆえ、国産の銅貨はあまり流通しなくなり、代わって中国産の渡来銭が流通していくようになった。

商品の流通については、一例として8世紀の律令制の時代（奈良時代）について述べておこう。石井寛治によれば、当時のわが国の商品流通は以下の三つの形態に分けることができるという（石井寛治『日本流通史』12—17頁）。

地方における交易。これは、地方政府がある国府の市で一般に営まれ、地方政府が人々から徴収した米を元手として、中央政府に納める繊維品や皮革製品、陶器などの地方の特産物を手に入れていた。ここでは、職業化した商人は少なかったと考えられている。

地方と中央を結ぶ遠距離交易。中央政府（平城京）への租税（調庸）の輸送がおもにこれに該当し、売買を目的とした地方役人による私的な商品の輸送が加わることもあった。それらの輸送は、住民（公民）たちの義務でもあった。

中央の交易。平城京や平安京など律令国家の首府では、東西でそれぞれ市が開催され、取引を管理する役人（市の司）の管轄下にあった。東西の市では、近隣の農民が運び入れた穀物や野菜、漁師が持ち込んだ海産物が取引されたが、おそらく税として地方から持ち込まれた各地の特産物も販売されたと考えられる。裕福な市人をはじめとする商人だけでなく、豪族や政府官僚も取引に参加した。

概して、中国では儒教の教えに基づいて商業を蔑視する風潮が強かった。儒教を導入した日本でも、やがて士農工商の順に序列化した身分制度が形成されていく。しかし、律令国家の時代、商行為には政府関係者も少なからず従事していたのであり、まだ当時儒教的な賤商観、すなわち商業をさげすむような職業観はあまり存在しなかったと考えられる。

第9章　中世ヨーロッパの商業・流通

(1) ヨーロッパ世界の誕生

　地中海世界ではぐくまれた古典古代的な文化的要素は、東ローマ帝国（東欧）とともにアルプス以北のヨーロッパ（西欧）に継承された。とはいえ、ヨーロッパ（西欧）はローマ文化をそのまま受け継ぎ発展させたのではない。さらにそこにキリスト教の文化とゲルマン人の文化が加わり、この三つの文化要素の融合により現在まで続くヨーロッパ世界が形成されることになった。

　さて、あらためてヨーロッパ世界誕生のいきさつを振り返っておきたい。西ローマ帝国滅亡の後、ゲルマンの諸民族はその旧領土や影響下にあった地域に部族国家を建設し、西欧にゲルマン文化を移植していった。なかでも強大な勢力を保持していたのはフランク族である。5世紀末になると、メロヴィング家のクローヴィスが指導力を発揮し、キリスト教（カトリック）に改宗したうえでフランク族を統一し、王国へと結集させた。さらに732年、メロヴィング王朝の宰相職にあったカロリング家のカール・マルテルが、トゥール・ポワティエ間の戦いでヨーロッパ中心部に進出しつつあったイスラーム勢力を破ることに成功すると、その息子ピピンがメロヴィング朝を廃し、カロリング朝の初代国王に即位した（751年）。そして、800年という節目の年にピピンの子カール（大帝）がローマ教皇レオ三世により戴冠され、ローマ皇帝の称号を得た。

　その後の動きについても触れておけば、843年にフランク王国はヴェルダン条約により東西フランク、中部フランクの三王国に分割された。さらに

870年、中部フランクはイタリアを除き東西フランクに分割され、かくして今日のフランス（西フランク）、ドイツ（東フランク）、イタリアの土台が築かれることになった。なお、962年には東フランク王国（ドイツ）の国王オットー1世が、教皇ヨハネス12世よりローマ皇帝に戴冠され、ここに名目上、1806年まで存続する神聖ローマ帝国が誕生した。

◎ピレンヌのヨーロッパ世界誕生論

では、商業・流通はヨーロッパ世界の誕生とどうかかわっていたのであろうか。そこで注目されるのが、古いとはいえ、広域的な流通の動向を視野に入れてヨーロッパ世界の形成を巨視的に描き出そうとしたピレンヌの古典的な学説である。

20世紀初頭に活躍したベルギーの歴史家アンリ・ピレンヌ（1862—1935年）は、ヨーロッパ世界の誕生をイスラーム勢力の勃興と関連づけて説明しようとした。ピレンヌ以前の見解によれば、ローマの高貴な文化は野蛮なゲルマンの文化によって破壊されたとされる。いわば、文明対野蛮の二項対立的な構図の中で古代から中世への移行を理解しようとする風潮が強かった。これに対してピレンヌは、ゲルマン諸族の西進以降も西欧のローマ文化は直ちに滅びることはなく、メロヴィング朝を通じて保たれたとする。確かにローマの影響下にあった地域は全体的に衰退傾向にあり、古代都市（Civitas）の衰退がガリア（今のフランスを中心とする一帯）をはじめ各地で見られたとはいえ、マッシリア（現マルセイユ）をはじめとする地中海諸港を通じて東ローマの中心コンスタンティノープル（現イスタンブール）との通商関係は保持されていた。規模は縮小したとしても地中海産品に加えてアジアの物産がまだ流通していたのであった。

ところが、8世紀に入り、カロリング朝時代となると状況は一転した。地中海貿易は衰退し、その結果西欧地域では香辛料や絹製品、オリーブ油、ワインなどの地中海経由の遠隔地商品が途絶えがちとなったというのである。では、何がこのような状況の変化をもたらしたのか。ピレンヌは、アラビア

世界におけるイスラーム勢力の急速な拡大がそれと関係したと述べる。

　ムハンマド（マホメット）が610年頃にアッラーの啓示を受けてしばらくすると、イスラーム教はアラビア半島からアフリカ北岸、イベリア半島へと勢力を拡大し、地中海にもイスラーム系の商人や船乗りの進出が続いた。かくて、地中海はムスリム（イスラーム教徒）の海となり、これまで西欧とコンスタンティノープル（東ローマ）、アジアを結びつけていたヨーロッパ人の通商のパイプが脆弱化してしまった。これにより、西欧世界では商業が衰退し、ローマの文物の流入も途絶え、ローマ文化は衰退してしまう。商業の衰退は、税収の減少を通じてフランク王国の財政を窮乏化させるとともに、金貨の流通を減らして小額貨幣（銀貨）の流通を増やし、流通の結節点となる都市の衰退を招いた。西ヨーロッパは、自給自足に近い農業社会へと変質したというのである。

　こうして、ムハンマドが登場してからしばらくすると、遠隔地商業や古典古代文化の断絶とともに西欧は経済的な危機に陥り、その西欧世界にカール大帝（在位768-814年）が登場した。ローマ的な世界から切り離された西欧が自生的な歩みを開始する時に、カール大帝は出現したのである。その意味で、カールの出現は新たなヨーロッパ世界の誕生を告げる出来事として解釈できるであろう。このようにして、ピレンヌはムハンマドとカール大帝の出現を互いに関連付けて見ていこうとする。カール大帝の800年の戴冠は、ヨーロッパ世界の誕生を告げる象徴的な出来事であった。なぜなら、この戴冠式において、ローマ（ラテン系）人ではない、ゲルマンの血に連なるカールがキリスト教世界の最高権威者であるローマ教皇により古典古代世界の最高位である皇帝の位を授けられたからである。これにより、カールはヨーロッパの誕生を体現する存在となった。ピレンヌの有名なフレーズにあるように、「マホメットなくしてはカール大帝の出現はかんがえられない」のである（アンリ・ピレンヌ『ヨーロッパ世界の誕生』335頁）。こののちヨーロッパは、10世紀頃からいわゆる「商業の復活」の時代を迎え、商業活動の結節点には新たに中世都市が次々と誕生していく。

◎ピレンヌ学説の限界

 以上が、いわゆる「ピレンヌ・テーゼ」として知られる彼のヨーロッパ世界誕生論である。現在、ピレンヌの学説は、その後の実証研究や論争の進展により、そのままのかたちで受け入れることはできない。例えば、ピレンヌ説によれば、ムスリムの地中海進出により西欧世界が東方ローマ世界から切り離されて衰退し、自生的成長を余儀なくされたとされるが、これとは逆に、イスラーム系商人がむしろ西欧世界を活力あるイスラーム商業圏にリンクし、西欧経済の発展に寄与したとの見解もある（宮崎正勝『イスラム・ネットワーク』124―125頁。モーリス・ロンバール「マホメットとシャルルマーニュ」、アンリ・ピレンヌほか『古代から中世へ』126―128頁）。そうであるとすれば、西ヨーロッパにはピレンヌが想定していたほど極端な商業や社会の衰退はなかったことになり、実際、貨幣の出土などによる考古学的な成果により、今日ではカロリング期西ヨーロッパにおける商業活動の継続性が主張されている。また、金貨に代わって銀貨のような小額貨幣の流通が増えたことも、見方を変えれば、金貨までは必要としない小口の取引が増えたことを示し、社会のすみずみにまで貨幣が流通するようになった可能性を示唆する。都市・農村関係を基盤とした、規模の小さな在地的（日常的）な商品の流通は盛んであったと考えられるのである。

 またピレンヌは、ヨーロッパ世界誕生期は都市が衰退した時代であったと述べるが、都市・農村間の商業が続いていたことから、それを基盤として小規模な市場町が存在していたことが推測される。当時、海岸や河川の沿岸には、ヴィクやポルトゥスなどと呼ばれる陸運と水運の交易拠点となる交易定住地が生まれつつあった。もし、都市の定義を厳密なものとせず、これらの集落も都市的な定住地と見なすのであれば、カロリング朝の時代にも小規模な都市的集落は存在していたことになる。古代から存続していた都市（キヴィタス）もあった。

 中世都市の形成に関連させて、ピレンヌは、遍歴商人の定住によって築かれたポルトゥスのような集落が商業を中心に発展し、やがて市民が自由や自

治を獲得していった点を、ドイツのハンス・プラーニッツなどとともに強調する（河原温『ヨーロッパの中世② 都市の創造力』18—22、88頁）。しかし、近年ではポルトゥスをむしろ聖俗領主の行政的な拠点としてとらえ、中世都市の発展に関しても、商人よりも領主の果たした役割に注目する見解が目立つようになった。

以上がピレンヌの学説に関するおもな修正点である。ヨーロッパ世界の誕生を大きなスケールで商業・流通と関連させて描き出そうとするピレンヌの学説は、まことに興味深い。しかし、以上のような修正点があるということを踏まえておく必要がある。

（2） 中世の世界経済

ヨーロッパでは11世紀頃から商業活動が活発化し、経済は成長過程に突入した。この頃の商業の飛躍的な発展を指して、しばしば「商業の復活」という言葉が用いられてきたが、これはピレンヌの解釈に基づいてカロリング時代に衰退した商業がその後再び盛んになったことを指して用いられてきた表現である。それゆえ、この時期の商業の衰退がそれほどのものではなかったことが明らかにされた現在、この言葉を用いることはふさわしくない。しかしまた、11世紀頃から14世紀前半にかけて、地中海やバルト海・北海などで商品流通が大きく発展したこともまた事実である。それゆえ、古い文献などで「商業の復活」という用語が用いられている場合、それはこの拡大局面の発端を指していることになる。

以下、この時期を中心とした中世ヨーロッパの商業・流通の展開について、まずは地中海地域から見ていくことにしよう。

◎地中海

地中海ではイスラーム系商人の進出があったとはいえ、その影響があまり及ばなかった北東部では、イタリア諸都市がコンスタンティノープルとの交

易関係を取り結びつつあった。地中海貿易に乗り出した港湾都市として挙げられるのは、まずはアマルフィ、バリ、ナポリ、サレルノ、ピサなどである。やがて、ヴェネツィアとジェノヴァが二大勢力として地中海商業における覇権獲得を競うようになり、これら二つの都市共和国を中心に地中海の流通のネットワークが構築されていく。おもにジェノヴァは地中海西部、ヴェネツィアはその東部を自らの商業的な影響下に置いていった。とりわけコンスタンティノープルはヴェネツィアとの繋がりが強く、東ローマ帝国は東方アジアで仕入れた絹や香辛料、また自国で製造された貴金属細工などの販売のためにヴェネツィア商人を必要とした。とはいえ、コンスタンティノープルからさらに奥の地にもカファ（クリミア半島）やタナ（アゾフ海）のようなジェノヴァの植民市が設けられたことからもわかるように、ヴェネツィアとジェノヴァ両都市の勢力が地中海の東西ではっきりと二分されていたわけではない。

中世盛期に地中海貿易を活性化させた要因としてまず取り上げるべきは、一連の十字軍の遠征であろう。聖地エルサレムの奪回を理由として11世紀末から13世紀末にかけて繰り返された大遠征は、糧食や兵器、軍服などの補給や輸送を通じてイタリアやフランス南部の諸都市に、またとない商業発展の機会を与えた。地中海を経由した遠征軍の海上輸送の増大は造船業にも刺激を与え、産業の裾野が広い造船業の発展は、各種手工業に好影響を与えたと考えられる。とりわけ、第四回十字軍の遠征はヴェネツィアにとって関係が深い。なぜなら、ヴェネツィアに集結した遠征軍が、まずはザラ（現クロアチアのザダル）、次いでコンスタンティノープルを攻撃、占領したことにより、東ローマ帝国において独占的ともいえる商業権を手にし、地中海東部で絶大な勢力を築き上げることに成功したからである。[1]

◎北方ヨーロッパ海域

一方、ヨーロッパの北の海では、5世紀から9世紀にかけてゲルマン系のフリーセン人が北海沿岸やライン川水系で目立った商業活動を繰り広げ、穀物や毛織物、ワインなどを流通させていた。ドレスタットやケントヴィック

などといった港を備えた集落が、彼らの交易拠点として知られる。

　9世紀から11世紀になると、北の諸海域ではノルマン人（ヴァイキング）の進出が続いた。ヴァイキングは、しばしば略奪行為に及んでいたので海賊と混同されることもあるが、基本的に彼らは商業・貿易を営む民であり、故郷のスカンディナヴィアでは農民や漁民でもあった。独特の優美で細長い船（ロングシップ）を用いて各地を航海し、その喫水の浅さゆえに河川をさかのぼり、内陸へと進出することもまれではなかった。

　ノルマン人には幾つかの系譜がある。デンマーク系のノルマン人（デーン人）は、北海から大西洋へと進出してイングランド東部のデーンロウやフランス西部のノルマンディー公国などに足跡を残し、さらに一部は地中海へと進出して11世紀にはシチリア王国を構築するに至った。ノルウェー系のノルマン人（ノース人）も西へと向かい、シェトランド諸島やフェロー諸島などの島嶼部、アイルランドやアイスランドに進出した。グリーンランドや北米にまで達した人たちもいたとはいえ、その系譜は途絶えてしまった。他方でスウェーデン系のノルマン人（スヴェア人）は東のバルト海へと乗り出し、ロシア内陸部を経由してドニエプル川から黒海へと至るルートを開拓し、バルト海・黒海間の交易路が打ち立てられた。かくして、南方のビザンツ、アラビア方面からは香辛料や宝石などが、またバルト海からは琥珀や毛皮、蜜蠟などが流通した。おそらく、奴隷もアラビア世界に送り出されたであろうと推測される。ゴトラント島では、大量のアラビア、ビザンツの金貨が出土しているが、これもコンスタンティノープルをはじめ黒海沿岸地域がバルト海と交易を通じて結びついていたことを示す証拠であると考えられる。

　12世紀になると、ノルマン人に代わってドイツ系商人の東方バルト海に向けた進出が目立ってくる。彼らはゴトラント島（ヴィスビュー）を経てロシアへと進出するとともにバルト海沿岸に都市を建設し、やがてハンザという緩やかな組織を作り上げて中世後期のバルト海・北海で強大な勢力を誇るようになる。

　ハンザの発展とともに、中世の低地地方（ネーデルラント）ではフランドル

地方のブルッヘ（ブリュージュ）が南北ヨーロッパの流通の結節点となった。中世のアルプス以南の経済的な先進地域としてイタリアの港湾都市が挙げられるのであれば、アルプス以北の先進地域としては、フランドルを中心とする低地地方が挙げられるであろう。フランドル地方には、ブルッヘをはじめイープル、ヘント（ガン）など商業と手工業をともに発展させた経済都市が分布し、おもにイングランド産の羊毛を素材として高品質の毛織物を製造していた。中世を通じてイングランドは、まずは羊毛という原料の供給を通じて大陸部ヨーロッパと接続していたのである。

ドイツ系商人の東に向けた進出は、いわゆる「ドイツ東方植民」の展開と合わせて見ていくことができる。ドイツ北西部の人口稠密地帯からエルベ川東部のスラヴ人居住地域に向けたこの植民活動は、13世紀頃に盛り上がりを見せ、その後も続いた。領主主導のもとで実施されたこの植民において、農民には土地の保有や賦役の免除などの権利が与えられ、開発が遅れた東へと開墾が進んだ。耕地が増加すると農産物が在地的な市場を介して流通するようになった。市の開催地が集落となり、都市へと発展する場合もあったと推測される。

以上のような展開を経て、商業はヨーロッパのほぼ全域で盛んとなり、ヨーロッパの東西とともに南北を結ぶ流通路が形成されていった。これにより、地中海沿岸地域とバルト海・北海沿岸地域とが、大市開催都市などを介して陸路で結ばれるようになった。

◎シャンパーニュの大市

遠隔地商業を基盤として繁栄した市場としては、例えば古くはカロリング朝時代のパリにあったサン・ドニの年市などが知られるが、大市の名に値する最初の国際的な商品流通の拠点として挙げられるのは、パリ東部のシャンパーニュ伯領内で開催された一連の大市である。その起源はもともと領内で開催されていた幾つもの小規模な年市にあった。それらが、12世紀末に四つの都市を会場として年六回開かれる一連の大市へと集約されていった。こ

れが「シャンパーニュの大市」である。(2)

　この大市が発展した理由としては、南北ヨーロッパを結ぶ通商路がこの地を通っていたということも挙げられるが、強調されるべきは領主であるシャンパーニュ伯の諸政策であろう。すなわち、伯は規模の小さな市を開催地や開催時期を考慮して最終的に六つに統合するとともに、大市を訪れる商人に護衛兵を提供して安全確保に努めた。また、公証人の制度を設けて取引に関する記録を登記簿で公的に管理し、警備と裁判を担当する大市守護の職を設けて取引が無事とり行われるよう配慮したのである。大市の繁栄は、各種税収の増加を通じて財政にも好影響を与えたのであるから、伯自らも望むところであったと考えられる。

　大市の開催期間は、入市（準備）、毛織物取引、皮革・毛皮取引、東方産品（目方売商品）取引、決済のための期間に区分された。重要な商品には、その商品のための取引期間が設けられていた。毛織物はおもにフランドル産のものが取引の対象となり、イタリア商人の手を経て地中海方面へと運ばれた。皮革・毛皮製品にはコルドヴァ革——スペインのコルドヴァがもともとの生産地とされる——と言われる良質のなめし革や、東欧・ロシア産の毛皮が含まれた。目方売商品には、地中海を経てイタリア商人が入手した胡椒などの香辛料・香料、砂糖、明礬や各種染料などがあった。

　シャンパーニュの大市は13世紀に最盛期を迎えたが、14世紀になると急速な衰退を見せた。その理由としては、まずフランドルがフランス王国に併合され、大市の都合よりもフランス全体の利害が優先されるようになったことが挙げられる。また、イタリア商人が大西洋を北上して直接フランドルなどの毛織物生産地に進出し、シャンパーニュの大市を経由しない新たな海上ルートが形成されたことも、この大市の衰退につながった。とりわけフランドル地方のブルッヘは、14世紀に南北間商業の新拠点へと大きく浮上した。海上ルートと並んで、ジュネーブやリヨンの大市、さらに東方ドイツのフランクフルト（M）の大市もヨーロッパの南北を結ぶ流通の拠点となったほか、ケルンを経由するライン川水系を利用した南北路も経済的な重要性を高めて

第9章　中世ヨーロッパの商業・流通——117

いった。

◎中世の世界経済

　こうして出現した広域的な通商の動脈は、商人や商品、資金の移動を伴いながら各地へと枝分かれしていき、やがてヨーロッパ各地を覆う通商網が形成されていく。動脈が結びつく結節点では都市が発展し、商品流通の拠点となった。加えて、都市・農村関係を基盤とした食糧などを中心とする在地的なきめの細かい流通の網の目があった。三圃制の普及や大規模な土地経営（荘園）の確立を背景に、11世紀頃からヨーロッパでは、商業と農業の双方において大きな発展が見られた。太い動脈と細かな網の目が合わさることにより、中世のヨーロッパでは、そのほぼ全域を覆う通商圏が成立したと解釈される。しばしばこれは、「中世の世界経済」（Mittelalterliche Weltwirtschaft）と呼ばれる（フリッツ・レーリヒ『中世の世界経済』）。

（3）　中世都市の世界 ─────────────

　ヨーロッパの中世都市は、わが国で都市の歴史が扱われる際に都市の理想的なモデルの一つとして取り上げられることが多い[3]。戦後、あらためて近代的な市民社会の建設が標榜された際、中世都市はそのさきがけとして高く評価された。自治獲得の過程で繰り広げられた封建領主に対する「コミューン運動」や上層市民に対する下層市民の「ツンフト闘争」に加えて、手工業者の同職組合（ギルド）や市民生活など、社会史的な関心の広がりから中世都市に関する研究の幅も広がった。近年では、まちづくりの観点からヨーロッパの中世都市が取り上げられることも多い。統一感のある美しい町並みが続き、広場や石畳の街路がなおも残るコンパクトなヒューマンスケールの中世都市は、確かに雑然としたまま巨大化したわが国のおおかたの都市とは違う。美しい中世都市は、それ自体が博物館や美術館のような存在であり、十分な観光資源となっていることはよく知られる。

近世初頭のリューベック

　ヨーロッパの中世都市は、流通史の観点からも注目すべきテーマである。「中世の世界経済」の形成・発展過程で中世都市が広域的な流通の結節点として大きな役割を担ったからである。中世都市の誕生に商業が関係することも多かった。

◎中世都市の諸類型
　中世都市はどのように類別されるであろうか。かつて、マックス・ヴェーバーはアルプスを境として北欧型と南欧型の都市類型を提示したことがあったが、ここでは川原温に従って、成立のいきさつと分布地域を考慮して以下の三つの類型に都市を類別してみよう（川原温『ヨーロッパの中世②都市の創造力』16―32頁）。
　北方ゲルマン地域類型：ローマ都市文明の影響が及ばなかったライン川以東、ドナウ川北岸の地域がここに当てはまる。まず、カロリング朝以降の時代のキリスト教化の過程で、マクデブルクやハンブルク、ブレーメンなどのように司教座が置かれ、そこを核として発達した都市があった。また12世紀以降になるとバルト海沿岸地域を中心に領主主導の下で新たな都市が建設されていった（建設都市）。リューベックをはじめとするバルト海のハンザ都市がその典型として挙げられる。
　北西ヨーロッパ地域類型：ローマ都市の遺産がある程度残るライン川とロワール川の間の地域が当てはまる。ここでは、トリーアやアラスのようにロー

第9章　中世ヨーロッパの商業・流通――119

マ時代の都市(キヴィタス)が中世都市へと変容していった場合があったほか、立地条件に応じてさまざまな名称の集落が7世紀頃から誕生し、中世都市へと成長していった。すなわち、ヴィク（交易定住地：ドレスタット、ケントヴィックなど）やポルトゥス（船の停泊地：マーストリヒト、ナミュール、ヘント、サン・トメール、アミアンなど）、ブルグス（城砦集落：ル・マン、リモージュ、トゥールなど）といった集落が挙げられる。ブルグスのなかには、10世紀以降ヴァイキングの侵入を防ぐために教会や修道院を核として防備能力を強化したものもあった。ブルグス（ブール、ブルク）から市民を意味するビュルガー（ドイツ語）やブルジョワ（フランス語）といった言葉が生まれた。都市成立事情の多様性に加え、この地域がヨーロッパの経済的な先進地区であったという事情もあり、この地域類型に属す都市は、中世都市の起源を探る上うえで研究の中心に位置してきた。商人や手工業者の新たな定住地である外郭市区（フォブール）が古くからの核（教会や修道院など）を取り囲んでいくという、かつてピレンヌが注目した都市成長のパターンは、この地域で多く見られた。

南ヨーロッパ地域類型：古代ローマの影響が強く残る南欧地域がこれに該当する。地中海を取り囲む南欧地域では、ローマ都市の伝統が行政や生活様式に継承され、古代都市を特徴づけるフォールム（広場）や円形競技場がそのまま残されることもあった。キヴィタス（旧市街）の周辺に新市街（ブルグス）が形成された場合でも、古代都市の伝統はそのまま継承されるのが、この地域では一般的であった。中世になっても古代の制度が受け継がれたことにより、都市の拠点的性格が途切れることなく中世都市へと継承されたのである。ボローニャやパルマ、フィレンツェ、ナポリ、アルルなどといった都市が挙げられる。

　以上述べたように、都市形成の過程は大まかな地域の違いにより異なったとはいえ、これら都市を結節点として都市・農村間では在地的な商品が流通し、海路も含めた長い距離を商人や商品が移動した。中世の盛期から後期にかけて、流通の網の目はさらに緻密さの度合を高めていった。

◎おもな通商路

　主要都市を経由するおもな通商路を挙げておこう（石坂ほか『商業史』34―35頁）。東欧では、まずロシアの内陸部を貫通する南北のルートが、バルト海からハンザ商館の置かれたノヴゴロドやキエフを経由してドニエプル川に沿って黒海に通じていた。その西側には、バルト海からレンベルクを経由してドニエステル川に沿って黒海にいたるルートがあり、その先にコンスタンティノープルがあった。ドイツ領内ではバルト海や北海の港湾都市から延びるルートにブルッヘなど低地地方からのルートが加わって陸路及びライン川水系を経てケルンやフランクフルト（M）へと動脈が延び、一方はニュルンベルク、アウクスブルク方面へ、またその西ではライン川をさかのぼってシュトラースブルク（ストラスブール）、バーゼル方面へと経路が通じていた。さらにドイツ南部からは、サン・ゴタルド（サン・ゴタール）峠やブレンナー峠でアルプスを越えてヴェネツィアやフィレンツェなどのイタリアの商業都市に達する経路があった。ほかにもアルプスを越える際には、モン・スニ、サン・ベルナール、シンプロンといった峠が利用された。また、フランス領内では、低地地方（フランドル）からシャンパーニュ地方を経てブルゴーニュ、地中海へと通じるルートがシャンパーニュの大市の繁栄とともに重要性を増したが、その衰退後は南ではリヨンやジュネーブ、北ではブルッヘがその繁栄を受け継いだ。フランス領内では首府であるパリの中心性が高まり、パリから各地へと放射状に伸びる経路が形成されていった。

　中世から近世のヨーロッパの通商動脈を見ていくうえで注目されるのは、低地地方（ネーデルラント）から各方面へ延びるルートの重要性である。ブルッヘやアントウェルペンなど、低地地方の港湾都市はロンドンを大陸の経済へと結びつけた。また、大陸内部を東に貫く経路として、低地地方からフランクフルト（M）を経てライプツィヒやブレスラウ、クラカウに至るルートやウィーンを経てドナウ川水系へと至るルートがあった。経済的な先進地域である低地地方からは、重要な通商動脈が各地に延びていたのである。

　人口規模から見れば、ヨーロッパの中世都市は同じ頃の中国やアラビアの

内陸交通の動脈・ライン川

諸都市と比べて小規模であった。例えば、14世紀の最大規模の都市は8万人を上回る程度であり、これに当てはまる都市は、パリやミラノ、フィレンツェ、ヴェネツィア、ジェノヴァくらいであった。ドイツやイングランドで最多といわれるケルンやロンドンは、約5万人であった。商業都市として名高いフランクフルト（M）やニュルンベルク、アウクスブルクでさえ、1万〜4万人規模と考えられている。ハンザの盟主となるリューベックも、約2万人と推測されているに過ぎない。むろん、これらは推計値であり、史料の制約から正確な人口数を挙げることは難しい（川原温『ヨーロッパの中世②都市の創造力』58—60頁。石坂ほか『新版西洋経済史』39—40頁）。

注

(1)　第四回十字軍はヴェネツィア商人の差し金により、その商敵であるコンスタンティノープルの占領に向かったとする有名なエピソードは、現在では誤った俗説と見なされている。佐藤彰一、池上俊一、高山博編『西洋中世史研究入門』名古屋大学出版会、2000年、111頁。
(2)　以下、シャンパーニュの大市については、大黒俊二「シャンパーニュの大市、その成立過程と内部組織——序説的概観」、『待兼山論叢』13、1979年、25-47頁を参照した。
(3)　例えば以下を参照。江川温『中世ヨーロッパの都市世界』山川出版社、世界史リブレット23、1996年、2頁。

第10章　南北二つの海域通商圏
——地中海地域とバルト海・北海地域

(1)　地中海地域

　本章では、中世後期に大きく発展した南北ヨーロッパの二つの海域を舞台とした通商圏を取り上げる。地中海沿岸地域では、かねてよりイタリアのさまざまな港湾都市が海上商業を営んでいたが、中世後期になると、ヴェネツィアとジェノヴァが地中海をほぼ二分するかたちでそれぞれの影響領域を形成するに至った。以下、ヴェネツィアとジェノヴァの順に通商面でのプロフィールから述べていこう。

　◎ヴェネツィア
　「水の都」として名高いヴェネツィアは、映画やカーニヴァルなどの祝祭を通じて観光都市として一般に知られるが、かつては地中海の商業・流通の拠点として経済的にもきわめて重要な港湾都市であった。眩いばかりの繁栄ゆえに「アドリア海の女王」と謳われたこともある。

　ヴェネツィアの誕生は5世紀中頃、フン族の侵入を逃れたアドリア海沿岸の住民がここに移住したことに由来する。礁湖(ラグーン)に建設されたヴェネツィアは、早くから総督(ドージェ)のもとで共和国をなし、都市国家として体制を整えた。通商基盤は地中海の東方に広がり、コンスタンティノープルを通商拠点として東ローマ帝国に多大な影響力を持った。シドンやティルスなど、かつてフェニキア人の港であったシリアの商業都市にも進出し、東方アジアからもたらさ

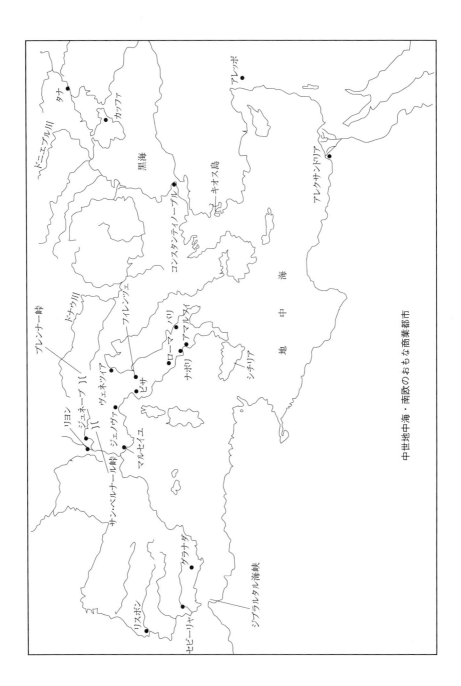

中世地中海・南欧のおもな商業都市

れた香辛料を調達するなど、アラビア世界との通商関係の構築に力を入れた。それゆえ、ヴェネツィアは地中海東方との、すなわち「レヴァント貿易」の主要な担い手となった。多数の船舶からなるその商船隊は艦隊に護衛されて行動をともにし、必要とされる船舶は国営造船所で建造された。1450年頃、ヴェネツィアは100隻にものぼるガレー船を保持し、その乗組員は二万人、さらに武装兵として約四万人を常備していたという（W.H.マクニール『ヴェネツィア』88頁）。

ヴェネチア（16世紀頃）

ヴェネツィアは能動型の商業都市であり、その商人は積極的に遠方に進出した一方で、外国商人の市内での取引は規制を受け、商館が取引の舞台とされた。外国人のための商館のなかではドイツ人商館（フォンダコ・デイ・テデスキ）が、取引規模とともに建物の美しさで有名となった。大航海時代の到来以前、ヴェネツィア港に集荷された香辛料などの東方産品は、ここからアルプスを越えてドイツ・北方ヨーロッパ方面へと流通することが多かった。また、ドイツ南部の商人が扱う中欧産銅の主要な販売地の一つにヴェネツィアがあった。商品の流通、商人の交流を通じてイタリアとドイツ南部は強く結びつき、文化の面での影響もあった。現在でも、ドイツ南部の教会をはじめとする建物の装飾や都市の町並みには、イタリア・南欧からの影響を見て取ることができる。

◎ジェノヴァ

他方、ジェノヴァはヴェネツィアとは反対側のイタリア半島西側の付け根

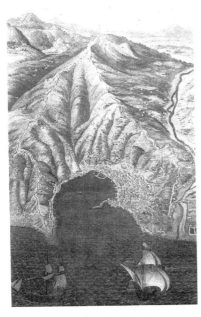

ジェノヴァ（16世紀頃）

に位置し、ローマ時代以来の歴史を持つ。中世後期には、ともに人口は10万人を越えたといわれる両都市であるが、中世都市としての性格は、対照的であった。ヴェネツィアでは造船所が国営であり、東方との貿易にも国家が介入するなど、国家の支配が社会の随所に及んでいた。これに対して、ジェノヴァでは造船所は民営であり、地中海東方との貿易も民間事業として営まれた。植民活動が私的な植民組合によって推し進められたことも、植民地を国家の管理のもとにおこうとしたヴェネツィアとは違った。民意主導の社会であっただけに、ジェノヴァでは有力な家系の勢力争いがしばしば見られ、ヴェネツィアと比べれば市政は安定しているとはいえなかった。

　中世後期（1450年頃）のジェノヴァの地中海貿易を見てみよう。この頃のジェノヴァの地中海貿易には、大きく見て二つのパターンがあった。一つは、同市が位置するティレニア海やプロヴァンス、シチリア島、アフリカ北西部沿岸との貿易であり、比較的近い海域を舞台とするものである。もう一つは、地中海東岸や黒海とイングランドやフランドルとを結ぶ長距離貿易であり、こちらの長距離貿易では大型帆船が活躍した。大型帆船の活用は、ジェノヴァの海上商業の目立った特徴である。なかには積載量が、1,000トンを越す巨大船もあったといわれ、これらの船を用いてジェノヴァ商人は、穀物や塩、そして明礬といった安くてかさばる商品を仕入れ、流通させた。

　毛織物は、中近世のヨーロッパを代表する手工業製品である。明礬は、この毛織物の製造に不可欠であった。一つは羊の原毛から脂を除去するための

脱脂剤として、もう一つは染色する際の媒染剤として明礬は用いられた。明礬を使うことにより鮮やかな色と光沢が得られた。その明礬の一大生産地が小アジアのフォカイア（現トルコ）にあった。ジェノヴァ商人はその対岸にあるキオス島を植民地とすることにより、この明礬を独占的ともいえるかたちで入手し、供給することができたのである。ジェノヴァにとってキオス島は地中海東方貿易の最大拠点であり、東方各地から穀物や果実、綿、絹などさまざまな商品がここに集荷された。一方、キオス島の特産品に香料の一種であるマスティック樹脂があり、東方各地で嗜好された。

　中世後期、地中海西部ではイベリア半島におけるレコンキスタ（キリスト教徒による国土回復運動）の進展により航海の安全性が高まり、海路地中海から北海方面へと向かう船舶が増えつつあった。こうした動きを受けて、ジェノヴァ商人の商業活動も西方に向けていっそう拡大し、キオス島を基点とする主要航路でも、フランドルやイングランドに直接向かうルートがさらに重要性を増した。ジェノヴァ人によりキオス島に集荷された明礬が、大型帆船でヨーロッパ北西部の毛織物製造地域へと大量に供給されたのである。帰り荷の中心には、イングランド産の毛織物があった。

　◎取引の技術

　次に、地中海地域における取引上の技術について触れてみたい（石坂ほか『商業史』47—50、56—61頁）。取引技術も商業・流通を活発化させる大きな要因であり、この面で地中海地域はヨーロッパのなかでも先進的な地域であった。これは、アジア・アラビア世界で発達した技術や知識が、まず地中海とイタリアの港湾都市を経由してヨーロッパ各地へと伝播したことによると見てよいだろう。以下では、航海技術と狭義の取引技術に分けて見ていこう。

　まず、航海技術の面で注目されるのは、羅針盤と航海図、三角帆の利用である。方位を示す羅針盤の利用は、沖合での距離の短い航海を可能とした。これにより、陸地のランドマークやスカイラインを確認しながら海岸線に沿って航海する航法は必要なくなり、天体観測ができなくとも航海は可能と

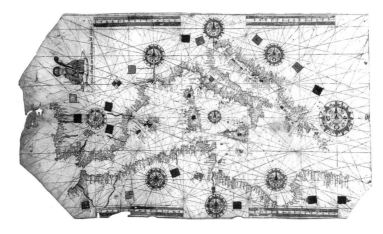

ポルトラーノ海図

なった。航海の経験の蓄積は、航路や地形、港湾に関する知識の蓄積につながった。それらの知識が航海図(ポルトラーノ)や航路誌の作成に生かされることにより、いっそう確実な航海が可能となった。船種について見れば、地中海海域でも帆船が商船として用いられる場合が増えたが、この海域の船には、三角帆(ラティーンセイル)が早くから用いられていたという特徴があった。三角帆を用いれば、帆の向きを変えることで進路の細かい調整が可能となり、操船がより容易となった。これに対して、北欧の初期の帆船には、マストに大きな四角帆(横帆)を一枚掲げただけの型(コッゲ船)がよく見られた。

　狭義の取引技術については為替と簿記を取り上げたい。為替とは、いうなれば現金の移動を伴わずに支払いや決済を実施する仕組みのことである。例えば、あるジェノヴァ商人がブルッヘに毛織物の仕入れに向かう場合を想定してみよう。仕入れのためには現金が必要となるが、大量の現金を携えて長距離を移動するのは危険である。そこで、この商人は現金を地元ジェノヴァの両替商(銀行)に預けて証書を受け取り、これを携えていけば現金輸送の手間は省ける。ブルッヘに到着後、その証書を現地の両替商に提示し、にせ物でないことが証明されれば現金を受け取ることができた。しかも、その際に受け取るのはブルッヘの通貨であるから、送金とともに両替の問題も解決

されたことになる。また、シャンパーニュの大市のようにイタリアなどから商人が一堂に会して取引を行う際には、商人が両替商に現金を預け、取引の終了後に両替商の帳簿上で行われる振替によって各人の受け取りと支払いが相殺された。そうすれば、各商人は差額を受け取るだけでよく、個別の現金の授受は省くことができた。このような取引を円滑にする工夫や技術が、イタリアではほかのヨーロッパ諸地域に先駆けて採用されていたのである。

一方、簿記は金銭や商品の移動を正確にわかりやすく記録するための技術である。14世紀のジェノヴァと15世紀のヴェネツィアで、各費目を貸方と借方双方に記帳する複式簿記の原理が生み出され、フィレンツェにもこの記載方法が広まったという。この原理を集大成した人物として、イタリア人の修道会士にして数学者のルカ・パチョーリの名が知られている。彼が1494年に出版した『算術・幾何・比および比例全書』のなかでヴェネツィア式方法といわれた複式簿記のことが取り上げられたという。ただし、その原理の普及は速やかではなく、大方の商人はなおも貸方、借方を区別することなく記録したらしい。

◎商品

では、これらの技術を駆使して地中海地域で扱われていた商品にはどのようなものがあっただろうか。北欧のバルト海・北海地域と比べると、この南欧の商業圏で流通していた商品はかなり多彩である。幾つかの文献に依拠して重要商品を列挙すれば、胡椒をはじめとする香辛料・香料を筆頭に、宝石や真珠、象牙、毛皮、生糸、絹織物、高級織物、染料、南方産果実、貴金属、鉱産物、奴隷、ワイン、オリーブ油、砂糖、小麦、塩、皮革、羊毛、硫黄、石鹸などが挙げられる。

香辛料・香料は地中海東部からイタリアの港湾都市にもたらされた代表的な東方の産物であり、アラビアやインド、東南アジアを原産地とした。胡椒以外にも、重要な香辛料として生姜や丁子、肉桂、ニクズクなどがあり、調味料や薬種として利用された。香料には没薬、乳香、香油、竜涎香などがあり、

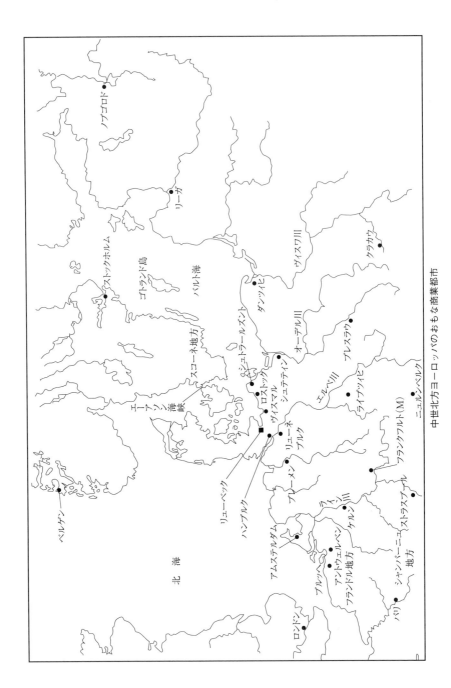

中世北方ヨーロッパのおもな商業都市

これらも薬種として利用される場合があった。香辛料・香料は貨幣と同等と見なされることもある高価な商品であった。高級織物には、ダマスカス製のダマスト（綾織）、モスル製のモスリン、ガザ製のガーゼなど、後に原産地名とともに普及した織物が含まれた。染料にはサフランや蘇木（すおう）、明礬などがあり、ジェノヴァにとって明礬が重要であったことは先にも触れた。果実には杏（あんず）や干し葡萄、アーモンドなどがあり、また鉱産物には、ドイツ・中欧産の銀や銅が含まれた。

　以上挙げた商品のなかには、ワインやオリーブ油、小麦、塩など地中海圏内の産地で生産され、流通していた商品も含まれるが、地中海地域を特徴づける商品として挙げられるのは、やはり東方から輸入された「高価軽量」な奢侈品であろう。すなわち、各種香辛料や香料、高級織物、生糸、絹、宝石・真珠、象牙などの商品である。高価軽量な商品であれば、多くの漕ぎ手を必要とし、貨物の積載容量が限られるガレー船で輸送しても、収益は十分確保されたことであろう。以下で取り上げる北のバルト海・北海地域と比べると、南の地中海で流通していた商品には、軽量高価で輸送が容易な商品が多く含まれていた。しかも、これら遠方からもたらされた商品の原産地や流通ルートは、イタリアをはじめとするヨーロッパ側の商人には、ほとんど知られていなかった。それゆえ、これら商品の取引には多くの危険（リスク）が伴い、投機的な要素が介在する余地が大きかったと考えられることから、地中海地域では前期的資本が蓄積される一方で、合理的で計算可能な取引は成立しなかったと主張されることもあった。ただし、現在ではこのような見解は否定されているようである（斉藤寛海「地中海商業」『歴史学事典１　交換と消費』544頁）。

（2）　バルト海・北海地域

◎ハンザの商人と都市

　北方ヨーロッパの諸海域では、ヴァイキングの活動が一段落するとドイツの都市商人の活動が目立つようになった。ドイツのなかでも低地地方に近い

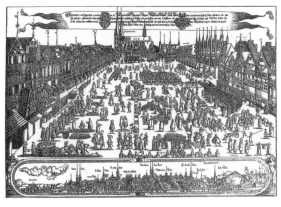
リューベックの市場（1630年）

西部のラインラントは、ケルンを中心に人口の多い比較的先進的な地域をなしていた。この地域の商人は、12世紀頃から西方のブルッヘやその先のロンドンへと進出し、「ハンザ」という遠隔地商人の組合を結成して取引に従事していた。羊毛や毛織物の調達がおもな目的であったと見てよい。彼らは進出先に商館や居留地を設け、現地の君主から取引上の権益を手に入れていった。

　また、ドイツ商人のなかにはブルッヘから先、進路を東にとり、ユトランド半島を越えてバルト海へと向かう者もいた。ゴトランド島（ヴィスビュー）を中継地として彼らが向かった先はロシア・東欧であり、毛皮や蜜蠟の調達を目的とした。これらロシア・東欧の特産品は、イタリアからの訪問者も多いブルッヘや内陸のシャンパーニュの一連の大市で高く売ることができた。やがてロシアは、ノヴゴロドにハンザ商館が設けられるほどハンザ商人によって重視されることになる。

　一方、バルト海沿岸ではドイツ東方植民の流れにのり、一連のドイツ系都市の建設が進められていった。出発点となったのはリューベックの建設（1159年）である。この新都建設のために、ケルンなどドイツ西部から数多くの移住者がやってきた。商業に加えて移住を通じて、バルト海とドイツ西部との関係は強まった。やがて、このリューベックを母都市としてその東側にヴィスマルやロストック、シュトラールズントなどの娘都市が建設され、さらにその東にもシュテティン（現シチェチン）やダンツィヒ（現グダニスク）、リーガなどのドイツ系都市が誕生していった。スウェーデンの首都・ストックホ

ルムも、当初はドイツ的な色彩の濃い中世都市であった。

　こうして、バルト海沿岸にドイツ系の港湾都市が連なっていくとともに、ノヴゴロドからリーガ、ダンツィヒ、リューベック、そして北海沿岸のハンブルク、ブルッヘ、ロンドンなどを結ぶ北方ヨーロッパの通商動脈が形成されていった。このうち、リューベックとハンブルクの間の区間は、ユトランド半島の付け根を横切る内陸路で結ばれた。

　さて、母都市リューベックとその近隣の都市は徐々につながりを強めていく。通商路における安全確保などを目的として、13世紀以降リューベックやハンブルク、ロストック、ヴィスマルなどが互いに条約を締結し、都市会議を設けるようになったのである。これが、のちの「ハンザ同盟」の母体となる。

　もともとハンザとは、上述のように、外地での遠隔地商人の組合などを指して用いられていた言葉である。ところが、当初各地を遍歴していた遠隔地商人が定住化し、外交や通商に関する主導権が商人の団体から都市へと移るにつれ、ハンザの呼称はリューベックを中心として協議を重ねる都市群を指して用いられるようになった。かくして、この都市の連合体を指してわれわれは「ハンザ」——わが国ではたいてい「ハンザ同盟」——と呼ぶようになり、14世紀中頃にハンザは商業上の権益の確保とその維持を目的とする団体として頭角を現すようになった。中世後期の北方ヨーロッパでは、このハンザが商業界において圧倒的ともいえる勢力を築き上げることになる。以下、バルト海・北海を舞台としてハンザが築きあげた流通について見ていこう。

　バルト海・北海海域では、通商軸がノヴゴロドからダンツィヒ、リューベック、ブルッヘを経てロンドンへと達し、この東西の動脈から沿岸の港湾都市、さらには内陸の都市へと経路が枝分かれするように延びていた。この通商軸に含まれるノヴゴロドとブルッヘ、ロンドンの三都市にベルゲン（ノルウェー）を加えた四都市にハンザの四大商館が置かれ、取引上の拠点となった。

　内陸の重要なハンザ都市としては、例えば大聖堂で有名な宗教都市でもあるケルンが挙げられる。ハンザ商人はライン川に面したケルンをはじめ、大

市開催都市として知られるフランクフルト（M）などの内陸の商業都市とも取引関係を持った。大陸内部でハンザ商業の影響が及んだ南限としては、ケルンとクラカウ（現クラクフ）を結ぶラインが想定されているが、なかにはブルッヘ出身のフェッキンクーゼン家の商人のように、アルプスを越えて地中海地域に達するハンザ商人も存在した。

　大西洋沿岸に進出するハンザ商人もいた。おもに塩を求めてフランスの大西洋沿岸に進出したハンザ商人は、16世紀になるとその足跡をイベリア半島へと延ばした。ハンザ商人の活動領域はバルト海・北海海域だけでなく、その外部海域や大陸内部にまで及んだのである。

　◎商品と流通経路

　ハンザ商人が扱っていたおもな商品を列挙すれば、毛織物、羊毛、鰊、鱈、塩、皮・毛皮、蜜蠟、木材、穀物、ビール、ワイン、亜麻・麻、銅、鉄などとなる。先に地中海で流通した商品を検討した際にも指摘したように、北方諸海域で流通していた商品は、南方海域（地中海）で流通していた商品よりも、概して「重量安価」であった。ここで奢侈品に該当するのは、毛皮と蜜蠟のほか、せいぜい一部の高品質の毛織物とワインくらいであろう。そのほかにも胡椒をはじめとする香辛料や貴金属細工なども流通していたであろうが、船腹の圧倒的部分を占めたのは、それ以外の安くてかさばる商品であった。

　これら扱いにくい商品を取引の対象としながら、いかに利益を捻出していくか。ハンザ商人をはじめ、北方ヨーロッパの商人や船乗りたちは工夫を施しながら合理性を培い、堅実な取引を続けながらコストの削減と将来的な見通しの確保を可能としていった。コッゲ船やホルク船、フライト船のように船腹が広くて容量が多い船が数多く用いられたことも、輸送の合理化に貢献した。フライト船は、積載規模が大きいにもかかわらず喫水が浅くて済むので、水深が十分でない水域での航海や港への入港が可能であった。重量安価な商品の典型である穀物は、やがて積出港のダンツィヒから目的地のアムステルダムまで、オランダの大型船により途中での積換えなしに輸送されるよ

うになる。

　以下、おもな商品に関して原産地や流通経路と合わせて解説していきたい。

　まず、毛織物は中世から近世にかけての北方ヨーロッパでとりわけ大きな意味を持った国際貿易商品で

コッゲ船（ドイツで発行された都市ハンザ650周年の切手）

あった。一例を挙げれば、1490年代初頭、リューベックからダンツィヒに輸出された商品のなかで、毛織物は価格ベースで全体の70％台に達したことがあった。ハンザの時代、北方ヨーロッパ最大の毛織物生産地はフランドル地方であり、ブルッヘなどからリューベックをはじめ北方ヨーロッパ各地へと送られたほか、イタリア方面へも販路が広がっていた。フランドル産に加えて、やがてはブラバントやイングランド、そしてオランダで生産された毛織物がバルト海へと流通していく。フランドルやブラバントに原料の羊毛をおもに供給していたのはイングランドである。イングランドは、当初羊毛の供給地として「中世の世界経済」にリンクされていたが、15世紀頃から毛織物の生産と輸出を増していき、そのかなりの部分はバルト海へと送られた。

　鰊と鱈は、当時のヨーロッパの人々にとって肉に代わる貴重なタンパク源であった。鰊はスカンディナヴィア半島南端のスコーネ地方周辺で捕獲され、腐りにくくするために大量の塩とともに樽詰めされてから、リューベックなどバルト海沿岸の各港に輸出された。そのため、スコーネ地方は大量の塩の輸入を必要とした。バルト海南岸に輸入された鰊は、さらに内陸部へと輸送されたほか、リューベックからハンブルクを経由して北海方面へも多数の鰊樽が送り出された。ただし、鰊の漁場がバルト海から北海側へと徐々に移動していくことから、やがてバルト海側は鰊を輸出する側から輸入する側へと変化していく。鱈はおもにノルウェー沖の北海で漁獲され、長期の保存に耐

えるよう日干しにされ、水気を抜いたのちに、棒鱈としてベルゲンから大陸沿岸、大陸内部へと輸出された。気候が寒冷なベルゲン周辺では、穀物が貴重な輸入品であった。

　塩は生命の維持に不可欠な商品であるとともに、ハンザ商業圏では鯡の保存手段としても重要であった。バルト海最大の塩の生産地はリューベックよりもやや内陸側の都市リューネブルクにあり、ここで産出された塩がリューベックを経由して、鯡漁場のスコーネをはじめバルト海各地へと輸出された。これらの塩の取引を仕切っていたのはリューベック商人であり、それゆえ彼らは塩の取引に加えて塩が不可欠な鯡の取引においても優位に立つことができた。しかし、14世紀後半頃になると早くも大西洋沿岸の天日塩がバルト海でも普及していくようになり、リューネブルク塩の独占的な供給体制は維持できなくなる。大西洋の塩は、その生産地からバルト海まで航海する船舶の底荷（バラスト）としても利用され、安く調達することができた。やがてはハンザ船に代わってオランダ船が、大量の大西洋産塩をバルト海に輸送していくことになる。

　毛皮と蜜蠟はいずれもロシア、東欧を主な原産地とし、ハンザ商業圏のなかでは数少ない軽量高価な奢侈品であった。これら高額の利益が見込める商品の獲得を目指してドイツ商人は早くからロシアに進出し、ノヴゴロドにハンザの商館が置かれたのであった。テンやビーバーなどの毛皮は、防寒具として実用的な商品であるが、一方ではまた、富や権威を象徴する商品でもあった。蜜蠟は、ミツバチの巣から抽出された蠟で、膏薬の原料や封蠟印、書字板などに用いられたが、最大の用途はやはり蠟燭の原料としてであった。香気を醸す蠟燭の素材として蜜蠟は、王侯貴族、とりわけ教会で強く求められ、ミサの際に蜜蠟製の蠟燭は欠かせなかった。社会の上層で蜜蠟は照明の手段とされたが、一般庶民が明かりの素材としたのは、獣や魚の質の劣る油であった。

　穀物と木材は、安くてかさばる商品の筆頭に置かれる。穀物にはライ麦や小麦、大麦などが含まれ、ライ麦が最も多く流通した。穀物はパンやビール

の原料として大量に流通したと考えられるが、記録が十分に残されておらず、正確な取引規模は不明である。バルト海南岸のドイツ東部（プロイセン）、ポーランドがおもな生産地であり、ダンツィヒやシュテティン、ケーニヒスベルク（現カリーニングラート）などの港から、製粉されたものも含めて低地地方などの経済的先進地域や穀物の育成条件に恵まれないノルウェーなどに輸出された。木材もかさばる商品であり、バルト海南岸に加えてスカンディナヴィア半島がおもな産出地であった。オークやブナ、マツなどが切り出されて筏に組まれ、河川を下って最寄りの港へと集荷されたのちに、建築資材や造船用資材としてフランドルやイングランド方面に向けて船積みされた。

穀物と木材は、バルト海が西欧側に輸出した典型的な一次産品であり、ハンザが衰退して西欧側の発展が顕著となった頃にそれらの流通量は増していった。

ほかの商品については、飲料と鉱産物に簡単に触れるにとどめる。ビールはハンザ都市を代表する手工業製品の一つであった。ブレーメンやハンブルク、ヴィスマルなど、おもなハンザ都市は独自に醸造業を発展させ、市外に向けて製品を輸出し品質を競った。ワインは、おもにライン川流域で醸造されたものがケルンを最大の集散地として北海・バルト海の沿岸各地で流通した。これらのワインは、アルザス・ワイン、モーゼル・ワインを含めてライン・ワインと呼ばれた。そのほかにも、フランス産をはじめスペイン産、ポルトガル産などのワインも流通した。

鉱産物のなかでは鉄と銅の取引が多かった。鉄のおもな生産地はスウェーデンで、リューベックを経由してフランドルやバルト海各地へと送られた。銅はハンガリー（現スロヴァキア領）やハルツ山など、中部ドイツ・中欧の鉱山で採掘・精錬されたものが、おもに低地地方のような経済的先進地域に輸出された。近世になると、大量のスウェーデン産の銅が低地地方に向けて輸出されるようになる。

15世紀に入るとまずはオランダ、次いでイングランドがバルト海に進出するようになり、ハンザは徐々に優位を失っていく。これら西欧諸国の商人

が自国の船で直接バルト海に乗り入れるようになると、バルト海・北海間の商品積換え拠点であるはずのリューベックを通過する商品が増えてしまい、盟主リューベックは経済面での地位低下を余儀なくされてしまう。なかでもオランダは、穀物や原材料の確保のためにバルト海貿易に力を入れていった。結局、貿易の主導権を奪われたハンザは求心力を低下させてしまい、17世紀後半には活動を停止してしまう。ただし、バルト海は西欧にとって重要な食糧・原材料の供給地としての地位を保ち、貿易の主導権をさらにオランダからイギリスへと移しながらその経済的重要性を維持し続けていく。

補論　ハンザ同盟の世界

◎ハンザとはなにか

　上でハンザについて商品流通を中心に触れたが、ここでハンザとは何かということについて、少し掘り下げて見ておきたい。上でも述べたように、ハンザとは中世後期に外地での商業の権益の確保とその維持を目的として、おもにバルト海や北海の沿岸地域に成立したドイツの商人や都市の連合体のことで、ドイツ本国ではドイツ・ハンザ、またわが国ではハンザ同盟と呼ばれる。

　「同盟」という言葉がわが国では用いられているとはいえ、ハンザはこの言葉から連想されるような堅固な組織を成していたわけではない。そもそもハンザは、厳密にいえば「同盟」ではなかった。確かにハンザは、14世紀中頃には都市同盟にも似た結束力のある組織へと成長したが、同盟の結成や解散にまつわる国際条約が締結されたことはなかった。あるとすれば、それはハンザ内部の幾つかの都市がそれぞれに結成した部分的な同盟であり、本来のハンザとは別の物であった。(5) それゆえ、その組織は曖昧模糊としたものであり、つかみどころがなかった。例えば、われわれは、ハンザがいつ成立していつ消滅したか、その時期を確定することはできない。一般に、ハンザの通史では12世紀の都市リューベックの建設から17世紀の最後のハンザ

都市会議（ハンザ総会）までが扱われているので、このおよそ500年間が組織としてのハンザの存続期間であったと見なすことができる。また、ハンザには幾つの都市が属していたのかということに関しても、定説はない。ハンザ総会に都市の代表を派遣していた都市がハンザ都市と見なされるのであるが、総会への出席率がはなはだ悪く、ハンザ都市であるかどうかが確定できない都市が多く存在するからである。

しかし、その雲をつかむような組織であるハンザが、中世後期の一時期に商業を通じて一大勢力を築き上げたという事実は、見逃すことができない。バルト海・北海海域では、ハンザ商人の活動を通じて上で述べたような広域的な商品の流通が実現したのだった。そのハンザの存在が、商業のみならず政治・外交面でも一挙に広く認知されるようになったきっかけとして、1360年代に生じたハンザ・デンマーク戦争が挙げられる。この戦争で北欧の大国デンマークに勝利することにより、ハンザはシュトラールズントでハンザ都市側に有利な和平条約を締結することができた（1370年）。

対デンマーク戦争に勝利したからといって、ハンザに専属の軍事組織があったわけではない。戦時には各都市が兵士や船舶を提供して軍備をまかなった。ハンザ共通の財源がなかったので、戦時には臨時税が徴収されて戦費が確保された。ハンザ後期になり、各都市の経済力に応じて所属都市から分担金が徴収されるようになったが、滞納が目立った。

唯一、組織として目立った機関としては、都市の代表が招集されて案件を協議するハンザ総会があり、必要に応じて随時開催された。とはいえ、先にも述べたように総会への出席率は極めて悪く、一枚岩の組織ではなかったことが、ここからもうかがえる。最も多くの総会が開催されたのが、盟主とされたリューベックであったことはいうまでもない。ハンザは、不定期に開催される総会以外に常設の中央事務局を欠いていたので、ハンザ全体の日常的な事務もリューベックに任されることになっていた。ハンザ都市が分布する地域はバルト海・北海南岸地帯のほか、西側では内陸のニーダーライン、ヴェストファーレン地域、東側ではポーランドの内陸部や北東部の現バルト三国

一帯に及んでいたほか、オランダやスウェーデンにも若干のハンザ都市が分布した。

　◎ハンザの衰退とオランダ
　ハンザは17世紀まで存続したとはいえ、その発展は15世紀には頭打ちとなり、衰退の兆候さえ見られるようになった。政治・外交面から見れば、ハンザは15世紀後半にイングランドとの戦争に勝利する（1474年）など、華々しい成果を挙げていた。しかし商業面から見れば、この頃はオランダやイングランドのバルト海進出が徐々に増え、それに伴いハンザ諸都市間の利害の相違が大きくなる時期に当っていた。
　オランダ商人が自国の船舶で直接バルト海に乗り入れ、海路を経由した北海との行き来を盛んにすれば、バルト海・北海間の陸路の連絡拠点であるリューベックは通過地となり、積換え港としての重要性を失って衰退に至るのは必至である。それゆえ、リューベックは組織を挙げてオランダのバルト海進出を食い止めようとした。しかし、ダンツィヒをはじめとするバルト海東方のハンザ都市は、それに同調しなかった。なぜなら、これらのハンザ都市にとってオランダは、後背地から送られてきた穀物をはじめとする一次産品の積極的な購入者であったからである。
　低湿地ゆえに穀物の生産に不向きな土地が多いオランダは、かねてより穀物が不足しがちであった。加えて、ヨーロッパは15世紀半ばを過ぎて「長い16世紀」といわれる経済や人口の成長の時代を迎え、西欧や南欧などで食糧の不足が懸念されるようになっていた。そこで注目されたのが、ポーランドやプロイセンなどバルト海南岸で生産される豊富な穀物である。ダンツィヒやシュテティンなどバルト海南岸の港湾都市には、後背地から送られてきた穀物が大量に集荷されていた。バルト海に進出してきたオランダ商人は、これらの穀物の買い付けに努め、そこに建築・造船資材である木材も加わった。
　ところで、これら重くてかさばる商品の輸送は大型船で目的地まで積換え

なしで輸送するのが合理的である。輸送コストを抑えるためには、積換えが必要なリューベック・ハンブルクを経由するユトランド半島の内陸路よりも、その必要がない海上路の利用が望ましい。この点でオランダとダン

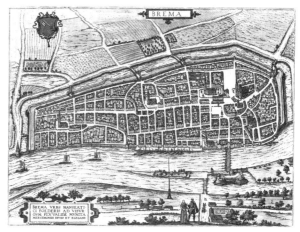

近世初頭のブレーメン

ツィヒの商人の利害は一致した。ダンツィヒなどバルト海南岸のハンザ都市は、自らの利害に抵触することのない限り、リューベックとは異なりオランダのバルト海進出を歓迎したのである。かくして、ダンツィヒとリューベックの経済的な利害は食い違うこととなり、16世紀にはリューベックに代わってダンツィヒがバルト海最大の貿易都市となった。

しかし、ダンツィヒを中心とした穀物貿易の拡大はハンザの繁栄につながらなかった。それどころか、穀物貿易の増大はハンザを衰退へと導く主要因とさえなってしまう。いうまでもなく、穀物貿易の主要な担い手となったのはハンザ商人ではなくオランダ商人だったからであり、穀物需要の増大により彼らのバルト海進出にさらに拍車がかかってしまったからである。

オランダのバルト海進出はハンザ諸都市間に利害の違いを出現させ、内部の対立を際立たせてしまった。盟主リューベックの発展は頭打ちとなり、ハンザが一丸となって組織的な対応を見せることも難しくなった。16世紀の宗教改革、17世紀の三十年戦争の混乱を経て最後のハンザ総会が開かれたのは、1669年のことである。それ以降は、ハンブルクやブレーメンといったハンザ都市で商業や海運が発展したものの、ハンザの意思決定機関ともいえるハンザ総会が開かれなかったため、組織としてのハンザは17世紀に消

滅したと見なされている。

　ただし、1630年にリューベックとハンブルク、それにブレーメンの三都市が拘束力の強い同盟条約を結んでおり、ハンザ消滅後はこれら三都市が、19世紀に至るまで商業のみならず政治・外交面でハンザの名を掲げながら活動を続けた。ハンザ衰退後もドイツの海上貿易を支えたこれらハンザ都市は、「自由ハンザ都市ブレーメン」などのように、現在も正式名称のなかにハンザの言葉を含めている。

注

(1)　イタリアでは15世紀になると内陸部の商業都市としてフィレンツェが台頭し、ルネサンスの舞台として大いに注目されるようになる。フィレンツェも、毛織物や絹織物といった製造業を起爆剤として地中海東方との海上貿易に従事した。なお、その頃フィレンツェで活躍したメディチ家については第2章（2）「商人」で触れている。

(2)　以下ジェノヴァについては、清水廣一郎『中世イタリアの都市と商人』洋泉社、1989年、40—53頁を参照した。

(3)　以下を参照した。石坂ほか『商業史』、22—24、31—33頁、石坂ほか『新版西洋経済史』36—37頁、斉藤寛海「地中海商業」、『歴史学事典1　交換と消費』、542—543頁、伊藤栄『西洋商業史』、89—92頁、ピレンヌ（増田四郎・小松芳喬・高橋幸八郎・高村象平・松田智雄・五島茂訳）『中世ヨーロッパ経済史』一條書店、1956年、171—175頁。

(4)　中世北方ヨーロッパの商人類型に関しては、以下で南北ヨーロッパを対比させながらくわしく解説されている。増田四郎『都市』ちくま学芸文庫、1994年、117-133頁。

(5)　高橋理「ハンザ同盟」、『歴史学事典1 交換と消費』681頁。以下、本書に依拠する。

第11章　ユーラシア・ネットワーク

　ここで、視点をヨーロッパの外側に置いてみたい。ヨーロッパの東側の広大なエリア、ユーラシア大陸とその周辺海域で繰り広げられていた移動や交流をマクロな観点から検討してみようというのが本章の目的である。

(1)　シルクロード

　シルクロードは経済以外の領域にも及ぶ流通の、いわば「歴史形成力」というものを検証するうえで格好とも言えるテーマである。これについては、わが国では既に長澤和俊による一連の優れた著作が刊行されている。以下では、長澤の著作『シルクロード』におもに依拠しながら、そこからの引用も含めてこの世界規模の交易路が歴史のなかで担った役割を、流通という観点から検討してみることにしよう。

　シルクロードとは、古くから「アジアとヨーロッパ、および北アフリカとを結んできた東西交通路の総称である」。さらにこれに南北間の連絡路が加わる。ユーラシア大陸を中心に東西に広く延びるルートであるので、「その領域は広大・複雑であり、幾多の民族がこれに関係した」。

　シルクロードを舞台とした東西間の交流は、はるか昔から生じていたとはいえ、シルクロードという呼び方自体は、19世紀後半にドイツの地理学者であるフェルディナント・フォン・リヒトホーフェンの命名によって広まったとされる。すなわち、彼は自らの主著である『シナ』（China）のなかで、中国とアジア西部とを結ぶ経路が絹貿易を中心に成り立っていたことから、それを「絹の道」（Seidenstrassen：ザイデンシュトラーセン）と命名し、それが

英訳されて「シルクロード」という呼び名が広まった。さらに20世紀になると、これもドイツの地理学者であるアルベルト・ヘルマンによりシルクロードに該当する地域が西へと広げられ、絹が流通したシリア周辺を含めて考えられるようになった。実際、その後シリアのパルミラの遺跡群から中国の錦(にしき)(色鮮やかな絹織物)が数多く発見された。「まさしくシルクロードは、東は中国から西方は地中海東岸に達していたことが確認されたのである」。

◎3つの幹線群

現在では、東西交渉史の研究の進展により、シルクロードに含まれる地域はさらに拡大している。長澤和俊によれば、シルクロードは三つの幹線群に分けてみることができるという。

一つは、北方ユーラシアのステップ地帯を北緯50度付近で東西に横断するルートでステップ路と呼ばれる。おもに遊牧民が利用した経路である。

二つ目は、中央アジアのオアシス群をほぼ北緯40度付近で東西に結ぶルートでオアシス路と呼ばれる。一般に、シルクロードという言葉で想起されるのはこのオアシス路である。経路全体が砂漠に含まれるとはいえ、オアシスに沿ってルートが設定されているので、水のない砂漠を横断するような困難はない。ソグド人やペルシア人、ウイグル人など、さまざまな中央アジアの人々がこの経路を利用した。

三つ目は、紅海またはペルシア湾からインド、東南アジアを経て華南地方に達するルートで南海路と呼ばれる。この海上の道は、近年「海のシルクロード」と呼ばれ、水中考古学などの発達により、その利用の実態や経路の解明などが進んでいる。世界規模の東西交易路として、かねてより東南アジアの人々やペルシア人、アラブ人など、さらに近世以降はヨーロッパの人々にも利用された物流や人の移動の動脈である。

以上の三つが主要な経路をなすが、「その実態はきわめて複雑である。幾筋かの幹線と数多くの支線を持ち、それぞれの道の利用も時代の流れとともに多様であった」と長澤は述べる。通行が妨害されれば幾つもの迂回路を利

用し、各地で張り巡らされていた南北間の経路も利用されたからである。

◎シルクロードの重要性

では、このような交易路から成り立つシルクロードはなぜ重要といえるのか。その理由として長澤は三つの要因を挙げている。

1. シルクロードはユーラシア大陸の動脈であり、商業の道という意味をはるかに超えて、いわゆる世界史展開の主軸であった：ユーラシア大陸は、モンゴリアやチベット、トルキスタン、アフガニスタン、イラン、トルコなどの広大な地域から成り立っているが、シルクロードはこれらの地域を相互に結びつけ関連させる動脈として機能した。世界史上に名を残した多くの偉人たち、例えば、ダレイオス大王やアレクサンドロス大王、漢の武帝、チンギス・ハンとその子孫、イスラームの諸カリフ、チムールなどが、シルクロードの影響圏で次々と重要な出来事を引き起こし、ユーラシアの歴史を大きく動かした。
2. シルクロードは世界の主要な文化を育んだ母胎であった：シルクロードの両端では幾多もの古代文明が花開き、その後世界文明へと継承された。すなわち、メソポタミア、エジプト、インダス、黄河などの各文明である。また宗教に関しても、キリスト教や仏教、イスラーム教といった世界宗教をはじめ、ゾロアスター教、ミトラス教など、世界史的に見て重要な宗教がシルクロードに沿って誕生した。
3. シルクロードは東西文化の架け橋であった：シルクロードに沿って各地で生まれた文化は隊商（キャラバン）などによる人の移動により東西南北各地に伝播し、変容を見せながら各地の文化に影響を与えていった。「シルクロードが人類史上もっとも重要視されているのはこの点であり、この道が多くの人に注目されているのは、これが東西文化交流の架橋であったためである」と長澤和俊は強調する。

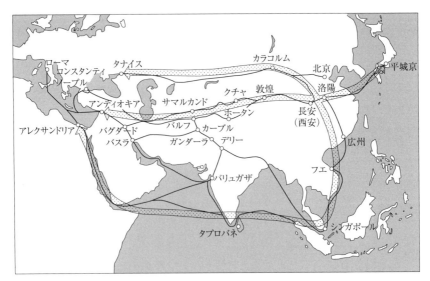
シルクロードの3つの幹線

　上でシルクロードの三つの幹線を挙げたが、このなかで最も重要だったのは二番目のオアシス路であり、狭義のシルクロードとして取り上げられるのは、一般的にはこのルートである。シルクロードの中心的な役割は交易にあった。「文化交流や宗教の伝来は、交易に付随して起こった」。第1章「流通史の射程」で述べたように、「商業・流通の道は文化の道」だったのである。この長大な交易路を舞台として幾多の商人や旅人がユーラシア大陸を行き来した。ただし、商人であれば一つの隊商が経路の全区間を移動したのではなく、各隊商の移動の範囲はたいてい同一言語の範囲内であった。幾つかの中継地を経由して、絹をはじめとする宝石や金属器などの「軽量高価」な商品が流通した。

　例えば、7、8世紀の国際都市、唐の長安ではソグド人の隊商が敦煌を経てペルシア産の宝石や香料、金銀細工、象牙細工、織物、薬種などを輸入していた。盛唐期の長安ではペルシアの文物が流行しており、ファッションや音楽、舞踊にペルシア好みが見られ、酒場では胡酒（ぶどう酒）を飲むことができたという。ほかにもこの頃は、西方から絨緞やガラス器、楽器なども

もたらされた（長澤和俊『シルクロード』271頁）。こうした例から見られるように、シルクロードでは美術品にも相当する鑑賞に値する品々が流通し、また後世になり出土している。すなわち、玉（翡翠）の各種製品、漢錦、ローマン・グラスなどのガラス器、銀器、中国やイスラームの陶磁、ペルシアの絨毯、ガンダーラ美術にまつわる品々などである。

なお、商品流通の観点から付言しておけば、近年沈没船からの引き上げ貨物などの研究が進み、海のシルクロードに対する関心が高まってきた。船の輸送規模は思いのほか大きい。香辛料・香料や陶磁器など重要な商品が大量に流通した海のシルクロードの経済史的な重要性は、今後さらに強調されていくのではないかと思われる。

シルクロードはまた、歴史上大きな足跡を残した旅人が利用した道でもあった。張騫や法顕、玄奘、悟空、ルブルク、オドリコ、マルコ・ポーロ、イブン・バトゥータなど、シルクロードとともに記録されている旅行者の数は多いが、以下ではヨーロッパの商人としてシルクロードに関する見聞を残したマルコ・ポーロの足跡をたどってみたい。

(2) マルコ・ポーロの足跡

マルコ・ポーロ（1254—1324）は、商人の息子として中世のヴェネツィアに生まれた。1271年、17歳のときに彼は父のニコロと叔父のマッフェオとともに中国へと旅立った。ニコロとマッフェオにとって、これは二度目の中国旅行である。かつて二人は旅行の途中、フビライ・ハンの使節と出会い、ともに上都（ハンバリク）に赴いたことがあった。その際、キリスト教に関心を抱いたフビライから宣教師の派遣を依頼されており、その復命のために再度の中国旅行に乗り出したのである。この依頼は教皇の選挙が遅れていたこともあり、果たせなかったとはいえ、途中アッコ（アークル）で新教皇に謁見することに成功し、少なくとも教皇からの信任状と書簡を得ることができた。

◎マルコの経験

　マルコの見聞から一行が通過した地点やルートを確定することは難しいが、彼らは途中エルサレムに立ち寄るとともに、アララート山（ノアの箱船の山）の近くやバグダートなどを経由して、ペルシア湾入り口のホルムズに達したと考えられる。ホルムズから先、マルコの一行は当初船を利用して海路中国へと渡ることにしていたらしい。しかし、インド洋を航海する船の安全性に不安を覚えた彼らは、結局は陸路中央アジアの砂漠地帯を経由してフビライのもとに行くことにしたという。すなわち、ホルムズからキルマン、バルク、カシュガル、ホータン、ロプなどの都市やオアシスを経て1274年ころに上都に達したと思われる。

　ポーロ家の一行は宮殿でフビライに謁見するとともに、フビライも彼らのこれまでの苦労をねぎらったという。同時にマルコの臣下への登用も決まった。かくして、マルコはモンゴルにとどまることになり、結局、この後17年近くを元の王朝で過ごすことになる。元に滞在中のマルコはフビライの特使として各地を視察してまわり、長安や成都を経て雲南省の奥地にまで足を伸ばしたこともあった。マルコの報告はきわめて詳細で興味深い情報にあふれており、フビライを喜ばせたという（佐口透『マルコ＝ポーロ』73頁）。

　マルコたち一行がフビライのもとを発ったのは、1279年か80年頃、やはりフビライ自身の指示による。同族のイル汗国にフビライの王女コカチンを無事送り届けるようポーロ家の一行に指示が出されたのであった。中央アジアでの混乱を避けるために帰途彼らが利用したルートは海路（海のシルクロード）である。杭州を経て泉州（ザイトン）に達した一行は、ここからジャンク船に乗り込み、途中チャンパやスマトラ島、セイロン島、インド西海岸地域を経て1293年頃にホルムズに到着、さらに陸路キルマンを経てタブリーズに達し、イル汗国に王女を送り届けるという任務を無事に果たすことができた。1295年頃、マルコら三人はようやくヴェネツィアへの帰還を果たした。出発してからおよそ25年が経過していた。

帰国後のマルコは、東洋での見聞を語り伝えていった。一時はほら吹き扱いされたこともあったとはいえ、やがて地元の名士として受け入れられていったという。しかし、1298年にヴェネツィアがライバル都市のジェノヴァと交えた海戦の際、軍船に乗り込んでいたマルコはジェノヴァ側の捕虜として捕まってしまい、獄中に幽閉される身となった。ところが、たまたま同じ牢獄にピサの物語作家ルスティケロが閉じ込められていた。マルコは父から東方旅行の際に書きためたメモを取り寄せ、それをもとに口述した内容をルスティケロが記録し、こうして後世『東方見聞録』（世界の記述）の名で知られる見聞録の祖本が誕生することとなった。

◎見聞の内容
　『東方見聞録』の記述内容からは、マルコが商人の息子であるということがわかる。すなわち、旅行者による異国の風俗や奇談の記録という範囲を超えて、見聞した「各地の産物、物価、市況、通貨など」に強い関心が寄せられているのである。さらに、「産物の中でも特に黄金、白金、宝石、真珠、香料、香木、絹織物」などの奢侈品が頻繁に登場するのは、ポーロ家の人々が奢侈品の取引によって特徴づけられる地中海商業に従事するイタリア商人であるからであろう。それらの記録は、彼らの事業とも関連するのでかなり正確であったと考えられる（愛宕松男訳注『東方見聞録』1、337—352頁）。
　さらにマルコは、広大な元の帝国を支える流通制度についても注目している。その一つに駅伝制度がある。首都の大都からは、各地に向けて公道が伸びるとともに、主要幹線上にはほぼ同じ間隔で宿駅が設けられ、馬の付替え施設と宿舎が完備されていた。各駅にはジャムチと呼ばれる管理人が置かれ、公的な使節の利用のために労力を提供していた。このような施設が整っていたので遠近さまざまな通商活動が促されるとともに政治、軍事面でも駅伝制度は大きな意味を持った。とりわけ、至急を要する情報や文書の伝達の際に、この制度は最大の威力を発揮した。
　通貨制度についての記述も残されている。マルコはフビライの下での紙幣

の流通に注目していた。元の王朝では1260年に「交鈔」という紙幣が発行され、厳格な管理体制のもと、それが王朝内で広く流通していたというのである。紙幣には9種類あり、いずれの紙幣にもハンの印璽が施されていたという。紙幣には金属通貨が持つ貨幣素材自体の価値がないので、よほどの信用や強制力がない限り、人々は受け取ろうとしない。それだけフビライの貨幣に対する管理が厳格で行き届いていたということが、マルコの記述からも見て取ることができる（佐口透『マルコ＝ポーロ』87―91頁）。

　最後にマルコ自身が日本に関してどのような記述を残しているか、金に関する部分を以下に引用してみたい。『東方見聞録』の日本（ジパング：チパング）に関する記述は、コロンブスの大航海に大きな刺激を与えたと言われるように、後の世界史の展開に少なからぬ影響を与えたと考えられるからである。

　　チパング〔日本国〕は、東のかた、大陸から千五百マイルの大洋中にある、とても大きな島である。住民は皮膚の色が白く礼節の正しい優雅な偶像教徒であって、独立国をなし、自己の国王をいただいている。この国ではいたる所に黄金が見つかるものだから、国人は誰でも莫大な黄金を所有している。この国へは大陸から誰も行った者がない。商人でさえ訪れないから、豊富なこの黄金はかつて一度も国外に持ち出されなかった。……この国王の一大宮殿は、それこそ純金ずくめで出来ている……。我々ヨーロッパ人が家屋や教会堂の屋根を鉛板でふくように、この宮殿の屋根はすべて純金でふかれている。……宮殿内に数ある各部屋の床も、全部が指二本幅の厚さをもつ純金で敷きつめられている。このほか広間といわず窓といわず、いっさいがすべて黄金造りである（『東方見聞録』2、130頁）。

　このあと真珠の豊富さに言及してマルコの日本に関する記述は終わる。マルコ自身は日本にまで足を伸ばしてはいないので、以上は伝聞の成果をまとめたものと見てよいであろう。

(3) ユーラシア・ネットワーク

　ユーラシア大陸とその周辺海域には、ヨーロッパに成立した「中世の世界経済」やシルクロードのネットワーク以外にも、幾つかの交易圏やネットワークが成り立っていたことが指摘されている。一例として、まずマルコ・ポーロが活躍した時代をさかのぼること約500年、イスラーム世界に成立したアッバース朝のネットワークを取り上げてみよう。

◎アッバース朝のネットワーク
　イスラーム帝国の一つとして成立したアッバース朝（750—1258年）は商業を重視した大帝国であり、それゆえに商品の流通や商人の移動の舞台となる交易路のネットワークは国家繁栄の基盤であった。その意味で、アッバース朝の帝国は砂漠や海洋の交易路に依拠した、いわばネットワーク帝国として位置づけることができる。後にシルクロードを舞台に誕生する元の王朝（モンゴル帝国）も、同じくネットワーク帝国と見なすことができる。
　西アジア一帯は乾燥地帯が広がり、天産品の確保が難しいので遠方の特産品を広く流通させる必要があった。また、イスラーム世界では都市が発展し、都市的、商業的な性格の強い文化が広まっていた。そもそも、イスラーム教自体が商人の価値観のもとに成り立った都市的性格が強い宗教であったといえる。こうして、アッバース朝では首都のバグダードを中心として交易のためのネットワークが形成された。
　そのネットワークは、帝国の内部各地を結ぶだけでなく、その外側の世界をも帝国に結びつけるものであった。宮崎正勝は、アッバース朝のネットワークの骨格部分をなす重要なルートとして、バグダードを基点とする四本の幹線道の存在を指摘している（宮崎正勝『イスラム・ネットワーク』71—77頁）。

　1．バスラ道：南東バスラへと延び、そこから南西へと進路を変えて

聖地メッカに至る道。
2．**ホラーサン道**：東方ホラーサンへと延び、そこからさらに、北東のブハラ、サマルカンド、シャシュ（現タシュケント）方面へと至る道。
3．**クーファ道**：バグダートの南西クーファを経由してメディナ、メッカへと至る道。
4．**シリア道**：西方ダマスクスへと延びる道。

　このような幹線道から枝道が分岐・合流することにより、複雑なネットワークが成り立っていた。国境などの境界で税を支払えば、商人は国境をそれほど意識することなく、アッバース朝の支配領域を越えて取引活動を営むことができたのである。
　その一例として、西方ヨーロッパとのつながりを見てみよう。上記シリア道は、シリアの中心都市ダマスクスからさらにエジプトのアレクサンドリアを経て地中海に沿ってアフリカ北岸に延び、地中海世界とイスラーム世界を結びつける役割を担った。このルートの構築に際しては、イスラームの軍勢によるイベリア半島に向けた勢力拡大、地中海への進出があった。7世紀から8世紀にかけて実現されたこの「大征服運動」の後に、イスラーム（ムスリム）商人による一大商業ネットワークが形成されることになる。
　われわれは先に中世ヨーロッパ世界の誕生を論じた際に、ピレンヌの「ヨーロッパ世界誕生論」（いわゆる「ピレンヌ・テーゼ」）について言及したが、その際に指摘したイスラーム商人の地中海進出が、ここで言う「大征服運動」に該当する。イスラーム系商人の地中海進出により、ヨーロッパは東方ローマ世界（コンスタンティノープル）から切り離されて経済的に衰退し、自生的成長を余儀なくされたというのが、そのおもな内容であった。しかし、視点をヨーロッパの外側に置くのであれば、ヨーロッパ世界はアッバース朝のネットワークにリンクされることにより、ユーラシア規模の広域的な経済に組み込まれ、活力を与えられたと見ることもできる。西へと延びた交易網は地中海のシチリア島をはじめ、その沿岸のビザンツ（東ローマ）帝国や西欧

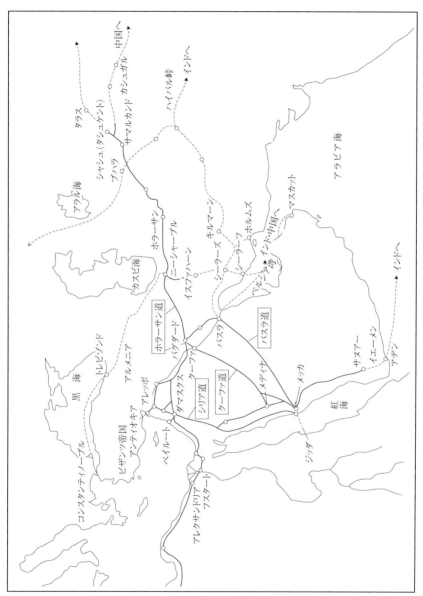

アッバース朝の主要経路

第11章 ユーラシア・ネットワーク──153

世界、北アフリカ沿岸やイベリア半島にまで達し、東側のアッバース朝の帝国内のルートへと接続するようになったのである（宮崎正勝『イスラム・ネットワーク』118―150頁）。

◎そのほかのネットワーク

　そのほかのネットワークも挙げてみよう。例えば、アブー・ルゴドは先に述べたウォーラーステインとはまた別の観点から世界システムに光を当て、「長い16世紀」をさかのぼる13世紀には、すでに世界システムが誕生していたと想定する。すなわち、ヨーロッパから中国に広がる旧世界には、八つのサブシステムからなる一つの大規模な世界システムが存在し、当時すでにユーラシア規模で国際商業が展開していたとされるのである。

　海域世界に目を転じれば、チョウドリーがイスラーム世界の興隆期から18世紀中頃に至るまでの航海、交易史の研究を基に、インド洋海域世界の文明が幾つかの地域から成り立つとともに一体的でもあったと述べている。ここで描き出されているインド洋世界は、上で取り上げたアッバース朝のネットワークの東側に接続する領域である。ヨーロッパ世界を中心とする世界経済が誕生する以前に、南シナ海から地中海に至る海域世界で海の道が互いに結びついていたのである。わが国の家島彦一も、イスラーム商人によるインド洋を舞台としたネットワークに注目する。イスラーム商人のダウ船による交易を通じて、インド洋ではヨーロッパの勃興以前に中国、東南アジアからアラビア半島、東アフリカまでを包摂する海域ネットワークが形成され、変化を遂げていったとされるのである（家島彦一『海が創る文明』。同「インド洋貿易」『歴史学事典　交換と消費』37―44頁）。さらに、インド洋に接続する東南アジア海域に関しては、リードが商人や船舶の移動による活発な交流をもとに、オランダ進出以前のこの海域の多様性と一体性を描き出している。チョウドリーやリードの海域世界に関する研究からは、ブローデルの『地中海』からの影響を見て取ることができる（アンソニー・リード『大航海時代のアジア』Ⅰ、Ⅱ）。

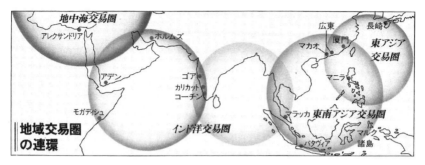

アジア海域の地域交易圏の連環

　一方、東アジアでは明・清時代の中国がその圧倒的な勢力を背景に周辺諸国と朝貢関係を取り結び、華夷秩序に依拠しながら周辺諸国との間で商品を交換しあう関係が生じていた。この「朝貢貿易」に注目する濱下武志によれば、東アジアでは中国を中心とした多角的な貿易関係が形成され、中国が海禁政策を採用していた際にも朝貢貿易をバネにして、民間レベルでも貿易活動が促されていたとされる。とりわけ東シナ海、南シナ海沿岸では、取引規模の拡大に伴い幾多もの商業都市の誕生や発展が見られ、諸商品の流通ネットワークが形成されていった。貿易の決済ではおもに銀が用いられ、強大な経済力を誇る中国には、生糸や絹織物、陶磁器の輸出の対価として大量の銀が流れ込んでいたのである（濱下武志「朝貢貿易」『歴史学事典　交換と消費』555―561頁）。

　近世以前のユーラシア世界には、以上で取り上げたようなネットワークや交易圏が存在したと考えられている。ユーラシア規模で歴史を見るのであれば、そのなかでヨーロッパが占めた割合は決して大きなものではなく、中世の「ヨーロッパ世界経済」も、多々ある広域的流通圏の一つという位置しか与えられない。
　しかし、大航海時代の到来を契機としてヨーロッパには新たな変化が生じる。ヨーロッパを中心とした新たな世界経済（ヨーロッパ世界経済）が誕生し、資本主義経済が徐々に芽生えていくのである。ヨーロッパ諸勢力の海外進出

17世紀の中国船

とともに誕生した世界経済は、むろん最初は小さなものでしかなく、当初アジアはその圏外に置かれていたと言ってよい。しかし19世紀になれば、ヨーロッパを中心とした世界経済はインド、中国をも包摂して文字通り世界規模の経済となる。以下、章を改め、現在のグローバリゼーションの源流とも言うべき大航海時代と、その後の時代の商業・流通について見ていくことにしよう。

注

(1) 佐口透『マルコ＝ポーロ——東西を結んだ歴史の証人』清水書院、1984年、63頁。マルコ・ポーロの足跡に関しては以下も参照した。長澤和俊『シルクロード』講談社学術文庫、1993年、355—358頁。マルコ・ポーロ（愛宕松男訳注）『東方見聞録』1、平凡社東洋文庫、1970年、解説、337—352頁。

第 12 章　世界市場の誕生

(1)　大航海時代の到来

　長期の発展を経験した後のヨーロッパ経済は、14世紀後半から15世紀にかけて収縮の時代を迎えた。この不振をもたらした最大の要因として挙げられるのは、黒死病（ペストの一種）の蔓延である。東方からもたらされ、またたく間にヨーロッパ一円に広まった黒死病は、人口の激減を通じて経済活動に大きなダメージを与えた（封建制の危機）。

　その後、およそ1450年から1650年にかけての時代は、ヨーロッパにとっての変革期に相当する。経済面で大きな発展を見せたこの200年は、ブローデルに従って、「ヨーロッパが栄光に輝く時代」であったと述べることができる（フェルナン・ブローデル『ブローデル歴史集成Ⅱ』381—382頁）。経済のなかでもとりわけ大きな変化を見せた部門が商業・流通部門であった。

　東インド（アジア）や新大陸（アメリカ）といったこれまでにない遠方との貿易が頻繁に行われるようになったこの時代、商業は質・量ともに大きな変化を見せた。それゆえ、「商業革命」という言葉でその変化の大きさを表現することもある。大航海時代を迎えたヨーロッパは、自らを中心とするグローバルな経済（ヨーロッパ世界経済）を誕生させ、「世界市場」を形成していく。やがてそれは文字通り地球全体を覆うグローバルな市場へと発展していくのである。

　なお、「大航海時代」と並んでよく用いられる用語として「地理上の発見」の時代という表現があるが、これは発見する側のヨーロッパを中心とする表

現である。それゆえ、この表現を用いる際にはこの点を意識化する必要があるだろう。

　大航海時代到来の背景を簡単に探っておこう。大航海時代とは、ヨーロッパがアジア貿易のための新たな経路を確保する過程で出現した時代である。新大陸貿易も、端緒となったのはコロンブスによるアジアに向けた新航路発見のための大航海であった。

　新時代出現のきっかけとなったのは、トルコ系オスマン帝国の西方に向けた進出である。東ローマ帝国さえも滅亡（1453年）に導いた新たなイスラーム勢力の領土拡大は、地中海北東海域でアジア貿易など手広く商業活動を営んできたジェノヴァ商人にとって大きな打撃であった。かねてより、ジェノヴァ商人は地中海の西半分の海域を自らの商圏としていたが、この後、地中海西部に向けた彼らの進出はますます盛んになり、イベリア半島沿岸の港湾都市に移住するジェノヴァ商人も増えていった。

　オスマン勢力の拡大による地中海東部の混乱は、これまでこの地を経由していたヨーロッパ・アジア間貿易の展開を難しくした。結局は、後で述べるように喜望峰を経由する航路がアジア貿易の経路となるが、この東インドならびに新大陸に向けた航路が形成される過程で貿易の窓口となったのは、まずはイベリア半島、やがては北海沿岸といった大西洋沿岸の港湾都市である。かくして、ヨーロッパでは大陸北西部の経済的な比重が高まっていくのであり、大航海時代の到来は、旧来のアジア貿易の舞台であった地中海から西欧地域へとヨーロッパ経済の比重を移動させていったのである。

　大航海時代を出現させた人々の動機についても述べておこう。そこに経済的な動機があったことは間違いない。南欧を中心とした商人たちは、イスラーム商人のネットワークを経由せずとも香辛料や香料の入手が可能な新たなルートの開拓を目指していた。14世紀中頃に黒死病の大流行を経験した後のヨーロッパでは、香辛料や香料の薬剤としての用途が注目され、商品としての価値を高めていた。むろん、金や銀の獲得といった動機も大きかった。

　もう一つ挙げておくべきは、宗教的な動機である。オスマン勢力の拡大に

直面していたヨーロッパでは、いつの頃からか、プレスター・ジョンという架空の王が人々の耳目を集めるようになり、アジアにあるという彼のキリスト教王国を発見してともに手を携えてイスラーム教徒に立ち向かおうという期待が高まっていた。一時はエチオピアにあったキリスト教国（コプト派）やモンゴル帝国さえ、彼の王国と想定されたことがあった。むろん、キリスト教を広めることにより、野蛮の地を文明化しようと積極的に海外に赴いた人々も、聖職者を中心に数多く存在した。

次に東インドとアメリカ双方に向けたヨーロッパの進出を個別に見ていきたい。

◆1　東インド

東インドに向けた航路の開拓で主導権を握ったのは、ポルトガルである。国土の陸地部分をスペインに取り囲まれていたポルトガルでは、人々が早くから海へ乗り出し、西アフリカ沿岸や大西洋の島々への航海を経験し、漁業にも力を入れていた。小国のポルトガルが一時期大航海時代を牽引する海洋国家にまで成長したのは、王子エンリケの貢献に帰される部分が大きい。国王ジョアン一世の王子エンリケ（1393—1460年）は航海王子ともいわれ、探検家や航海者のパトロンとして探検・航海事業を奨励した。彼は国土南端のサグレス岬に研究機関を設け、船舶の設計や航海技術、地図の作成や探検、天文学など海事にまつわる事柄を広く研究する体制を整えた。

エンリケ自身はインド到達という快挙を耳にすることなく生涯を終えてしまったとはいえ、航海に関する知識の増大と技術の向上は、ポルトガルがアフリカ西岸など大西洋で勢力を拡大していくうえで大きな寄与となった。アフリカではギニア湾のエルミナに要塞拠点を設け、湾一帯で毛織物や銅などを対価として砂金や象牙、奴隷の確保に力を入れた。それゆえ、ギニア湾沿岸に象牙海岸や黄金海岸、奴隷海岸と呼ばれる地名がやがて生まれることになる。ポルトガルからは、喜望峰を越えてアフリカ東岸へと足を踏み入れたバルトロメウ・ディアス（1488年）やインドのカリカットに到着したヴァスコ・

ダ・ガマ（1498年）といった航海者が輩出されるが、ポルトガル人のアフリカ南端に向けた探索はそれ以前から続けられていた。1519年から22年にかけて、スペイン艦隊を率いて世界周航を成し遂げたマゼラン（彼自身は1521年にフィリピンで戦死）もポルトガル人である。

さて、ガマの航海では多くの乗組員の命が奪われ、現地の人々との摩擦も伴ったため、決して成功したといえるものではなかったが、彼が持ち帰った香辛料やインドに関する情報は、ポルトガルのインド・アジアに対する経済的な関心を大いに高める結果となった。

かくして、ポルトガルの東インドに向けた進出が始まった。同国は香辛料・香料貿易を王室の独占事業とするために1503年にインド庁という役所を立ち上げ、東インド進出の拠点とするためにゴア、マラッカ、ホルムズを占領して植民地とした。さらに、インドからスマトラ島、ジャワ島、モルッカ諸島（マルク諸島：香料諸島）一帯に要塞や商館を設け、マカオを経て日本に至るルートも開拓していった。通商網の構築を進めながらポルトガルは現地商人の締め出しを図り、税を納める者のみに貿易への参加を認めた（石坂ほか『商業史』71頁。）。

東インドからの輸入品の筆頭に位置したのは、いうまでもなく香辛料・香料である。胡椒はインド・マラバール海岸を原産地とし、かつてはおもに薬種として流通していたが、地中海、西アジアから進出してきた商人により食材としての利用方法が見出されるようになったという。肉桂（シナモン）もマラバール海岸が原産地であるが、セイロン島でも栽培され、輸出されるようになった。丁子（クローブ）はモルッカ諸島を、またニクズクは同諸島近くのバンダ諸島を原産地とし、ほぼ17世紀まで生産地はこの二つの島嶼地域に限られていたという。なお、ニクズクはその種子がナツメグとして、また種皮がメースとして流通した（生田滋「香料貿易」『歴史学事典　交換と消費』252―256頁）。

これら香辛料・香料の調達には、何よりも銀が必要とされ、16世紀後半以降は新大陸産の銀が東インドでも流通するようになった。また、この頃の

アジアでは石見銀山の銀などわが国の銀も、マカオを拠点とするポルトガルのアジア域内貿易などで流通した。

ポルトガルからインドへは、アフォンソ・デ・アルブケルケのように武力で香辛料・香料貿易を支配しようとした好戦的な総督（在職1506—15年）が送り込まれたこともあった。しかし、結局ポルトガルはこれらの貿易の独占には失敗した。人口規模が小さいわれわれに、インド洋から東南アジアにかけての広大な海域を支配するに足る人員を確保することは無理であろう、そのように見込んだポルトガルは、戦略的に見て重要な港や要塞を支配して海上ルートを確保し、商業上の権益を掌握しようと試みた。しかし、もくろみ通りにことが進んだとは言えなかった。なぜなら、地中海に向う旧来の流通は16世紀初頭に一時遮断されただけで、紅海から地中海を経てヴェネツィアへ向う伝統的な香辛料・香料の流通は、16世紀いっぱいは維持されたからである。

ポルトガルはまた、ヨーロッパ内でも競争相手に直面することになった。17世紀初頭に相次いで東インド会社を打ち立てたオランダとイギリスがアジアに進出してきたからである。まずはオランダが東南アジアで勢力を拡大し、香料諸島を中心とする香辛料・香料貿易を事実上独占していくと、やや遅れてイギリス（イングランド）がインドに進出し、ボンベイやカルカッタなどに交易拠点を建設して綿織物（キャラコ）を中心に貿易を拡大していった。ポルトガルは、インドではゴア、中国ではマカオといった植民都市を維持することができたとはいえ、かつてのような活力は失われていった。

◆2　新大陸

大航海時代のもう一方の立役者は、かのコロンブスの艦隊を新大陸に送り込んだスペインである。ただしコロンブス自身は通説によればジェノヴァ人であり、ポルトガルの女性を妻としていた。大西洋を西に進めばアジアに到達できるのではないかとの見通しを抱いていたコロンブスが、当初資金の援助を要請したのはポルトガルの王室であった。しかし、この要請をポルト

先住民とコロンブス

ガル王ジョアン二世は断った。

改めてコロンブスが資金援助を求めた先がスペインである。スペイン王室からもすぐには色よい返事がもらえなかったとはいえ、1492年にスペインがイスラーム教徒（ムーア人）のグラナダ王国との戦争に勝利したことを契機として、コロンブスは女王イザベラから支援を獲得することに成功した。さっそく同年、パロス港を出港したコロンブスは、年内に西インドのサン・サルバドル島に上陸することができた。コロンブスに始まる西インド諸島や新大陸との航海が繰り返されるにつれ、スペイン本国には現地で略奪された金をはじめアメリカの物産が次々に送り込まれるようになった。この間、スペインとポルトガルは、非キリスト教世界を両国で二分して支配するために交渉を重ね、1494年にトルデシリャス条約を結び、南米大陸のブラジル寄りを南北に走る境界線を定め、その西側をスペイン領、東側をポルトガル領とした。

新大陸では、エルナン・コルテスがアステカ帝国（メキシコ）を、またフランシスコ・ピサロがインカ帝国（ペルー）を征服し、スペインの植民地へと転換していった。このように広大な土地を征服して植民地とし、定住を推し進めるスペインの勢力拡大方法は、交易拠点と海上ルート（点と線）を重視するポルトガルのそれとは異なった。新大陸貿易はおもにカスティーリアを中心に営まれ、セビーリャ港が貿易の窓口となった。スペインの支配が強まるにつれ、新大陸からヨーロッパに向けて人々の生活に大きな影響を及ぼす商品が流通するようになった。ココア（カカオ）やタバコといった嗜好品や、インディゴ（藍色の染料）やコチニール（カイガラムシから採取される赤色染料）

などの染料、それにキナの木の皮から採取されるマラリアの特効薬であるキニーネを、ここでは挙げるにとどめる（第2章（1）「商品」参照）。

　しかし、筆頭に置かれる最重要商品はやはり銀であろう。1545年にポトシ（現ボリビア）で銀山が発見されるとメキシコで採掘された銀も加わり、スペイン本国に向けた銀輸出が急増した。鉱山では地元のインディオに加えてアフリカから連行された黒人奴隷が酷使され、多くの人命が失われた。銀の生産量は、ポトシ銀山だけでも16世紀末には年間30万キログラムに達し、ヨーロッパに向けた輸出も多いときには年間20万キログラムに及んだ。強制労働に由来するこれら安い銀の大量流通は、ドイツの既存の銀鉱山を衰退に導いた。

　新大陸産銀のヨーロッパに向けた輸出が増えたのとほぼ同じ16世紀に、ヨーロッパはこれまでにない物価の上昇を経験した。価格革命として知られるこの物価騰貴は、一般的には貨幣素材である新大陸産銀の大量流入と関連づけて理解されることが多いが、16世紀が景気の拡大局面にあったということも考慮されるべきであろう。16世紀は長期的に見て経済の発展期だったのであり、各種商品に対する需要の増大が供給不足を招いて物価が上昇したという要因も無視できないからである。

（2）　スペイン帝国の盛衰

◎経済発展のための契機

　中南米で広大な領土が獲得されたことは、新たな市場の創出を意味する。かくして、スペイン本国から新大陸に向けて、現地の征服者（コンキスタドーレス）が消費する穀物やワイン、オリーブ油などの食料品、毛織物や絹織物、麻織物などの衣料品、日用品や農機具、武器などが輸出され、スペインには手工業が大きく発展する可能性が与えられた。

　一方新大陸では、銀の採掘が強制労働を通じて推し進められた。収奪された大量の銀が、毎年大量にセビーリャ港に輸入され、国内には貨幣素材とな

る銀が満ちあふれるようになった。また、コチニールやインディゴといった貴重な染料の輸入により、それらの活用でスペイン産の毛織物に高評価が下される可能性も与えられた。ともあれ、新大陸進出後のスペインには経済発展のための諸契機が生じたのである。

　1519年、ハプスブルク家出身のスペイン国王カルロス一世は、皇帝カール五世として神聖ローマ帝国の帝位を継承することとなった。これによりカール五世のもと、スペインの領土はドイツやオーストリア、ネーデルラントなどに広がり、スペイン帝国が誕生した。1580年にはポルトガルがスペインに併合されてイベリア半島全域がスペイン領となり、アジアのポルトガル植民地もスペインの配下に置かれた。

　メキシコのアカプルコを拠点とする太平洋貿易も始まった。ガレオン船によるこの対アジア貿易の中継拠点となったのは、ルソン島のマニラである。やがてこの島を含む周辺の島嶼地域は、皇太子フェリペ（後の国王フェリペ二世）の名前をとり、フィリピンと呼ばれるようになる。こうしてスペインの領土は世界各地へと広がり、16世紀の同国は、文字どおり「太陽の没することのない」大帝国となったのである。

　銀の流入を背景に、巨大な財力と無敵とも言われる軍隊（無敵艦隊）に支えられたスペインは、ヨーロッパの政治・経済・軍事の各領域で発言力を強めていった。宗教改革後はカソリック教会のいわば藩屏（はんぺい）ともいえる役割を演じ、スペインは反宗教改革の先頭に立った。かくして、「スペインが動けば世界はふるえる」と言われ、その動きは当時の人々の注目するところとなった。「ヨーロッパの16世紀は、外交上のみならず経済的にも「スペイン優位」の時代であり、ヨーロッパの政治と経済は、このスペイン帝国という太陽をめぐって動いていた」とも言える状況だったのである（石坂ほか『新版西洋経済史』、74―77頁）。

◎発展の限界

　しかし、スペインの繁栄は長くは続かなかった。新大陸に領土を設けたこ

とにより、確かにスペインの市場は拡大した。しかし、スペイン経済は発展の機会を十分生かすことができなかった。

　市場の拡大は、スペインの手工業界にとって販路拡大の好機となったはずである。しかし、格式を重んじる誇り高きスペインのギルドは伝統や規則に縛られていた。彼らは旧式の生産方法を改めようとはせず、新技術の導入には及び腰だったので、生産力にも品質にもほとんど変化が見られなかった。商品の不足という事態を回避するために政府がとった方策は、繊維製品をはじめとする外国産品の輸入増加であり、自国産業の育成ではなかった。これは貿易収支の悪化につながり、新大陸向け輸出に占める外国産品の比率を増加させた。

　スペインが輸入したのは手工業製品に限らなかった。16世紀の西欧や南欧で広く懸念されていた食糧不足は、イベリア半島でも問題視されていた。それゆえ、スペインは穀物をバルト海沿岸地域から輸入するとともに、木材や銅などの資源もこの方面から調達する必要に迫られていた。大航海時代の主要交通手段は船であるとはいえ、地中海性気候区に属するスペインは、自国で船舶の建造に必要な木材や森林資源をまかなうことができなかったからである。これらバルト海産品をスペインにおもに供給したのはオランダ（北ネーデルラント）である。ハンザに代わってバルト海貿易の主導権を握るようになったオランダを通じて、スペインは不可欠ともいえる各種商品を調達し、輸入をさらに増加させていったのである。

　スペインの国力が最大となった16世紀は、一方で同国にとっては戦争の世紀とでもいえる多難な時代でもあった。世紀前半はイタリアをめぐるフランスとの、いわゆるイタリア戦争が世紀中頃まで続き、さらに世紀後半には、レパントの海戦（1571年）とアルマダの敗戦（1588年）を経験した。前者でスペインは、オスマン帝国海軍に勝利することができたものの、後者の海戦では、「無敵艦隊」といわれたスペイン艦隊がイングランドに敗北を喫してしまった。すでに1568年には、北ネーデルラント（オランダ）が宗主国であるスペインに向けて蜂起を開始していた。休戦期間を挟んで1648年まで80

年間続いたこの戦争は、オランダ独立戦争として知られる。

　これらの戦争から生じた戦費は、スペインの財政に重くのしかかった。新大陸産の銀が戦費に当てられたうえに新税も導入され、それが国民の大きな負担となったであろうことは想像に難くない。諸外国の商人からの借り入れも実施され、その返済のためにも銀は必要とされた。戦争ともなれば、艦船の建造のために木材はなおさら重要な商品となった。これら木材をはじめとする必需品の輸入の対価としても銀の流失は続いた。しかも、その供給元であるオランダは、独立戦争開始後は対戦相手となってしまった。戦争当事者同士の貿易は禁止されるのが一般的である。しかし、スペインにとってオランダが供給するバルト海産品は、穀物や木材、銅など不可欠なものがほとんどであった。結局、スペイン当局はオランダとの貿易は黙認せざるを得ず、敵国オランダに向けた銀の流出が続いたのである。

　新大陸産銀の大量流入は、スペイン経済を大きく浮上させる契機となってもおかしくはなかった。しかし、それらの銀は、物価の騰貴を引き起こしただけでスペイン国外に流失してしまった（石坂ほか『商業史』77—78頁）。結局、それが生産部門に投資されて拡大再生産の経済循環が生じるまでには至らなかった。16世紀後半、スペインはフェリペ二世のもとで国家財政の破産宣告を繰り返すことになる。

　新大陸産の銀の多くはスペインを経由してオランダに向かった。他国に流出した銀も、その多くは世界経済の中心へと興隆しつつあったオランダに流れ着いたと見てよいだろう。17世紀に最盛期を迎えようとするオランダ経済の発展には、スペインとの貿易関係も大きくかかわっていたのである。

(3) 流通拠点としてのアントウェルペン

　ハンザの時代、低地地方における通商拠点は、ハンザ商館が置かれたブルッヘ（ブリュージュ）であった。アントウェルペンも大市開催都市として多くの商人を引き寄せ、イングランドへ渡航する際の大陸側の窓口として栄えた。

16世紀のアントウェルペン

しかし概していえば、15世紀中頃までのアントウェルペンは低地地方の重要な商業都市であったとはいえ、まだ他都市を圧倒するほどの勢力を築き上げるまでには至っていなかった。

しかし、16世紀にはアントウェルペンがブルッヘに代わって低地地方のみならずヨーロッパ商業の中心へと浮上した。アントウェルペンを含む南ネーデルラントは、当時スペイン領であったとはいえ、スペイン本土からは離れて位置していた。本土の外側に位置していたアントウェルペンが、スペイン優位の時代のヨーロッパ最大の商品集散地となったのである。

◎繁栄を支えた国際貿易商品

アントウェルペン繁栄の理由としてよく挙げられるのは、その興隆に大きく貢献したとされる三つの国際貿易商品の存在である。すなわち、①イングランド産の毛織物、②ポルトガルがもたらした東インド産の香辛料や香料、③ドイツ・中欧の鉱産物（銀、銅）である。さらにまた、後背地に位置するドイツの商業都市ケルンの商人が果たした役割も忘れることができない。

イングランド産毛織物から見ていこう。かねてよりイングランド（イギリス）は、羊毛の輸出を通じてヨーロッパに広がる「中世の世界経済」にリン

クしていた。しかし、イングランドは15世紀頃から毛織物の輸出を拡大させ、羊毛（原料）の輸出国から毛織物（手工業製品）の輸出国へと転身していった。これらの毛織物が、ブルッヘではなくアントウェルペンへと向かったのである。両者とも、ロンドンから近い低地地方の代表的な商都であるとはいえ、ブルッヘはすでに名高いフランドル産毛織物の代表的な集散地であったので、ここに向けた輸出は難しかった。それゆえ、毛織物を輸出するイングランドの冒険商人組合（マーチャント・アドヴェンチャラーズ）は、15世紀末に大陸側の貿易拠点をアントウェルペンに置き、毛織物がロンドンからアントウェルペンに向けて集中的に輸出される体制が整えられていった（ロンドン・アントウェルペン枢軸）。イングランド産の毛織物は品質面でフランドル産に劣ったとはいえ、軽さや色合いが当時の人々の好みに合い、価格も手ごろだったので多くの人々に受け入れられていった。ただし、これらの毛織物はロンドンから船積みされる段階では、まだ染色が施されていなかった。それゆえ、アントウェルペン周辺で染色・仕上げの工程を完了させたうえで、おもにケルン商人によりフランクフルト（M）方面に送られ、それ以東のニュルンベルクやライプツィヒも、イングランド産毛織物の取引拠点となった。

　香辛料・香料は、東インド（アジア）に進出したポルトガル商人がアントウェルペンに持ち込んだ。かつてアントウェルペンに集荷された香辛料や南方産果実は、おもにイタリア商人が地中海東方で仕入れたものが大陸内部を北上していた。ところが、1501年からポルトガルが東インドで仕入れた香辛料をアントウェルペンに卸すようになると、イタリアや南ドイツの商人がその調達先をヴェネツィアからアントウェルペンへと移し、それらを南に向けて流通させていった。香辛料・香料は、これまでとは逆にアントウェルペンから大陸内を南下するようにもなった。干し葡萄やイチジクなどの南方産果実も同様である。大航海事代の到来は、かつての地中海産品のドイツ内陸地域における流通の向きを徐々に逆転させていったのである。

　三つ目の重要商品である鉱産物は、香辛料・香料の流通とも関係した。なぜなら、銀は東インドで胡椒や丁子、肉桂、ニクズクなどを調達する際に、

また銅はアフリカ西岸で象牙や金、偽胡椒などを仕入れる際に必要とされたからである。南ドイツには、フッガー家のように香辛料など遠隔地間の危険を伴う（ハイリスク・ハイリターン）商品の取引を通じて利益を蓄積し、それを鉱山に投資して鉱産物の販売に深くかかわった大規模な商人が多く存在した。彼らにとってもアントウェルペンは取引の一大拠点となり、フッガー家が扱う銀や銅はケルン経由の内陸路だけでなく、バルト海・北海の海上路をも経由してアントウェルペンに集められた。

ほかにも、アントウェルペンに集荷された商品には、ライン川流域の葡萄から造られたライン・ワインや皮革、バルヘント（麻と綿の交織）をはじめとする各種織物、穀物や鰊、チーズなどの食料、金属製品などがあり、これに新大陸産の銀やフランドルの農村部で生産された薄手の毛織物も加わった。出版物も重要である。クリストフ・プランタンが印刷工房を構え、事業を拡大しつつ印刷業者として名を成していったことにより、アントウェルペンは書籍・出版物の流通拠点という性格も帯びていったのである。

◎発展と衰退

アントウェルペンの発展、繁栄を見ていくうえで、内陸のケルンとの関係は見逃せない。ケルン商人は早くから低地地方を越えてロンドンに進出していたが、彼らのアントウェルペンとの商業が目立って増えていくのは15世紀、すなわちイングランドがアントウェルペン向けの毛織物輸出を増加させていた頃と重なる。これらの毛織物は、アントウェルペンからケルン・フランクフルト（M）方面に延びる大陸ヨーロッパの動脈を経由して、おもにケルン商人により各地へと送り出された。毛織物だけでなく、香辛料・香料などほかの商品にとっても、ケルンを経由するこの通商路とケルン商人の活動は大きな意味を持った。アントウェルペンはケルンとの商業関係を軸にヨーロッパ国際商業のメトロポリスとして大きく発展したのである。

1531年、世界初ともいえる本格的な商品取引所がアントウェルペンに設立された。その建物の銘には、「人種、言語のいかんを問わず、あらゆる商

人の使用のために」との献辞があったという。これこそは、国際的な中継市場として大きく発展したアントウェルペンのコスモポリタン的な性格を示す格好ともいえる文言であろう（石坂ほか『新版西洋経済史』74—77頁）。スペインでの弾圧を逃れたユダヤ人（マラーノ）や、宗教改革以降はプロテスタント系の亡命者をアントウェルペンは受け入れた。1563年にはハンザの商館がブルッヘからアントウェルペンに移転した。アントウェルペンは、自らの市民を各地に送り出すのではなく、むしろ各地からやってくる人々を広く受け入れる、いわば受動的な商業都市として大きく繁栄したのである。

 とはいえ、その繁栄は長続きしなかった。アントウェルペンが位置する南ネーデルラントは、カトリックの牙城ともいえるスペインの領土である。オランダ独立戦争が始まると、宗主国スペインの圧力はネーデルラントの北部（オランダ）のみならず南部にも及び、宗教的な弾圧が強まった。人々の反スペイン感情が高まりを見せるなか、スペインの軍勢はアントウェルペンをも標的とし、その周辺地域を占領していった。抵抗を試みたものの1585年、アントウェルペンはついに陥落してしまった。

 スペインの支配下に置かれたアントウェルペンからは、宗教的な弾圧を逃れるために多くのプロテスタント系の住民が亡命した。彼らのなかには、これまでの同市経済の繁栄の一翼を担ってきた数多くの商人も含まれていた。一時は10万に達していたと言われる人口が急減し、有能な人材も流出してしまったことから、アントウェルペンはこれまで培ってきた国際商業界での主導的性格を急速に失うことになった。亡命を余儀なくされたプロテスタント系、ユダヤ系の商人のなかには、ドイツの沿岸都市や内陸の商業都市へと逃れた者もいたが、同じネーデルラントの北部、とりわけアムステルダムに資本や取引のネットワークともども移住する者もいた。かくして、アントウェルペンに継いで、アムステルダムに国際商業のメトロポリスへと浮上する契機が与えられることになった。

第13章　近世ヨーロッパの商業・流通

(1)　「黄金時代」のオランダ商業

　アムステルダムが世界市場の中心となった17世紀は「オランダの世紀」と呼ばれる。また、この17世紀にオランダは「黄金時代」を迎えたとも言われる。経済の繁栄を土台として、オランダではヘレントといわれる大商人を中心に市民文化が花開き、芸術・文化の領域でもオランダはほかの北方ヨーロッパ諸国を牽引する立場となった。宗教的にもオランダは寛容で、ユダヤ人など数多くの宗教的亡命者を受け入れた。海運・商業の発展を受けて、17世紀のオランダは世界経済の頂点に立った。その発展は、この頃に一挙に達成されたのではない。ハンザについて述べた際にも触れたように（第10章(2)「バルト海・北海地域」）、すでに15世紀にオランダ（北ネーデルラント）はバルト海に進出していたのであった。

◎バルト海貿易の重要性

　オランダは、なぜ世界経済の中心に君臨することができたのであろうか。オランダを含む低地地方（ネーテルラント）一帯は、中世以来アルプス以北のヨーロッパのなかでも経済的に見て先進的な地域であった。この地域は、大陸ヨーロッパの水運の動脈をなすライン川の河口域に位置し、しかもイングランドにとっての大陸側の窓口に当たる。このような立地条件のもと、低地地方は流通が盛んな地となり、それを背景に多くの都市が形成され、毛織物に代表される手工業を発展させていった。ただし、後のオランダ連邦共和国

16世紀のオランダの市場

となるその北部は低湿地が多いなど地質的には恵まれていなかった。それゆえ、フランドルなど南部と比べれば都市化の進展は遅れたものの、北部は鰊漁を中心に漁業を発展させることができた。鰊漁は、漁船の建造をはじめ各種手工業、商業の発展を促し、操船技術の向上にも寄与して海運業発展の土台となった。鰊漁は、「オランダ発展の母」と認められるほど、オランダにとって重要な産業部門だったのである。

　こうして海運・商業を発展させたオランダは、活動領域を北海から東のバルト海へと拡大させていった。それゆえ、16世紀に経済の拡大期を迎えて西欧や南欧で食糧不足が懸念されるようになった頃、オランダの商人や船舶は、他国に先駆けてバルト海南岸の穀倉地帯から大量の穀物を本国、さらには地中海にまで供給することができた。バルト海貿易をめぐるオランダとハンザの関係は第10章（2）「バルト海・北海地域」及び補論「ハンザ同盟の世界」で述べたとおりである。オランダは、ハンザに代わってバルト海・北海貿易の支配権を手に入れたのだった。

　バルト海の穀物貿易は、オランダにとってきわめて重要な貿易部門へと成長した。最大の穀物調達港となったのは、リューベックに代わりバルト海最大の貿易都市となったダンツィヒである。実際、ダンツィヒの穀物輸出の伸びは著しく、1470年が約2,300ラスト（1ラストは約2,000キログラム）であったのに対して、1492年は約10,200ラスト、1565年には約44,600ラストにまで増加を見せた（谷澤毅『北欧商業史の研究』146頁）。そのほとんどは、オランダ船により北海方面へと輸出された。バルト海と北海とを結ぶエーアソン海峡で徴収された関税の記録によれば、16世紀後半から17世紀前半にかけて、オランダ船により北海側に送られた穀物はこの海峡を通過した穀物全体

の過半数を超えていた。しかも、ダンツィヒ発の穀物（ライ麦）はバルト海各地から送られてくる穀物全体の70％前後を占めた。オランダ船の大量就航により、ダンツィヒとオランダとの間には枢軸とも呼べる太い通商のパイプが築かれたのである。

このように、バルト海の穀物貿易はオランダの黄金時代に向

ポーランドからダンツィヒに向かう穀物

けて拡大し、最盛期の繁栄の土台をなしたと見なせることから、しばしばオランダの「母なる貿易」と言われる（M．v．ティールホフ『近世貿易の誕生――オランダの「母なる貿易」』）。貿易収支だけを見る限りでは、オランダのバルト海貿易は赤字であったと考えられるものの、以下の三つの要因が加わることにより、バルト海の穀物貿易は利益が期待できる貿易部門となっていた。

一つは穀物の価格差の存在である。バルト海沿岸地域と比較して、西欧やイベリア半島では穀物が不足していたので、後者では穀物を高く売ることができた。オランダ商人は穀物を安く仕入れて高く売ることができたのである。二つ目は銀の価格差の存在である。オランダは、独立戦争の相手国であるスペインとの貿易で穀物や船舶資材のような必需品を供給し、その対価として多くの新大陸産の銀を受け取った。これらの銀は、当初スペインでこそ大量に流通していたものの東欧にまでは達しておらず、バルト海沿岸ではスペインと比べて銀は高価であった。オランダはバルト海貿易の輸入超過分（赤字）の支払いにこれらの銀を当てれば、バルト海沿岸地域で銀を高く売ることができたのである。そして三つ目として、海運業や商業から得られる運賃やサービス、労役の提供によって得られる貿易外の収入があった。

以上すべてから得られる収益が、貿易赤字を上回っていたことにより、バルト海貿易からは利益が生まれた。すなわち、穀物を中心としたバルト海貿

易は赤字を補って余りある収益を生み出してくれる貿易部門、オランダの「母なる貿易」と呼ばれるにふさわしい貿易部門であったと位置づけることができる。バルト海貿易を通じて蓄積された利益やノウハウが、やがて東インド貿易に生かされていくのである（谷澤毅「近世ヨーロッパ経済とオランダ」『長崎県立大学論集』331—352 頁）。

◎東インドへの進出

　大航海時代の到来以降、オランダは香辛料など東インド産品をポルトガルのリスボンで調達していた。ところが、ポルトガルがスペインに併合されてしばらくすると、スペインは独立をたくらむオランダの商人をリスボンから締め出してしまった（1591 年）。これにより、オランダは自ら船を仕立てて本格的に東インド海域へ乗り出していくことを考えるようになる。

　オランダ連合東インド会社の成立の事情とその特徴については既に述べた（第 2 章（3）「会社」）。同社はペルシア湾以東の海域で貿易を独占的に営む権利だけでなく、条約の締結や築城、文官の任命など、植民に関するあらゆる権利を政府から与えられた。このような権限を持つことにより、オランダ東インド会社はアジアの海でポルトガルとの戦いを通じて香料諸島をはじめマラッカやセイロン、スラウェシ（セレベス）など、17 世紀中頃にはアジアの重要な通商拠点からポルトガル商人を駆逐することに成功した。ただし、マカオは同国の植民地として残された。オランダ東インド会社は、1617 年にジャワ島のジャカルタ（バタヴィア）を占領し、ここを東インド支配の拠点とした。その勢力は、さらに東アジア海域へと北上を見せ、1609 年にはわが国の平戸に達し、1624 年には台湾にゼーランディア城を築いた。かくして、17 世紀の中頃までにオランダはアジアの海域世界において、ヨーロッパのなかではポルトガルに代わる勢力となったのである。

　オランダ人は香辛料・香料貿易を独占するために、人為的にその栽培を制限したり、極端な場合には禁止したりさえした。それだけオランダは、当初香辛料の確保を東インド貿易において重視したのである。例えば、東インド

会社がオランダ本国に輸出した商品を見ると、17世紀前半を通じて胡椒とその他香辛料・香料が価格比で全体の70〜80％を占めていたことがわかる。ただしその後、商品構成は徐々に変化を見せ、香辛料・香料に代わって生糸や綿などの繊維製品が多くなる。18世紀になると香辛料・香料の比率はさらに小さくなり、茶やコーヒーといったヨーロッパにとって新しい商品の占めるウェイトが高まっていく。

　大西洋もオランダ商業の舞台となった。エルミナ（現ガーナ）やルアンダなどで奴隷を調達して新大陸に送り込んだほか、ギニアではポルトガルから取引の主導権を奪って金や象牙を入手した。1622年にはオランダ西インド会社が立ち上げられ、北アメリカにニューアムステルダム（後のニューヨーク）を中心とした植民地を設けたが、全体的に同社は奴隷貿易や密貿易のための会社という性格が強かった。

　◎アムステルダムの発展

　以上述べた海外貿易の発展を背景として、北ネーデルラントの中心都市アムステルダムはかつてのアントウェルペンを上回る発展を見せ、その人口は1622年には10.5万人、1660年代には22万人へと膨れ上がった（石坂ほか『商業史』86—87頁）。1609年にはアムステルダム振替銀行が設立され、バルト海貿易などの商業活動を通じて蓄積されたオランダ商人の富をはじめ、ヨーロッパ各地で寝かされているままであった遊休資金がここに集められ、取引のために活用されていった。

　17世紀が経過するにつれ、アムステルダム港の埠頭周辺ではクレーンや艀(はしけ)の数が増加を見せた。港周辺の倉庫には、バルト海沿岸からの穀物をはじめ、イングランド産の毛織物、東インド産の香辛料・香料と絹、ブラジルおよび西インド諸島産の砂糖、スカンディナヴィア半島産の木材と銅、ドイツ産のワイン（おそらくライン・ワイン）、イングランドおよびスコットランド沖産の鰊を塩漬けにした樽、ニューカースル産の石炭、ノーフォーク産の麦芽などの商品が収められた。オランダ商業のネットワークに組み込まれずに

済んだ国などは、ほとんどなかったと言われる（C・ウィルスン『オランダ共和国』48—52頁）。

　商業・海運の発展は手工業の発展を伴った。アムステルダムをはじめオランダの主要都市では、精塩や精糖、石鹸製造、麦芽製造、蒸留、ビール醸造、タバコ加工、陶磁器製造、ガラス細工、造船、染色などの加工業が繁栄を見せた。とりわけ南ネーデルラントからの移住者を受け入れたライデンやハールレムでは、薄手の新毛織物や麻織物の製造が発展し、アムステルダムを経て南欧や新大陸などに向けて広く流通した。

補論　日蘭貿易の展開と鎖国

　近世の日本を含めた東アジア海域では、中国を中心とした朝貢貿易体制が成り立っていた（第11章（3）「ユーラシア・ネットワーク」）。しかし、倭寇と呼ばれる略奪に手を出す海人が勢力を拡大すると、中国側は貿易に対する統制を強化し、政府（明）が発行した割符（勘合）を所有する船にのみ日明間の貿易を許可するようになった。これらの船によって行われた貿易が勘合貿易である。さらに17世紀初頭になると、日本でも東南アジアとの貿易に従事する船は幕府の公認のもとに置かれるようになった。幕府はアジア海域で貿易を実施しようとする船に朱印状を交付してお墨付きを与えたので、そのような船は朱印船と呼ばれた。このように、わが国の船舶は16世紀から17世紀初頭にかけて積極的に海外に進出していた。そのような時期に、まずはポルトガル、次いでオランダがアジアの海を経て日本へと進出してきたのである。[1]

◎日蘭関係のはじまり
　オランダと日本の交流が開始されたのは1600年のことである。この年、オランダ船リーフデ（Liefde）号が大分県臼杵市の海岸に漂着した。同船の

航海士を務めていたウィリアム・アダムス（のちの三浦按針）の尽力により、オランダはわが国との交易が認められ、1609年にオランダ商館が平戸に建設された。ところが、後

長崎を訪れたオランダ船

に新築された倉庫の前面破風に1639とキリストの生誕を基準とする西暦の年号が記されていたことから、キリシタン（キリスト教徒）対策に神経を尖らせていた幕府がこれを問題視してしまう。結局、倉庫をはじめとする商館施設は破壊されることになり、1641年にオランダ商館は平戸から長崎の出島へと移転が命じられた。

　出島は、幕府が長崎をはじめとする九州の商人に出資させて1636年に竣工した人工の島である。もともとここは、キリシタンに対する統制が強化されるなか、キリシタン信仰を重んじるポルトガル商人を集中的に管理するために建設された。ここに、いわば「隔離」される前のポルトガル商人は、信仰をめぐる対立を契機として、当初の居住地である平戸を立ち去ったのち、横瀬浦や福田、口之津といった現在の長崎県内の港を渡り歩くようにして貿易活動を続けていた。しかし、ポルトガル商人は出島に移住したとはいえ、結局は1639年にキリシタンであることを理由に国外への退去が命じられ、出島には居住者がいない状態となっていた。そこにあらためてオランダ商人が移り住んだのであり、こうして出島を窓口とする、幕府による管理貿易体制が形成されていった。これが「鎖国」といわれる江戸時代の対外通交システムである。

　オランダ東インド会社のアジアにおける総司令部はバタヴィアに置かれた。出島オランダ商館の職員のなかでは、商館長（カピタン）とともに商館付きの医者の存在が重要である。シーボルトやケンペル、ツンベルクという

西洋の最新の医学や博物学をわが国に伝え、蘭学の発展に功績のあった出島の三大科学者は、いずれもオランダ東インド会社の商館医であった。また、オランダ人と日本人の間で通訳を担当したオランダ通詞にも、「鎖国」という言葉をはじめて用いた志筑忠雄のように後世、名を残すものが多く存在した。

◎日蘭貿易の展開

　日本とオランダとの間で行われた取引の実施方法は時代により変化を見せるが、ここでは長崎会所が創設（1698年）されてからの、オランダからの輸入について見ておきたい。長崎会所とは、長崎奉行の管轄下にあった商品購入・分配のための役所である。オランダ船により商品が持ち込まれると、まず目利といわれる商品評価を担当する役人による評価をもとに、商館と会所の役人の交渉により値段が決められた。これを値組という。値組により長崎会所での商品の購入額が決定すると、次は売却である。これは入札により実施され、最高値を提示した商人に商品が引き渡された。入札に参加したのは、地元長崎をはじめ江戸・大阪・京都・堺の「五か所商人」であり、彼らにより舶来の品々は国内各地で流通することになった（武野要子編『商業史概論』118―121頁）。

　オランダ船により持ち込まれた商品にはどのようなものがあっただろうか。片桐一男によるとオランダからの輸入品は、1825年にオランダ側から提出された「積荷目録」にあるように、本方荷物・脇荷物・誂物の三つに分けられていたという。この目録にある商品を以下で幾つか挙げてみよう（片桐一男『出島』94―110頁）。

　本方荷物は、オランダ通商株式会社――1824年に設立された東インド会社の後続会社――が会社の会計帳簿に記録した、いわば正規の輸入品を指す。ここに含まれている商品には、各種の更紗（綿織物）や羅紗（毛織物）などの織物が多く、ほかにも香辛料の丁子や鉛、錫といった金属、鮫皮、象牙、木香、蘇木、白砂糖などといった商品が多く含まれていた。砂糖の大量輸入は、カステラをはじめとする長崎や京、江戸の菓子の発達を促したという。

脇荷物は、会社ではなく東インド会社の商館員や通商会社の社員が個人的に認められて販売した商品を指す。数多くの商品名が挙げられているが、おもな商品としてサフランや「テリヤアカ」、「カナノヲル」などの薬種、金唐皮といった商品が目立つ。金唐皮は金泥の皮に模様を施したヨーロッパの工芸品で、

出島の水門

オランダでは壁をこれで覆ったりしたが、わが国では細かく切って袋物に仕立てたり、紙入れやタバコ入れに用いたりした。

誂物とは、将軍家をはじめ幕府の有力者や長崎奉行、長崎の町年寄などからの注文を受けて仕入れた商品である。ちなみに1825年には、将軍家から「御用御誂」として金入り、銀入りの織物のほか辞書（3冊）、孔雀（6羽）などの注文があった。

わが国からの輸出品としては、江戸時代の初期には金や銀が目立ったが、貴金属の国外流出が懸念されたことから1685年に定高貿易法を導入し、貿易額を制限する方針が採用されることになった。貴金属に次いで重要となったのは銅である。大阪の銅座で純度の高い棒状の棹銅に仕立ててから、長崎経由で海外に向かった。日本産の銅の一部はアムステルダムにまで達し、その到着はヨーロッパを代表する銅産出国であるスウェーデンの貿易政策にも影響を与えたと言われる（谷澤毅『北欧商業史の研究』175頁）。そのほかの輸出品には樟脳や陶磁器、漆や螺鈿の工芸品などがあった。

鎖国とはいえ江戸時代の日本は国を完全に閉ざしていたのではない。相手国をオランダ、場所を長崎・出島に限定して西洋との通商関係は続いていたのである。先にも指摘したように、鎖国体制とは一種の管理貿易体制であったということをあらためて確認しておこう。

(2) イギリスとフランスの台頭

「黄金時代」を迎えるに当たり、オランダはバルト海産（おもにポーランド産）の穀物貿易に力を入れたが、この頃オランダとの経済関係が強まった国が、スカンディナヴィア半島にもあった。「強国の時代」を迎えつつあったスウェーデンである。かつてスウェーデンは、ハンザ商人を通じてヨーロッパ大陸と結びついていた。しかし、ハンザの勢力が衰えると銅を対価としてオランダから資金供与を受けるなど、オランダとの関係が強化されていった。スウェーデンは、オランダ系の有力商人であるルイ・ド・ジェールやエリアス・トリップを通じて兵器の供給を受け、さらに彼らの兵器工場がスウェーデン国内に建設された。

スウェーデンには金属資源が豊富に存在した。それは近世スウェーデン躍進の原動力となり、18世紀には鉄がイギリスに大量に輸出された。バルト海全体を見ても、この頃は鉄以外にも麻や亜麻、木材、タール、ピッチなど造船資材を中心とした原材料が西欧方面に大量に輸出されるようになり、バルト海貿易の「穀物の時代」から「原材料の時代」への移行が進んだ（玉木俊明『北方ヨーロッパの商業と経済』）。背景にあったのは、ジャガイモやトウモロコシの普及などによるヨーロッパの食糧事情の好転である。さらにバルト海貿易の担い手にも変化があった。イギリスの追い上げである。17世紀も後半になると、オランダはイギリス・フランス両大国の競争に直面し、世界市場における優位を徐々に失っていく。以下、まずはイギリスに焦点を当ててみよう。

◆1　イギリス

イギリスは16世紀に東方への進出を強化した。北方海域ではモスクワ組合を結成（1554年）して白海のアルハンゲリスクへと進出し、バルト海貿易の促進ために東方会社（イーストランド・カンパニー）をも設立した（1578年）。

地中海ではトルコ組合を結成（1581年）して地中海東方との貿易（レヴァント貿易）に力が注がれた。イギリスからは、地中海に向けて薄手の毛織物が大量に輸出され、イタリアの毛織物工業に打撃を与えるなど、オランダとともにこの方面で経済的な影響力を強めていった。

　さて、16世紀のイギリスはこれら独占的ともいえる諸会社を立ち上げて毛織物の販路拡大、貿易事業の展開に力を入れたが、この時期はまた、略奪的とも言える商品の入手が横行した時代でもある。私掠船による略奪が広く行われ、敵船であれば攻撃して積荷を奪うことが国家によって公認もしくは黙認されたからである。私掠行為（私拿捕）は、すでにハンザの商業世界でも見られたが、エリザベス女王の時代のイギリスではとりわけそれが盛んとなった。攻撃の対象となったのは、おもに大西洋貿易に従事するスペイン船である。私掠行為は海賊行為とは異なるとはいえ、やがて大西洋ではカリブ海が海賊の巣窟として知られるようになった。海軍提督のフランシス・ドレイクはイギリス人として初めて世界一周を実現したことで知られるが、彼はまたこの時代を代表する私掠船の船長でもあった。彼が略奪を通じて獲得した富は60万ポンド以上に及び、そのうちの25万ポンドを女王に献金したといわれる。1580年代のイギリスは、私掠行為がいわばブームとなった時代であり、エリザベス女王の時代を通じて蓄積されたこうした富は、王室財政を支えたほか海軍力の増強や国内産業、貿易の振興に役立ったと言われる（伊藤栄『西洋商業史』174頁）。

　重商主義的な傾向を強めていたイギリスは、17世紀後半になると国富増大のためにいよいよオランダをターゲットとする貿易政策を打ち出していった。それが鮮明に現れた政策の一つに、1651年にクロムウェルが公布した航海条例（航海法）がある。この条例によれば、イギリスに輸入されるすべての財貨は、イギリス船またはその財貨の産出国の船で運ぶことが義務づけられた。その際のイギリス船とは、船主、船長、そして乗組員の4分の3がイギリス国民である船を意味する。本来はさらに、国内で建造された船舶であることを求め、イギリスの造船業を保護する予定であったがそれはかなわ

なかった。船舶の不足により、イギリスはこの後も商船の多くをオランダから輸入せざるを得なかったからである。ともあれ、航海条例の制定によりイギリスはオランダ船を排除し、世界規模の商品流通拠点であるアムステルダムの機能を弱体化しようとした（ロンド・キャメロン、ラリー・ニール『概説世界経済史Ⅰ』）。1663年には指定市場法（ステープル法）が制定され、イギリス植民地が輸入する外国商品はイギリス本国が介在し、本国の船舶で輸入されたものに限られることになった。

こうした政策が功を奏し、オランダはイギリスの植民地貿易から締め出されていった。中継貿易に立脚したオランダ経済は盛期の勢いを失いつつあったとはいえ、金融部門は別だった。長年の商業活動を通じて蓄積された富を母体として、オランダの金融業はその後も繁栄を維持した。イギリスをはじめオーストリアやロシアなどヨーロッパの主要国が、公債の発行や販売などのためにアムステルダムに集積された資金を必要としたからである。

近世イギリスの繁栄を見ていくのであれば、ポルトガルとの間で結ばれたメシュエン条約（1703年）が経済史的、貿易史的観点から重要である。この条約でポルトガルが国内の毛織物市場を開放したことにより、イギリス産の毛織物はポルトガルの毛織物工業に壊滅的打撃を与えてしまった。他方で、イギリスはポルトガルのワインに特恵関税を与え、その結果イギリスではポルトガル産ワインの一種（いわゆるポート・ワイン）が大いに普及することになった。毛織物を輸出するイギリスとワインを輸出するポルトガルの間で、貿易収支はポルトガル側の赤字であった。その赤字を決済するためにポルトガルはブラジル植民地の金をイギリスに輸出し、イギリスは金本位制への移行を果たしていく。その意味で、メシュエン条約はイギリスにとっての「重商主義の傑作（マスター・ピース）」であると言われる[3]。

◆2　フランス

次にフランスの状況を見てみよう[4]。

国際商業が大きく動いた16世紀には、フランスでも主要な商業都市を中

心に外国貿易が盛んになった。幾つか例を挙げよう。内陸の大市都市リヨンでは 1464 年以降大市が年四回開催され、フィレンツェのメディチ家をはじめ多くのイタリア商人がここを訪れるようになった。16 世紀初頭、リヨンはヨーロッパを代表する国際商業・金融都市の一つとなった。地元フランスの毛織物や絹織物だけでなく、イタリアの絹織物や生糸、アジアの香辛料・香料、ドイツの銅や銀、イギリスの錫、鉛や毛織物、低地地方の毛織物や麻織物などがリヨンに集められ、各地へと流通した。港湾都市のなかでは、マルセイユがレヴァント貿易を基盤としてリヨンと結びつきながら著しい発展を見せた。1532 年にフランスがオスマン帝国から商業特権を獲得すると、地中海東部からはアジア産の香辛料・香料をはじめ綿花や生糸、薬種、絨緞、羊毛、珊瑚などが輸入されていき、マルセイユ経由で輸入されたものがリヨン大市の香辛料・香料取引の過半を占めるまでになった。一方、マルセイユからレヴァント方面に輸出された商品のなかでは毛織物が中心に位置し、ラングドック産とともにリヨンを経由して仕入れた北フランス産の毛織物がそこに多く含まれていた。

　流通拠点に視点を置いたこのような考察からは、近世初頭のフランスも国際商業発展の機運に乗っていた状況が見て取れる。しかし、その活況の度合はオランダやイギリスの目覚しい繁栄と比べれば、それほどではなかったと言ってよい。フランスは、国土の面積や人口規模からすれば確かにヨーロッパの大国であるが、国際経済のなかでの比重の大きさという点ではこれら両国には及ばなかった。貿易の規模も、これら主要国と比べれば、まだそれほどの規模には達していなかった。国家主導のもとで重商主義的な政策が打ち出されたとはいえ、17 世紀のフランスで貿易の主導権を握っていたのはオランダの商人や船舶であった。フランスは対オランダ貿易で赤字を計上していたので、当時豊富に流通していた銀はその決済のためにオランダに流れていたのである。

　こうした状況に変化が見られるようになったのは、17 世紀後半にコルベールが財務大臣として登場してからである。目立った政策としては、一連の国

策会社が対外貿易のために立ち上げられたことが挙げられる。すなわち、東西の両インド会社をはじめレヴァント会社、それにバルト海・北海商業を扱う北方会社などが設立されていった。外国船による輸入に高関税を課す、外国商人を植民地貿易から排除する、などの措置も取られた。オランダをターゲットとしたこれらの重商主義的政策はコルベルティスムと呼ばれ、フランスの劣勢を跳ね返す上である程度の効果を見せた。さらに18世紀になると、フランスはオランダに代わる世界経済の覇者をイギリスとともに合い争うまでに力を蓄えていった。

　服部春彦によれば、フランスの対外貿易は18世紀の初頭から中頃にかけて急速な成長を見せたという。この時期、地中海方面から供給される繊維原料（棉、羊毛、絹、麻）をはじめ工業原料の輸入が著しく増加し、工業製品（毛織物、絹織物、麻・綿混織織物）の輸出も伸びを見せた。とりわけスペインやレヴァント、ドイツに向けた繊維製品の輸出が急増した。これによりフランスの貿易は、早熟的とはいえ原料の輸入と工業製品の輸出を基軸とする「工業国型」の構造を示すようになったと服部は言う。さらにこの時代の貿易を特徴付けたのは植民地貿易である。これまでフランスは自国産品を主要な輸出品としていたが、それに加えて砂糖やコーヒーなどの植民地産の食料を輸入して、それをヨーロッパ諸国へと再輸出する役割を強化していったのである。

　近世のフランスでは、ボルドーやナント、ル・アーブル、マルセイユなどの港湾都市が貿易拠点として成長したが、植民地貿易で最も重要となった港はボルドーであった。ボルドーの貿易が発展した背景には、アンティル諸島、とりわけサン・ドマング島における砂糖生産の発展があり、例えばその生産量は、1714年から1789年にかけて7,000トンから80,000トンへと「驚異的な」伸びを見せた。アンティル諸島からのコーヒーの輸出も増えつつあった。ボルドーからの植民地物産の再輸出先を見ると、17世紀にはアムステルダムが最大の再輸出先であり、18世紀になるとそれに代わってハンブルクとの関係が強化されていったという。これは、オランダ・アムステルダムが中継商業において重要性を低下させたことを示す一例として見ることができる

(玉木俊明『近代ヨーロッパの誕生』137—144頁)。

18世紀末以降フランスは、フランス革命とそれに続くナポレオン戦争の混乱に巻き込まれてしまう。これにより、その頃産業革命を本格稼動させていたイギリスとの間には、少なからぬ経済的な格差が生じるようになる。とはいえ概していえば、18世紀のフランスはイギリスとともに国際商業の領域で大きな発展を見せたと述べてよいだろう。「たしかにフランスは、近代初頭以来西ヨーロッパ諸国間に繰り広げられた国際貿易競争において一度も首位の座を占めることはなかったが、しかしその「めざましい二番手」(brilliant second)であったフランス」(服部春彦『フランス近代貿易の生成と展開』ⅰ頁)が、その商業・海運力を通じて世界市場の形成に果たした重要な役割は見逃してはならないであろう。

(3) 近世の商業都市──港湾都市ハンブルクと大市都市ライプツィヒ

ここでは、流通を通じてヨーロッパ各地を結びつける役割を果たしてきた中欧・ドイツの商業都市に光を当ててみたい。そのような都市を、すでに中世から重要性を帯びていた都市から選ぶのであれば、例えば、リューベックやケルン、フランクフルト（M）、ニュルンベルクなどが挙げられるだろう。また近世になると、沿岸部ではハンブルク、内陸部では大市を基盤としてライプツィヒが大きな発展を見せた。以下ではこの二つの都市を取り上げながら、港湾都市と内陸都市を拠点とする近世の商品流通の一端について見ていくことにしよう。

◆1　ハンブルク

ユトランド半島の付け根の西側に位置するハンブルクは、その東側に位置するリューベックとともに、ハンザの発展期から盛期にかけてバルト海と北海を結びつける役割を担ってきた。ハンザの時代のハンブルクは盟主リューベックに対して従属的な立場にあり、その商品流通面での役割は、リュー

ハンブルクの取引所（1661年）

ベックにとっての北海側の外港ともいうべきものであった。ところが16世紀に大西洋貿易が始まり、ヨーロッパのなかの北西部が経済的な比重を高めると両者の立場は逆転し、北海・大西洋に面したハンブルクがドイツを代表する港湾都市へと大きく発展していった。ハンザ都市ハンブルクは、ハンザ衰退期以降に本格的な繁栄期を迎えたのである（谷澤毅『北欧商業史の研究』224―256頁）。

ハンブルクの商業発展には、大西洋経済の誕生という時代的な好条件に加えて立地上の好条件も寄与したと見てよいだろう。エルベ川河口の奥地に開けた河口内港を基点として、ハンブルクの交易軸は以下の三方向に伸びていた。すなわち、①リューベックを経由したバルト海方面、②エルベ川をさかのぼった大陸内部、③エルベ川河口から先の北海、大西洋諸港の三方向である。リューベックと比べれば、ハンブルクの後背地と前面地ははるかに広大であった。こうした立地条件を背景として、ハンブルクはバルト海と大陸内部、それに北海・大西洋を結ぶ商品流通上の結節点となった。

そして、③の交易軸が持つ意義が拡大した16世紀は、ハンブルクにとって「世界経済への誕生の時」を意味した。この時期の躍進の理由を列挙すれば、例えば、イベリア半島からマラーノをはじめとする宗教難民を受け入れたことや、イングランドの毛織物商人（マーチャント・アドヴェンチャラーズ）の大陸側の商業拠点になったこと、フェロー諸島やアイスランドに向けた航海が盛んとなったこと、エルベ川上流域で生産された穀物など同水系で生産された商品の流通拠点となったことなどが指摘できる。

ハンブルクで流通した商品にはどのようなものがあったか。一例として、

17世紀初頭にイングランドとの間で流通した商品を挙げれば、ハンブルクからイングランドに向けては、繊維品（麻、綿、絹など）、毛皮・皮革、金属（銅、真鍮など）、染色素材（アカネやインディゴ、明礬など）、木材、小麦などがあり、逆の流れでは、毛織物、毛皮・皮革、鉛、植民地産品（ゴム、胡椒、ナツメグなど）があった。ハンブルクからの輸出品には、ドイツ内陸部や中欧で生産された麻織物などの繊維品や金属が多く含まれ、イングランドからの輸入品では同国で生産された毛織物が目立っていたと考えられる。イングランド産の毛織物は、ハンブルクから先の大陸内部へと販路が広がっており、その主要な目的地の一つに大市都市のライプツィヒがあった。

　近世初頭のハンブルクはオランダをはじめ、イングランドやフランドル、ポルトガルなどから多くの外来商人を迎え入れ、北海、大西洋沿岸地域との貿易が盛んとなったが、海上交易はまた大陸内部との交易関係にも刺激を与えた。ハンブルクはライプツィヒを経由して内陸の麻織物の生産地であるシュレージェン地方とも結ばれ、これら麻織物は穀物とともにハンブルクと大陸内部を結びつけるうえで大きな意味を持った。

　エルベ川の水運の記録からは、ハンブルクが商品の流通を通じて大陸内部と海洋地域をつなぐ位置にあったことが見て取れる。例えば1670年代の記録からは、エルベ川上流地域から運ばれた麻織物がハンブルクを越えてさらにスペインに再輸出されたことや、代表的な植民地物産の一つであるタバコをはじめフランス産の塩やワインがハンブルクを経由してエルベ川上流に向っていたことがわかる。またエルベ川上流に向けては、ロシア革も流通していたが、おそらくこれはバルト海・リューベック経由でハンブルクにもたらされたものであろう。

　さらに18世紀になると、大西洋経済の形成を背景としてハンブルクからさまざまな商品がヨーロッパ各地へと流通するようになった。[6]大西洋貿易との関連で見えてくるハンブルクの大きな特徴は、ここが植民地物産の一大集積地となったことである。イングランドやフランス、スペイン、ポルトガルといった海洋国家が新大陸から輸入した植民地物産の少なからぬ部分がハン

ブルクへと再輸出されたのである。少し具体的に見れば、コーヒーはロンドンやフランスのボルドーとナントから、煙草はロンドン、ボルドー、リスボンから、砂糖はロンドン、ボルドー、リスボン、スペインのカディスから、そしてインディゴはロンドン、ボルドー、カディスからハンブルクへと向った。とりわけ、ロンドンとボルドーからの輸入が多かったのである。

海路ハンブルクに輸入されたこれら植民地物産は、ハンブルクで消費される部分を除きさらに再輸出された。二つの主要な流れがあり、一つはリューベックもしくはエーアソン海峡を経由してダンツィヒなどバルト海方面に向うもの、もう一つは、エルベ川など内陸のルートを経てライプツィヒほか内陸部へと向う流れであった。この意味で、ハンブルクは北方ヨーロッパで海陸を結ぶ重要な「ゲートウェイ」（流通・分配拠点）として位置づけられることもある（玉木俊明『北方ヨーロッパの商業と経済』31、300頁）。先に指摘したハンブルクにとっての主要な交易軸に沿って、植民地物産も流通したのである。

18世紀のハンブルクは、イギリスとの貿易関係を強めていった。イギリスからハンブルクに向かった商品で目立つのは、やはりタバコやコーヒー、砂糖といった植民地物産であるが、それに加えてインドからのキャラコ（綿織物）の輸入も増えていった。やがてイギリスは産業革命期を迎え、キャラコをはじめとする自国の工業製品を次々にヨーロッパ大陸へと輸出していくが、ドイツで最大の受け入れ口となるのはほかならぬハンブルクである。イギリス製品のドイツに向けた流れは、遅れて産業革命に突入しつつあったドイツ諸邦にとって、まさに経済面での脅威であった。かくして、ドイツではリストが保護貿易政策の採用に理論的な根拠を与え、歴史学派経済学が影響力を強めたのである（第4章（3）「歴史学派経済学の主張」、（4）「フリードリヒ・リストの主張」）。

◆2　ライプツィヒ

ライプツィヒは、ドイツ東部ザクセン地方の大市開催都市として発展して

きた。16世紀と18世紀の二度の繁栄を遂げた同市の大市は、近世ドイツを代表する大市として知られ、特に18—19世紀初頭にかけては、流通を通じて東欧と西欧を結ぶ一大商品集散地の役割を果たした。

◎最初の繁栄

　ライプツィヒの記録上の初出は11世紀、まずはブルク（城塞）として登場する。そののち、都市法を制定して外部から訪れた商人に護送を提供するなど、商都として発展していく。遅くとも13世紀には、ここで春と秋の二回の大市が催されていたことが確認できる。1458年には、領主であるザクセン選帝侯から新年の大市を開くことも認められ、これ以降、ライプツィヒでは年三回大市が開催されることとなった。ただしこの新年の大市開催に対しては、すでにこの時期に大市を開催していたハレから批判が寄せられ、その開催権をめぐってザクセン選帝侯のみならず神聖ローマ帝国皇帝をも巻き込んで争いが生じてしまう。結局は両都市ともに新年大市の開催が認められるようになったとはいえ、やがては集客力でライプツィヒがまさり、ハレのほうが市の開催時期を動かさざるを得なくなってしまう。この闘争は、ライプツィヒの都市当局に大市開催の法的な根拠、換言すれば、政治権力者からの「お墨付き」が大市の繁栄と存続にとっていかに大切かということを気づかせる契機となった。

　そこで1497年、ライプツィヒは皇帝マクシミリアン一世から三つの大市――新年の市、春（復活祭）の市、秋（ミカエル祭）の市――の開催権をあらためて得ることに成功する。これは周辺のほかの大市に対するライプツィヒ大市の優位を明記した、ライプツィヒにとって極めて大きな意味を持つ特権であった。この年に得た特権は、さらに1514年にローマ教皇レオ十世によって教皇令としても認められた。ライプツィヒ大市は俗界の催しであるにもかかわらず、聖界からも開催のための「お墨付き」が与えられたのである。

　むろん、これら一連の特許状以外にも、ライプツィヒが大市開催都市として繁栄することを可能とした経済的な条件が存在した。以下それを四つ挙げ

よう。

1. ライプツィヒ周辺地域での鉱業の発達：フライベルクやエルツ、ハルツなど周辺の諸鉱山の開発により、ライプツィヒは鉱産物の取引だけでなく鉱山投資のための資金調達や鉱山持分の売買のための市場としても機能した。
2. 経済的先進地域からの移民の受け入れ：ニュルンベルクを中心とした南ドイツやライン地域からライプツィヒに向けて多くの商人が進出を果たし、なかには商業だけでなく、ライプツィヒ周辺の鉱業や手工業の発展に大きく貢献した商人もいた。
3. 北方ヨーロッパにおける通商動脈の海上路から内陸路への移動：ハンザの衰退とともに東西ヨーロッパ間では内陸路を利用する取引が増え、東欧・ブレスラウ・ライプツィヒ・西欧を結ぶ動脈の重要性が増した。
4. ザクセン地域における手工業の発展：ライプツィヒ周辺で毛織物を中心に手工業が発展し、それが大市取引を促して商業・工業双方の発展が実現した。シュレージェン地方で多く生産されるようになった麻織物も、ライプツィヒで取引された。

　これらの経済的な条件を背景として、16世紀のライプツィヒは大市の第一の繁栄期を迎えた。当初大市の開催期間は8日であったが、取引規模の拡大は期間の延長を必要とし、16世紀には三週間となった。三週間は、それぞれ一週間ずつ準備期間、取引期間、支払い期間に当てられたが、区分はそれほど厳密ではなかったようである。店舗は建物の外部にも広がり、広場や街路は露天の店舗で埋め尽くされたという。大市は国際色を強めていった。16世紀には、ザクセン以外のドイツ人に加えてイタリアや低地地方、イギリスからの商人も目立つようになり、東欧からはポーランド系のユダヤ人が多く訪れた。遍歴する芸人や楽師たちによるさまざまな見世物も、大市の非

日常的な雰囲気を高めた。

　16世紀のライプツィヒの商業は、大市に牽引された部分がきわめて大きかった。年間を通じた都市全体の取引に占める大市取引の割合は、年によっては90％前後に達した場合もあった。大市で取引された基本的な商品だけを取り上げれば、ライプツィヒから西欧に向けて金属（銅、銀、錫）が、逆方向では毛織物が流通の中心をなした。東欧からは毛皮や皮革、蜜蠟が主要商品としてライプツィヒに向かい、これらも西欧へと再輸出された。そのほかにも麻織物や小間物、香辛料、魚、絹製品、宝石細工などさまざまな商品がここに集荷され、各地へ転売されていった。

　ライプツィヒ大市の繁栄は、ひとまず17世紀に中断する。三十年戦争はドイツ各地に多くの被害をもたらしたが、ライプツィヒもこの戦争により大きな痛手を受けた都市の一つである。戦争は大市の訪問者を激減させてしまった。さらにライプツィヒ市の財政の問題もあった。ライプツィヒ市当局が採掘条件の悪化した鉱山に無理な投資を重ねてしまい、17世紀の一時期、市の財政が領邦君主であるザクセン選帝侯の監視下に置かれるということがあった。大市が再度の繁栄期を迎えるのは、三十年戦争による混乱を収束させ、さらに財政の再建を果たしたのちの18世紀になってからである。

◎二度目の繁栄

　18世紀から19世紀初頭にかけて、ライプツィヒは大陸内のヨーロッパ東西間商業の通商拠点として傑出した位置を占めるようになった。一例として、1791年の春（復活祭）の大市を訪れた商人の出身地と数に注目すると（括弧内は訪問者数）、東欧ではポーランド／リトアニア（447人）をはじめギリシャ（76人）、ハンガリー（28人）、ロシア（12人）から、また西欧ではハンブルク（132人）、フランス（83人）、スイス（60人）、イタリア（32人）からの商人が目立った。とりわけ多かったのは、ポーランド／リトアニアからの商人であり、そこには多くのユダヤ系の商人が含まれていた。18世紀末のライプツィヒでは人頭税の徴収が免除されるなど、当時ユダヤ人に課せられていた諸規

制が緩和されていたことが、彼らのライプツィヒ大市訪問の増加につながったと考えられる。また、西欧ではハンブルクからの訪問者が多く、一都市でフランス全体（83名）を上回る訪問者（132名）を記録していた。ハンブルクの港湾都市としての重要性はもちろんのこと、ハンブルクを中継地とする北海・大西洋地域、とりわけ産業革命期に突入しつつあったイギリスとの通商関係の拡大も、ここには反映されているのかもしれない。フランスとライプツィヒとの関係は、リヨン産の高級絹織物の流通を中心に成り立っていた。

　第二の繁栄期にライプツィヒを中心に流通していた商品には、どのようなものがあっただろうか。一例として、ポーランド／リトアニア商人が扱っていた商品を挙げれば、西に向けては各種毛皮をはじめ蜜蠟、獣脂、硝石、琥珀、家畜などが、東に向けては羊毛、木綿、絹、麻を素材とする各種繊維製品や金属製品、インディゴ、コーヒー、砂糖、書籍、ガラス、ブリキなどがあった。おおよその傾向として、東から西に向けては一次産品が、逆方向では手工業製品や植民地物産が目立っていたと言えるだろう。

　西欧よりも東側に位置しているドイツ・中欧は、西欧と比べて遅れて大市（フェアー型の市）の時代を経験した（第2章（4）「市場」）。しかし、19世紀にもなればドイツ・中欧においてもあらゆる商品が集積される大市という制度は急速に陳腐化し、商業・流通界での重要性を失っていく。ライプツィヒでも大市が担ってきた役割は見本市に継承され、規格化された商品の生産を背景として見本品（サンプル）にもとづく取引が広く行われるようになった。さらにまたヨーロッパでは、見本市の機能をも取り込みながら大市や見本市と同様、時間と場所を限ってヒトやモノが一同に会する催し、すなわち博覧会が19世紀以降大々的に開催されるようになる。その非日常的、祝祭的な性格は、さらに百貨店にも継承されていくのである。

　　　　注
───────────────────────────────
（1）　スペインとイギリスも東アジアに進出したが、ここでは触れない。
（2）　ヤコウガイやオウムガイなどの貝殻の真珠色に輝く部分を磨いて薄片にし、切り取っ

て漆器や木地の表面にはめ込んだり張り付けたりして装飾する工芸技法。『大辞泉』増補・新装版、小学館、1995年、2758頁。
(3) 石坂ほか『新版西洋経済史』、118頁。メシュエン条約は、また経済学者デヴィッド・リカードが彼の貿易理論（比較優位）を説明する際に注目したことでも知られる。
(4) 以下フランスに関しては次の文献をおもに参照した。服部春彦『フランス近代貿易の生成と展開』ミネルヴァ書房、1992年、24―27、93頁。
(5) 諸田實「16、17世紀ドイツにおけるイギリス毛織物の輸入・仕上げ・販売――「ロンドン＝アントウェルペン枢軸」の延長」、『商経論叢』（神奈川大学）第35巻第2号、1999年、30頁、注17で用いられている表現。
(6) 以下、ハンブルクの植民地物産の貿易に関しては次を参照した。玉木俊明『近代ヨーロッパの誕生――オランダからイギリスへ』講談社選書メチエ、2009年、126―156頁。同『北方ヨーロッパの商業と経済――1550―1815年』知泉書館、2008年、267―303頁。

第14章　産業革命の到来

(1) 産業革命とはなにか

　産業革命の時代は、近代産業社会の到来を告げる歴史上の変革期として一般には位置づけられる。まずはイギリスが、他国に先駆けて18世紀後半から19世紀前半にかけて産業革命を経験した。その特徴は以下の三点にまとめられるだろう。すなわち、(1) 動力を用いた機械の広範な使用、(2) 新たな非生物的なエネルギー、とりわけ化石燃料の導入、(3) 自然界に本来存在しない物質の製造と利用である。これらを契機として、多くの産業で大規模な企業が出現するようになった（ロンド・キャメロン、ラリー・ニール『概説世界経済史Ⅰ』224-227頁）。以下では、「最初の工業国家」となったイギリスの産業革命と同国の流通事情に光を当ててみよう。

◎産業革命のための諸条件

　他国に先駆けて産業革命時代に突入することができたイギリスには、やはりそれを可能とする条件がそろっていたと見ることができる。あえて言えば、産業革命直前のイギリスは、あと一歩でそれが本格始動する段階にまで漕ぎつけていたと考えられるのである。

　まず生産面から見ると、工業はすでにマニュファクチャー（工場制手工業）の段階にまで達していた。労働者は作業場（工場）に集められ、製造工程は幾つかの工程に分けられて分業と協業が成り立っていた。製造される商品について見れば、インド産キャラコ（綿織物）の流通により、イギリス国内で

は伝統的な毛織物よりもむしろ綿織物に対する嗜好が喚起されていた。綿織物に対する潜在的な需要が確保されていたので、あとはいかにして大量生産を実現するかが問題であった。この最後の、いわば臨界点の突破を可能としたのが石炭を動力源とする機械、すなわち蒸気機関の採用である。蒸気機関の往復運動は、ピストンの採用により回転運動に変換された。かくして、機械は多方面で用いられるようになり、機械の需要増加は製鉄業の発展を促した。産業革命は、繊維産業のような軽工業だけでなく製鉄業のような重工業にも波及したのである。さらに鉄鉱石や石炭のような、既存の手段では輸送が難しい重い商品の大量輸送のために鉄道が実用化され、輸送力の大幅なアップが図られた。産業革命は動力革命や輸送革命を伴いながら、イギリスを「世界の工場」へと牽引したのである。

次にイギリスの国内市場について見ると、商品流通の拡大に向けて、いわば「正のスパイラル」が機能していたことが当時の状況から確認される。イギリスの農村では中産層の農民の両極分解が進み（第5章（3）「大塚史学の考え方」参照）、都市部に流出する労働者を生み出すとともに、クローバーやかぶらなどの飼料作物を取り入れて、牧畜の改良を伴った新たな農法が出現していた（農業革命）。これにより農産物の増産が実現し、国内の食料事情は18世紀を通じてかなりの程度向上した。食料供給の増大は食料価格の低下をもたらし、人々は食料以外の商品に向けた支出を増やしていった。こうした需要の増加は各種製造業への刺激となり、関係者の所得上昇と農村出身の労働者の新規採用につながった。所得の増加と労働力需要の高まりは、さらなる売り上げの増加、生産規模の拡大、所得の伸びを実現していった。拡大再生産のサイクルが生じていたのである。

◎海外市場との関係

海外市場の存在も忘れてはならない。まず、製品輸出市場としてインドをはじめとする帝国の植民地や古くからの製品輸出地域であるドイツ・中欧などが挙げられる。ドイツ・中欧向け輸出において大陸側の貿易拠点となった

のは、先にも取り上げたハンブルクである。イギリスの国内需要をはるかに越えて大量に生産されるようになった綿製品などの工業生産物が、海外に向けて盛んに輸出された。海外市場は原料調達市場としても重要である。工業原料となる原綿をはじめ茶やタバコ、コーヒーなどといった嗜好品がインドや中国、カリブ海周辺地域から輸入された。また、ヨーロッパ圏内ではバルト海周辺地域が鉄や木材、亜麻などの船舶用資材の調達地として重要だった。イギリスにとってバルト海の最重要貿易拠点となったのはロシアのサンクト・ペテルブルクである。18世紀以降のイギリスにとってバルト海は不可欠の貿易相手地域であった。

さらに海外市場において見逃せないのは、資金調達市場の役割である。資金調達市場として位置づけられたのはアムステルダムである。ここには、バルト海貿易を中心とする海運・商業により獲得された富が大量に蓄積されていた。これらの富がまず向かった先がイギリスである。例えば18世紀初頭、イギリス南海会社の株価が急騰したあげくに暴落したことがあったが、このような同社の株価の変動にオランダ人の投資行動が一つ大きな影響を与えていたことが知られている。オランダからの資金の流入が、「バブルの破綻」として歴史上有名な南海泡沫事件に関係していたのである。それ以外にも、オランダ人は安定した投資先としてイギリスの公債を選んだ。「財政＝軍事国家」としてイギリスが国家の基盤を整備するに当り、オランダの資金は大きな意味を持ったと述べてよいだろう（玉木俊明『近代ヨーロッパの誕生』170―173頁。C・ウィルスン『オランダ共和国』294―296頁）。

イギリスの産業革命は、よく「自生的」な産業革命と言われる。たしかにイギリスは、手本となる前例がない状況のもとで産業革命を展開させていった。おそらくその過程は試行錯誤の繰り返しであったことだろう。多くの技術が現場の熟練職人による経験の蓄積から生まれたことから、イギリスの産業革命は「下」からの変革であったとも言われる。この点で、ドイツや日本のように国家主導のもとで達成された「上」からの産業革命とイギリスの民間主導のそれとは性格が大きく異なる。しかもこれら後発先進国の場合、イ

ギリスの経験を踏まえて同国よりも短期間で工業化を達成させることができた。ガーシェンクロンが指摘する、「後発先進国の有利」という条件が生じたのである。

　しかし、「自生的」な産業革命が指摘されるとはいえ、イギリスの産業革命は決してイギリス一国内で展開して完結したのではない。上でも述べたように、国民経済を越えて広く海外市場とかかわりを持ちながらイギリスの工業化は実施された。世界市場の「中心」へと浮上しつつあったイギリスは、後発の先進国には有利な条件を与えたかもしれないが、世界経済の「周辺」に位置する植民地や貿易相手地域は、イギリスとの商品交換関係を通じて搾取され、「低開発」化されていった。世界経済のなかに産業革命を位置づけるまなざしは、ぜひとも必要である。

　また、イギリスの産業革命が民間主導で達成されたとはいえ、政府の役割も無視できるものではない。政府の「見える手」によりイギリスの産業革命は導かれたとする議論があることも付け加えておこう（L・マグヌソン『産業革命と政府――国家の見える手』）。

（2）　流通界の動向――産業革命前夜の時期を含めて

　産業革命前後の時期にかけてイギリスの商業・流通界で見られた変化を、ここでは以下の二点に絞って考察したい（石坂ほか『商業史』166―171頁）。

◆1　新たな流通組織の形成

　一つは、生産と流通の規模拡大が、これまでとは異なる新たな流通組織の形成に道を開いたということである。長きに渡りヨーロッパの人々は、週市や年市などといった定期市を通じて必要な商品を仕入れるのが一般的であった。週市では、ふつう生産者と消費者が直接取引を行っていたと考えられる。市の開催地から遠い辺鄙なところへは、行商人が直接商品を携えて売り歩くこともあった。

やがて、定期市の仮設の売り場は常設化されていき、店舗として小売店が各地に出現するようになった。イギリスでは、産業革命の前にある程度見栄えのする商店街がロンドンなどに出現していたようである。新たな流通の担い手としては、卸売商（ファクター）が登場しつつあった。商品の仕入れや供給を通じ、卸売商は生産者から消費者までを結ぶ流通のチャンネルの中心に位置するようになった。卸売商を中心とするこの流通の組織は、商業・流通史において正統配給組織と呼ばれ、イギリスでは17世紀末から18世紀にかけて形成されていった。

　産業革命期が到来し、流通規模が拡大して流通経路（チャンネル）が錯綜してくると、この組織はさらに強固なものとなったと考えられる。新旧の業者が入れ代わるなどの変化を見せながらも、卸売商は見本を携えて各地を移動する巡回商人の一群をも勢力下に置き、ロンドンやランカシャー地方などの商業拠点で勢力を拡大していった。かくして、卸売商を中心とする流通の網の目がイギリスの隅々にまで行き渡り、全国的に商品流通網が整備されていった。商品価格のばらつきも是正され、流通の面からも国民経済の形成は促されたのである。

◆2　商品の多様化、広範な普及

　二つ目は、人口の増加と都市化の進展を背景として、売買される商品の種類と量が増大し、それらが国民の各層に広範に普及したことである。

　前節でも指摘したように、イギリスでは産業革命開始前から人々の商品に対する需要が高まりを見せ、国内市場は拡大傾向にあった。産業革命の進展は、これに加えて都市部に著しい人口の増大をもたらした。この時期、各地で誕生した工場は多くの労働者を吸収したが、これらの工場が集中したのが都市部であった。それゆえ、労働者も都市へと集中し、都市部における小売店の増加につながった。とりわけ、マンチェスターやリーズ、リヴァプールなどといった新興都市では、人口の増加が小売店の著しい増加を伴った。例えば、産業革命の舞台となったマンチェスターの場合、1822年から1850年頃にかけて人口増加率は約140％、店舗の増加率はそれをはるかに上回る

500％前後にも達した。

　おもな業種ごとに店舗の増加を少し具体的に見てみよう⁽¹⁾。1822年から1851年にかけてマンチェスターでは、反物を扱う紳士服商は39から430に、小間物商は17から162に、靴屋は41から694へと大幅な増加を見せた。また、食料商を見ると、パン・粉屋をはじめ菓子屋、肉屋、チーズ屋、魚屋、果実・青果店、食料雑貨・茶商、茶・コーヒー商、家禽商、ベーコン・ハム販売、卵・魚干物商、貯蔵食料商といった具合に、専門店化が進みつつあった状況を見て取ることができる。茶、コーヒーといった舶来の嗜好品を扱う店は、主要な都市であればすでに各地に存在していた。

　むろん、同じような趨勢は最大の消費地であるロンドンにおいても看取される。1822年から34年にかけて、紳士服仕立屋は1,131から2,459へ、靴屋は896から2,054へとわずか12年の間に二倍以上の増加を見せた。食料商についても、マンチェスターと同じような多様性を見せ、紅茶・コーヒーの小売商は同じ12年間に93から187へ、パン屋は496から2,216へと増加した。

　大航海時代の到来以降ヨーロッパで普及し始めた舶来の嗜好品のなかでも、とりわけ茶はイギリスの生活文化を語るうえで欠かせない商品の一つとなった。トワイニングやリプトンといった現代にも名を残す茶商やイギリス東インド会社の販売努力により、アジアの茶は社会の上層から下層へと国民規模での普及を見せた。産業革命期にアルコール中毒が社会問題になれば、茶はまた健全なソフトドリンクとしても歓迎された。紅茶とともに朝食を取り、アフタヌーンティーを楽しむという、よくわれわれがイメージするイギリス流の生活文化が形成されていったのである。茶をたしなむ文化の広がりは、また茶器の普及を通じてウエッジウッドなどの陶磁器産業の発展にも繋がった⁽²⁾。

　産業革命の前から後の時期にかけて、商品は大量に生産されただけではない。産業革命の前から続いていた植民地物産などの海外産品の流入も、商品の多様化に貢献した。小売店の側でも、それに対応して扱う品目を特化させていく傾向が見られた。

店舗の増加と多様化は都市の街路を華やかなものとし、市街地は賑わいを増していった。人通りが多い地区では道路が舗装・拡幅され、歩道が設けられる場合もあった。照明が完備されれば夜間の通行の安全確保にもつながった。ガラスの普及に伴い、各商店主は商品のディスプレイにも工夫を凝らすようになった。ウィンドウショッピングが楽しめるような条件が整えられていったのである。ここで、産業革命初期のロンドンの商店街の様子をある書簡から見て取ることにしたい。1786年にイギリスを訪れたあるドイツ人女性は、ロンドンの街頭をその書簡で以下のように語る。

　　わたしたちは今夜美しいオクスフォード・ストリートを往復しました。……端から端まで歩くと三十分もかかって、街路の左右にランプが二列並んで煌々と光を放ち、真ん中を漆塗りの美しい四輪馬車がずらりと並んで走っています。しかも馬車の両側にはさらに馬車が二台、擦れ違うことができるほどのゆとりがあります。踏み石の敷かれた歩道は人が六人並んで歩けるほどの広さ、美しい照明に照らされた店のウインドーをゆっくり眺めても通行人の邪魔になることはありません。時計屋を通り過ぎると絹物か扇屋さん、隣りは銀細工店で、その先は陶磁器やガラス細工を売っている店といった具合です。これに劣らず目を奪うのはお菓子屋や果物屋です。綺麗なガラスのウインドーごしにパイナップル、イチジク、ブドウ、オレンジ、その他ありとあらゆる種類の果物がピラミッド形に並ぶ様は只々うっとりするばかり。

　　この街路は夜の十一時までフランクフルトの縁日を思わせる賑やかさで、人通りが絶えません。馬車の列もいつ果てるともなく続きます。
　　　　　　　　　　　　　　（モリー・ハリスン『買い物の社会史』112頁）

　ウィンドウショッピングを女性が夜に楽しむことができるだけの条件が、すでに整えられていたことがわかる。
　興味深いのは、小売商の大量出現とともに、規則の制定や店員教育などを通じて理想的な商人に関するある種のイメージのようなものが形成されつつあったことである。一例として、産業革命に先立つ1720年に開店した、ある嗅ぎタバコ屋の「従業員規則」から、幾つか規則をピックアップしてみよう。

・開店と同時に掃除をし、商品を陳列すること。
・注文を受けた場合には直ちに注文控え帳に記入し、誤りの有無を確認すること。
・顧客に対応したあとは、品物を直ちに元の位置に戻すべきこと。
・請求書の作成は商品によらず、常に帳簿によって行うこと。
・納品書と帳簿を比較対照し、両者を別々に計算すること。
・到着した商品は荷ほどきと同時に納品書によって確認すること。
・今日できる仕事を明日に引き伸ばさないこと。蟻に習って勤勉を旨とし、怠惰と過度の安逸を追放すべし。勤勉な手は富を創る。商売に適するは積極的な精神のみ。真摯、かつ勤勉にして信頼に足る者のみ栄える、と銘記すべし。真摯、勤勉、かつ信頼に足る者にして初めて大いなる富にも優る名声を勝ちうべし。(3)

　最後には、まさに現代でも通じる「商人(あきんど)の心得」とでもいうべき内容が盛り込まれている。イギリスでは、ダニエル・デフォーの『完璧なイギリス商人』が、早くも1727年に刊行された。理想的な商人とはどのような存在か、この種のイメージが産業革命前にもうでき上がりつつあったのかもしれない。

(3) 交通の発展

　イギリス国内市場は産業革命前夜から拡大を見せ、各地へと流通する商品の増大が輸送手段の改善を促した。18世紀には、ターンパイクと呼ばれる私設の有料道路が各地で建設され、都市部でも道路の整備が進んだことから、道路網はほぼイギリス全土を覆うまでに整備された。しかし、商品を満載した重量馬車の通過が招く路面状態の悪化は、当時の補修技術では十分防ぐことができず、とりわけ石炭や鉄鉱石といった重量商品を大量に輸送する際には、輸送コストの面からも水運による輸送が強く求められた。かくして18

世紀後半、イギリスでは運河の建設熱が一挙に高まりを見せた。

◎運河

　水路として天然の河川を利用するのであれば、季節の移り変わりや気象の変動に伴う水量の変化により、輸送条件が大きく左右されることになる。運河を利用すればこうした制約はなく、商品の輸送を常に安定させることができる。それゆえ、ヨーロッパでは輸送路の確保を目的として早くから運河の建設が盛んであった。産業革命初期のイギリスの運輸交通を支えたのも、まずは運河であった。マンチェスター・リヴァプール運河やロンドンと北西部の工業地域とを結ぶグランド・ジャンクション運河など各地で運河が建設され、天然の河川の利用区間も含めて工業の中心地と消費の中心地とが結ばれていった。

　その目に見える成果としては、輸送コストの低下による一部商品の価格引下げを挙げることができる。例えば、1761年に完成したブリッジウォーター運河は、マンチェスター近郊にあるブリッジウォーター公の所領の炭鉱から同市までの石炭輸送に利用され、この運河の完成によりマンチェスターの石炭価格はほぼ半減したといわれる。産業革命期のイギリスでは、まずは運河の建設を通じて交通網の整備が図られ、これまで国内各地でまちまちであった商品価格が一定水準へと収斂し始めた。国内統一市場の形成に向けた動きが加速化したのである。

　しかし、輸送面で国内統一市場を完成へと導いた立役者は運河ではなかった。当時の運河建設は私的な投資家に任されていたため、水深や幅などの規格が統一されておらず、それが運河の広域的な利用を難しくしたからである。概して、運河輸送は速度や信頼度、発着時刻の正確さの点で道路輸送に及ばず、建設に際しては多額の資本が必要とされた。加えて、運河の建設が不可能な地勢も存在したことから、その優位にはおのずと限度があった（石坂ほか『商業史』172—173頁。小松芳喬『鉄道の誕生とイギリスの経済』9頁）。イギリスが産業革命を完遂させ、さらにほかの国々も産業革命と工業化を推し進め

ていくためには、鉄道こそが不可欠な交通手段となった。

　◎鉄道の誕生
　鉄道の起源の一つとして、鉱山での輸送を挙げることができる。鉄道が誕生する以前に、ヨーロッパの炭鉱ではしばしば鉄ないしは木製のレールの上で人や馬が台車を動かす光景がみられた。さらにさかのぼれば、すでに古代ローマには石畳の上に二本の筋を轍として掘り込み、そこに車輪をはめ込んで荷車などを走らせる道路があった。

　近代に鉄道が誕生するうえで画期となったのは、やはり蒸気機関の誕生である。すでに18世紀末にジェームズ・ワットにより発明されていた蒸気機関は、1800年代初頭にはイギリスの主要な工業地域や炭鉱で実用化の段階にまで漕ぎつけていた。しかし、巨大な装置である蒸気機関を鉄道に応用するためには、それをコンパクトな形に改良して自走のための装置として車両に搭載する必要があった。蒸気機関車の開発をめぐって、19世紀初頭のイギリスでは、R・トレヴィシックやG・スティーブンソンなどといった技術者たちがしのぎを削った（小池滋『英国鉄道物語』。湯浅威『鉄道の誕生』）。

　このうち、実用的な蒸気機関車の開発に際しては、リチャード・トレヴィシック（1771―1833年）が果した役割が重要である。彼は南ウェールズの鉄工所から、工場と運河とを結ぶ貨物専用鉄道のために機関車の注文を受け、1804年に蒸気機関車を製造している。1808年には、ロンドンのユーストンで自作の蒸気機関車を一般に公開し、入場料を徴収したうえで人々に試乗の機会も提供した。ちなみに、その際に公開された機関車は「Catch-me-who-can」（捕まえられるものならば捕まえてみよ）号という少々人を食ったようなユーモラスな名前で知られる。

　しかし、トレヴィシックにはどこかしら「天才肌」のところがあるらしく、興味の対象を頻繁に変えるという欠点があった。この見世物が赤字に終わると、結局、彼は蒸気機関車の開発に対する関心を失ってしまったのである。それゆえ、トレヴィシックは「蒸気機関車の父」として称えられることはあっ

ても「鉄道の父」ではなかった。鉄道とは、いわば一つのシステム産業である。「産業革命期に培われた最新の技術を集大成し、うまく組織化して、一つの産業としてまとめ上げていく能力」(湯浅威『鉄道の誕生』132—133頁)を持つ者がそれに値するとすれば、ジョージ・スティーブンソン(1781—1848年)こそ「鉄道の父」と呼ぶにふさわしい。学校教育を受ける機会にも恵まれなかったスティーブンソンではあるが、本人の地道な努力はもとより周囲の技術者集団や、これも鉄道技術者として著名な息子のロバートの協力を得ながら、最初の本格的な鉄道であるストックトン・ダーリントン鉄道で有名な「ロコモーション」号を走らせることに成功し、喝采を浴びたのである。

　1825年に開通したストックトン・ダーリントン鉄道は、蒸気機関車が牽引することによりこれまでにない大量の貨物や旅客の輸送を実現したという点で画期的であり、それゆえに「世界最初の鉄道」と呼ばれる。しかし、近代的な鉄道ではなかった。なぜなら、この鉄道は敷地とレールを所有しているだけであり、自前の運行もあったものの、基本はそれらを一般の利用者に開放して通行料を徴収することにより成り立っていたからである。利用者は機関車や馬を持ち寄って走らせていたのであるから、性格は運河やターンパイクに似ていた。スティーブンソンは同社の技師であり、またその施設利用者の一人であった。

　これに対して、1830年に開通したリヴァプール・マンチェスター鉄道は、われわれが一般にイメージする内実を備えた鉄道会社であった。すなわち、線路や駅、機関車、車輌、必要な付属施設、従業員などを一体的に管理する企業体として同社は運営されたからである。「最初の近代的な鉄道会社」と呼ぶにふさわしい内容を備えていたのがリヴァプール・マンチェスター鉄道であった。ジョージ・スティーブンソンはこの会社でも技師を勤めた。また、同社で採用された蒸気機関車の一台に有名な「ロケット」号があり、これは1829年に開催されたレインヒルの機関車競技会で優勝した、ジョージの息子ロバートが製作した機関車であった。

◎鉄道の発展

　開通後、リヴァプール・マンチェスター鉄道の輸送量は大きく増えた。開通後5年間——1830年から1835年まで——で、旅客輸送は71,951人から473,847人に、貨物輸送量は1,433トンから230,629トンに、とりわけ石炭輸送量は2,630トンから116,246トンへといずれも大幅な伸びを見せた(4)。注目されるのは旅客輸送手段としての鉄道の役割である。当初、鉄道は石炭や鉄鉱石など、運河に代わる輸送手段として計画されたが、速度や快適性という点で旅客輸送手段としても将来性のあることが示されたのである。

　リヴァプール・マンチェスター鉄道は経営的にも成功を見せた。開通翌年の1831年に配当率はすでに9％に達し、1840年から43年にかけては10％と制限内での最高の配当を実現した。こうした成功が呼び水となって、イギリスは熱狂的とも言える鉄道建設ブームを迎えることになった。1830年台後半の第一次鉄道ブームでは幹線鉄道の建設を通じて国内の主要都市が結ばれ、さらに1840年代後半の第二次ブームでは支線の建設を通じて地方都市が鉄道のネットワークに取り込まれていった。鉄道建設が進む過程では、鉄道を通じて財をなす人々も出現した。とりわけ、ジョージ・ハドソンはヨークを拠点として中小の鉄道会社を次々に吸収してミッドランド鉄道という大会社に仕立て上げた。路線総延長にしてイギリスの鉄道のほぼ半分を一時自己の傘下に収めたことにより、彼は代表的な「鉄道王」として知られるようになった（湯沢威「鉄道の発生と世界への普及」9—14頁。小池滋『英国鉄道物語』52—58頁）。

　鉄道の出現が産業革命、工業化の進展に及ほした影響は圧倒的とも言えるものがあった。では、イギリスの商業・流通界に与えた影響はどうであっただろうか。以下にまとめてみよう（石坂ほか『商業史』174頁）。

　①**原材料や製品のストックの削減**：鉄道は正確・確実な物流手段となったので、商人や工業経営者は在庫を減らすことができ、それらのコストの削減につながった。

②**馬の開放**：馬を交通の用途から開放して農耕用に振り向けることができた。交通動力が畜力から化石エネルギー（石炭）へと移行したのである。

③**市場相互のコミュニケーションの促進**：イギリス各地が鉄道で結ばれたことにより、商品価格の平準化に向けた動きがいっそう促され、全国的な市場圏の形成に向けて大きな弾みとなった。さらに、人の移動が活発化したことにより人的接触にもとづく信用取引が増え、そこから開放された資本をほかに流用することが可能となった。

人の移動に関しては、通勤とレジャーの二点について補っておきたい。産業革命に伴う都市部への人口の集中は、郊外から鉄道を利用して都心へと通勤する一群の人々を生み出した。一方で、鉄道は上流階級から庶民まで幅広い階層に移動の手段を提供し、観光・レジャーを盛んにしたことから、生活文化にも大きな影響を与えたと言うことができる。

鉄道はまた、いわゆる標準時の必要性を人々に痛感させた。かつて、時間は地域によりまちまちであったが、長距離運転が開始されてからも鉄道沿線の時間がばらばらであれば、安全の確保はおぼつかない。安全の確保や定時運転の実現のために、鉄道は時間を守ることを通じて人々の時間意識にも影響を与え、生活の規律やリズムといった面からも近代化を促したのである（湯沢威「鉄道の発生と世界への普及」19—22頁）。

注

(1) 以下、マンチェスターとロンドンに関する数値は、徳島達朗『近代イギリス小売商業の胎動』梓出版社、1986年、182—185頁を参照。
(2) 周知のように、茶は綿やアヘンとともにイギリスが繰り広げたにアジアの三角貿易をなす商品の一つである。第2章（1）「商品」および第15章（1）「世界商業史的前提」を参照。
(3) モリー・ハリスン（工藤政司訳）『買い物の社会史』法政大学出版局、1990年、124—127頁より、省略を施したうえで引用した。

(4) 湯沢威「鉄道の発生と世界への普及」、湯沢威・小池滋・田中俊宏・松永和生・小野清之『近代ヨーロッパの探求14　鉄道』ミネルヴァ書房、2012年、10頁、表序—1を参照。

第15章　大衆消費社会の成立

(1)　世界商業史的前提

　産業革命時代の到来により、イギリスはその圧倒的な生産力を背景としてヨーロッパ商業さらには世界商業において主導的ともいえる地位を占めた。19世紀を通じて世界商業の中心に位置していたのはロンドンであり、この基本的な体制は第一次世界大戦まで維持されていく。

　イギリス商人は綿製品をはじめ機械、レールなどの重工業製品、石炭などを輸出するとともに、原綿をはじめ羊毛、穀物、砂糖、茶、煙草などの食料、原材料を世界各地から輸入して、これら商品の価格の決定権を掌握した。その際、ロンドン市場の貿易金融や決済機能を活用することにより第三国間取引にも手を広げることとなり、イギリス商人は世界の貿易の過半を支配するまでの勢力となった。かくして、ロンドンは世界商業における多角的決済の中心となり、世界各地から金融業者を集め、貿易にちなむ金融業を国際的に展開するマーチャントバンカーの活動拠点となった。19世紀後半には、世界の主要国がイギリスに倣って金本位制を採用したことにより、基軸通貨であるポンドの流通拠点であるロンドンに国際的な決済が集中した（石坂昭雄「世界の中心市場」『歴史学事典1 交換と消費』478頁）。

◎ふたたび木綿に着目する

　さて、イギリス産業革命の中心に位置した製品は、いうまでもなく綿製品である。輸入した原綿を加工することにより、輸出の中心には、かねてより

ヨーロッパ国際商業の最重要商品であった毛織物製品に代わり綿製品が位置するようになった。本書では、消費という観点から既に綿織物（木綿）について考察したが（第2章（1）「商品」）、以下では世界商業との関連で幾つかの点を補っておきたい。

　まずは原料（綿花）の確保についてである。綿の木は西アジアが原産地とされ、イギリス国内での栽培は難しい。それゆえ、海外からの供給が必要とされたが、イギリスにとって最大の供給地となったのはアメリカ合衆国南部である。イギリスは、インドを自国産の綿製品の販売市場へと変質させてしまうと、まずはインドから原料の綿花が輸入されたが、やがては茶（紅茶）の輸入が主流となる。綿花は、綿の木の栽培に適したアメリカ南部からイギリスに大量に輸出されるようになった。周知のように、ここで綿花の栽培に従事したのはアフリカから連行されてきた黒人奴隷とその子孫である。実は、アメリカは既に1808年に海外との奴隷貿易を禁止していた。それゆえ、綿花栽培地域（綿花王国）に送られた奴隷は、かつてヴァージニアで煙草栽培に従事していた奴隷など、アメリカ国内の州際取引を通じて調達された奴隷である。「奴隷貿易の廃止は、奴隷制の廃止には直結しなかった。産業革命によって巨大化したイギリスの生産力は、原料供給地としての綿花地帯を成立させ、奴隷制の新たな地域への拡大をもたらした」。このようにまとめられる（池本幸三「ヴァージニア植民地と黒人奴隷」『週刊朝日百科　世界の歴史87　18世紀の世界1』B-557頁）。

　一方、製品としての綿布は世界とどうかかわっていたか。それを端的に示すのは、やはり「アジア三角貿易」ということになろう。すなわち、国民の各層にまで茶（紅茶）をたしなむ習慣が普及していたイギリスが、その茶を中国から輸入する際に、銀による支払いを避けるために構築した決済のシステムである。かくして、インド産のアヘンを中国産の茶の支払いに当て、アヘンの輸出で生じたインドへの支払いにはイギリス国産の綿布を当てるという、ユーラシア規模で商品が流通する巨大な貿易のサイクルが出来上がった。

　こうしてアジアがイギリスに従属する状況が生じた。以下、この従属（低

開発)にかかわる問題を二つ指摘しておきたい。一つはインドの植民地化である。インドはイギリスの産業革命の展開とともに綿布(キャラコ)の生産地からイギリス産綿布の販売市場へと変質していく。イギリスの植民地となる過程で、大帝国インドは工業製品の供給地から原材料供給地へと貶められてしまったのである。もう一つは、中国におけるアヘンの普及である。アヘンの輸入が中国(清)の危機に直結する問題であることを、中国側でアヘン没収を指示した林則徐は理解していた。しかし、その没収に端を発したアヘン戦争(1840—42年)は中国側の敗北に終わり、アジアのもう一つの大帝国である中国さえもイギリスに対する従属的な立場を強めてしまった。「アヘン戦争はイギリスにとって、アヘン貿易を終結させたのではなく、逆にアヘン貿易の増大と、インド・香港などの植民地支配の強化、さらには産業革命から100年を経た工業生産物の広大な市場開拓を実現させた」(加藤祐三「アジア三角貿易の展開」『週刊朝日百科 世界の歴史87 18世紀の世界1』B-573頁)。

産業革命期のイギリスで垣間見えた消費社会は、やがてアメリカをはじめとする先進地域の都市部で本格的に開花し、大衆消費社会が到来する。資本主義世界経済という体制の中で、豊かな地域の消費生活は、その裏面でアヘンの害毒や強制労働に苦しむ人々で満ちた世界を伴うものであったということを忘れてはならない。

◎イギリスに続く国々

次に、ヨーロッパ主要国の関係を見ていこう。イギリス産の綿製品は、19世紀末にはおもにインドを中心にアジアに輸出されるようになったが、それまで同国の工業製品はヨーロッパ大陸が主要な販売市場であった。それゆえ、イギリスに遅れて産業革命に突入したフランスやドイツなど大陸側の主要国は、程度の差はあれ保護貿易策を掲げながら自国産業の保護育成に努めていった。

フランスは、コルベールの登場以来重商主義政策を推進し、海上貿易に力を入れるとともに自国製造業の保護育成を目的として保護主義的な貿易政策

を採用してきた。フランス革命期には「営業の自由」とともに自由貿易が一時的に主張されたとはいえ、革命後は改めて保護貿易体制が強化され、繊維部門をはじめとする零細経営を温存するかたちで産業革命が進展していった。一方、国家としての統一（1871年）が遅れたドイツは、先進国のなかでもイギリスやフランスといった先発の国々に対して後発先進国として位置づけられる。19世紀に入り、ドイツも産業革命へと突入していったが、流通面で特徴的なこととしてはドイツ関税同盟の結成（1834年）が挙げられるだろう（第4章（4）「フリードリヒ・リストの主張」）。プロイセン主導のもとで登場した関税同盟は、共同市場の形成により政治的な統一に先駆けてまずは経済面でドイツの統一を推し進めていくことになった。鉄道建設の強化をはじめライン川・エルベ川の航行自由化（1821年と31年）や通貨の統一（1838年）も統一市場の形成に貢献した（石坂ほか『新版西洋経済史』181頁）。イギリスと比べて国家主導の「上」からの産業革命であることが、ドイツに関してはよく指摘されるが、外部に向けた関税の障壁の度合はそれほど高いものではなかった。当時、ドイツ東部の資本家的な地主（ユンカー）やハンザ都市の商人が自由貿易を主張していたため、ドイツ全体では保護貿易主義は貫徹されたものとはならなかったのである[1]。

　独仏両国をはじめベルギー、スイスといったヨーロッパの主要国は、19世紀中頃までに産業革命を一区切りさせ、綿織物を中心に国内消費をも上回る生産力を確保することができるようになった。こうした状況を受けて、西ヨーロッパでは1860年の英仏通商条約の締結を契機として自由貿易の時代が到来し、アメリカやアジアの諸国も加わり、世界商業はこれまでにない大きな発展を見せることになった。

　ナポレオン戦争の終了から第一次世界大戦開戦までの「平和の100年間」を通じて、世界の人口の伸びは約2倍であったのに対して、貿易額は20億ドルから400億ドルへと20倍もの増加を見せた。19世紀のこの貿易拡大の要因として、以下の三点を挙げることができる。①技術革新と消費生活の変化が進み、新たな原料や消費物資に対する需要が増大したこと。②18世紀

のアメリカ独立を皮切りとする植民地の独立やアジア諸国の門戸開放が世界市場の形成を推進したこと。③ヨーロッパ諸国からの移民や海外投資が貿易の拡大を促進したこと（石坂ほか『商業史』189—191頁）。以上三点である。

　このように、19世紀には世界規模で貿易の大幅な拡大があったとはいえ、この間、自由貿易が主流を占めた期間は実はわずかであった。やがて、国際商業の領域では再び保護貿易体制が強化されていく。契機となったのは1873年の恐慌の到来であり、世界経済はその後20年続く「大不況」を経験する。イギリスのみは自由貿易（自由貿易帝国主義）を貫こうとしたものの、それ以外の世界各国は互いに報復的関税障壁を設けるまでに危機意識を強めてしまい、他国の工業製品や農産物の輸入を阻止しようと努めた。さらに列強は植民地を囲い込み、経済圏のブロック化を推し進め、独占体制を強化していった。こうして19世紀の末には世界市場を舞台として、古くからの列強以外にも植民地争奪戦でのこれまでの遅れを取り戻そうとするドイツ、ロシアに加えて新大陸のアメリカ、やがては新興国日本も加わり、植民地の獲得やアジア、中南米の商品市場、資本市場の争奪を競い合う帝国主義の時代を迎えるのである（石坂ほか『新版西洋経済史』239頁）。とりわけ、アメリカとドイツはイギリス以上に重化学工業部門、すなわち鉄鋼や電機、化学、機械などの部門で著しい発展を見せ、世界商業のなかでシェアを増すことにより、やがてはイギリスの圧倒的とも言える地位を徐々に切り崩していくことになる。

　特にアメリカは、第一次世界大戦以降イギリスの後を継いで世界経済の覇権を掌握し、大衆消費社会の成立に際しても主導的な役割を果たしていく。上で述べた、19世紀の世界貿易拡大の三つの要因に再度注目しておきたい。なぜならこれら三点は、いずれもアメリカの発展と関係しているからである。すなわち、①は、まさしくアメリカにおける大衆消費社会の成立にかかわる。豊富な資源と広大な国土に恵まれたアメリカでは、資源浪費型とも言える物質文明が花開いて聞く。②は政治的な独立を果たしたアメリカの国家としての躍進にかかわる。そして③は、移民の受入れ国として関係する。なぜなら、

ヨーロッパからの移民の受け入れ先として圧倒的に重要だったのがアメリカだったからであり、イギリス本国(アイルランドを含む)をはじめドイツ、ロシア、イタリアなどから大量の移民がアメリカへと向かい、市場を拡大したからである。

(2) アメリカにおける商業・流通の発展

前章で検討したように、産業革命期のイギリス都市部では各種の小売店が数を増すなど、消費社会の誕生に向けた動きを見て取ることができた。これまであまり注目されることのなかった「消費」が、これ以降は商業・流通の世界で大きな比重を占めていくことになる。商品を生み出す生産力の増強を背景として、19世紀末から20世紀初頭の欧米先進国ではモノの消費を重視し、しかもそれを享受する消費社会が誕生した。なかでもアメリカは、国民の広い層に必要な商品のみならず、嗜好品など必需品とはいえない商品さえもが広く行き渡る「大衆消費社会」をいち早く出現させた。以下本節では、アメリカ国内の商品流通の展開を辿りながら、同国を中心に大衆消費社会の成立について検討していきたい。

19世紀、アメリカは産業革命の進展とともに急速な工業化を成し遂げ、国内市場を中心に商業でも発展が見られるようになった。同世紀の初頭まで、アメリカで商業の発展とともに都市化の進展が見られたのは大西洋沿岸地域に限られていた。開発の最前線(フロンティア)は西へと進みつつあったものの、内陸部は開発の拠点となる集落が点在する程度でしかなかった。それゆえ、商業が発達したのはボストンやフィラデルフィア、ボルティモア、ニューヨークなど、イギリスをはじめとするヨーロッパ諸国との貿易の窓口となった港湾都市とその周辺である。とはいえ、19世紀のアメリカは急速な経済発展を実現し、前世紀の政治的な独立に引き続き経済的な独立を達成することができた。これにより、商業全体に占める国内市場の比重が高まったのである。

◎三つの地域への注目

　さて、広大なアメリカの国土は、19世紀には経済的な性格を異とする三つの地域から成り立っていたことが知られる。すなわち、西漸運動の舞台で農業・牧畜が中心産業である西部と煙草や綿花など輸出向け作物を奴隷制プランテーションで生産していた南部、そして対ヨーロッパ貿易の窓口である都市が連なり、かねてより商工業が発達していた北東部の三地域である。この三地域の間で分業体制が成り立つことにより、19世紀前半のアメリカでは商品流通が活発化していった。

　これら三地域のうち、北東部は工業を発展させていたので、綿織物をはじめとする工業を守るために貿易論においては保護貿易が主流を成していた。これに対して、イギリスなど海外向けの産品を生産していた南部は、いうまでもなく自由貿易を主張していた。このように、貿易政策をめぐって対立が続くなか1840年代のアメリカは鉄道建設時代を迎え、路線網は北東部から各地へと広がりを見せていった。同じ頃、大陸内の中西部ではピッツバーグを拠点に製鉄業を中心とする工業地域が誕生しつつあった。やがて北東部と中西部は鉄道を介して経済的に結びつき、両者は保護貿易論を基調に政治的にも結束を強めるようになった。このような動きは、南北戦争で保護主義を掲げる北軍にとっても追い風となった。かくして、この戦争は北軍の勝利に終わり、保護貿易と自由貿易をめぐる政策論争は保護貿易派が主導権を握ることで落ち着きを見せた。この後、アメリカでは三地域が融合していくとともに西漸運動の進展により国内市場が拡大し、経済の一層の発展を実現させていくことになる（老川慶喜・小笠原茂・中島俊克編『経済史』71―72、116頁）。

　19世紀アメリカの経済発展に鉄道が大きく貢献したことはよく知られる。その重要性は、場合により誇張される場合もあったとはいえ、資材の輸送、商品流通の面で鉄道が担った役割は十分強調されてよい。建国以来アメリカでは、まずは有料道路や運河が交通手段として重視されてきた。確かに運河の建設は、北東部の水運網の整備を通じてニューヨークの経済的重要性を高めるなど好影響をもたらしはしたが、その効果は五大湖や河川流域の周辺に

限定された。これに対し、鉄道は大陸横断鉄道の建設などを通じて広大なアメリカの国土を結びつけ、統一的な市場を誕生させるうえで大きな働きをなした（田島義博『歴史に学ぶ流通の進化』150頁）。当初、南部での鉄道の建設は遅れたとはいえ、19世紀を通じてアメリカでは、まずは北東部や中西部の主要都市が鉄道とともに商品流通のネットワークに組み込まれていった。こうして大衆消費社会が誕生する条件は、交通面からも整備が進められていった。

　◎商業の担い手

　商業の担い手に注目してみよう。広大な国土を誇るアメリカはヨーロッパと比べれば歴史も浅く、流通網の整備も19世紀中頃までは不十分なものでしかなかった。それゆえ、製造業はまずは限られた市場を相手に生産活動を繰り広げることとなり、広域的な流通に関しては専門の卸売業者が支配した（常松洋『大衆消費社会の誕生』5頁）。当初活躍したのは、ボストンやニューヨーク、ボルティモアなど大西洋沿岸の都市商人であるが、やがてシカゴやシンシナティなど内陸の都市も流通面での拠点性を強め、商人を輩出していった。

　国内流通網が少しずつ整備されていくと、アメリカでも商品流通規模の拡大とともに卸売商と小売商の分化が進んだ。すなわち、生産者（輸入業者）と小売業者の間を卸売商が介在し、消費者にいたるまでの流通のチャンネルを統括するという古典的な流通秩序（正統配給組織）が形成されていった。むろん、小売業者には行商人（ヤンキー・ペドラー）も含まれた。西部開拓の最前線のように交通網や商品流通網が未発達で人口も少ない地域では、当然小売店もまだ存在しなかったので、開拓者たちは自給できない商品を行商人から調達した。国土が広大なアメリカでは、全土にわたり西ヨーロッパのような緻密な交通網・商品流通網を張り巡らせるわけにはいかなかった。自家用車が普及するまで行商人や巡回商人が果たした役割は、われわれが想像する以上に大きかったのではないかと推測される。

　とはいえ、辺境の地でも人口が集積すれば小売店が出現した。たいていは

地元の人々がほしがる品や必需品を扱うよろずや的な性格が強いゼネラルストアであったと考えられる。一方、北東部を中心に都市部では比較的早くから数多くの小売店が出現し、ある統計によれば、ニューヨーク州では既に1840年の段階で一万以上（12,207店）もの小売店が存在していたという。これら都市部の小売店も、まずはよろずや的な性格が強かったと考えられるが、19世紀後半にかけて鉄道や通信（電信）網が整備され、流通する商品の種類と量が増えるにつれ、食料品をはじめ織物、衣服、金物、靴、宝石、家具、薬品、書籍、陶磁器などを専門的に扱う小売店が増えていった（田島義博『歴史に学ぶ流通の進化』160—167頁）。

　しかし一方で、卸売商の重要性はそれほど長続きせず、鉄道網の整備や都市化が進むにつれ彼らの役割が低下してしまった。背景にあったのは、製造業者の勢力拡大である。製造業者は自らの商標を施した商品を積極的に流通させるようになり、その販売のために製造業者自身が派遣した巡回販売員が利便性を増した交通手段を用いて各地を回るようになった。製造業者は、新聞や雑誌の広告を活用して自社製品の売込みを図るなどの工夫も行った。裁縫機や収穫機のような機械製品であればアフターサービスが必要となるので、そのためにも製造業者は自ら販売網の整備に力を入れることが求められた。部品の互換性や単能的な専門的工作機械に依拠した大量生産体制が整いつつあったアメリカでは、製造業者は過剰な在庫をかかえることのないよう自ら販売に力を入れたのである（石坂ほか『商業史』203—206頁）。

（3） 大衆消費社会の出現

　大量生産は大量消費を伴う。さらに流通する商品の種類も増え、「石鹸や薬品、缶詰めや瓶詰めの食品、衣類など従来自家製のもので事足りていた物品が商品化」されるようになれば、「これらの商品の大量販売を迫られた製造業にとって、消費者の創出と並んで、卸売業者や小売店の頭ごしに、いかに消費者に直接アピールするかが、もう一つの重要な課題となってくる」（常

松洋『大衆消費社会の誕生』17頁)。すなわち、広告が重要な手段となってくるのである。その広告も、商品の効能や特徴を説明するだけの芸のないものからゆとりある市民に好まれる「満足ゆく生活」(グッドライフ)を強調する洗練されたものへと変化していく。商品の売込みに際しては、商標が強力な武器となった。製造業者は商標を活用して自社の製品を消費者の脳裏に刷り込んでいった。こうして、特定の銘柄(ブランド)に対する信仰が生まれてくる。広告の日常化とともに「消費」についてのイメージも変化していった。かつてはどちらかといえば否定的な意味合いで用いられた「消費する」(consume)という言葉が中立化し、肯定的な意味を帯びるようになったのである(常松洋『大衆消費社会の誕生』17—22頁)。

◎都市化の進展

大衆消費社会の出現が都市化の進展を伴っていたことは言うをまたない。都市部では、工業の発展が労働者の雇用を生みだしただけではない。商業や交通、情報や文化など各方面での都市の中心地機能の増大は、現場での労働に加えて事務職や知識労働に従事する機会を増大させ、都市部への人口流入を加速化させた。とりわけアメリカでは、機械化の進展に起因する農業面での生産性の増大が省力化を生み、余剰となった人々の都市部への移動が促された。このような人々を広く受け入れるとともに交通網、流通網の発展を背景として、ニューヨークやシカゴは商業面で一大輸送センターとして発展を見せた。また都市のなかには、特定の産業部門と結び付いて発展する都市も見られるようになり、例えば、ピッツバーグは製鉄・製鋼業、クリーブランドは重機械工業、デトロイトは自動車産業とともに発展した。

これら主要都市の人口増加には著しいものがあり、1860年から1910年までの50年間の増加(おおよその数)を以下に示せば、ニューヨークは117万5,000人から647万5,000人へ、シカゴは11万2,000人から244万7,000人へ、ピッツバーグは4万9,000人から104万5,000人へ、クリーブランドは4万3,000人から61万3,000人へ、デトロイトは4万6,000人から50万1,000人

へと大きく伸びていたことがわかる（石坂ほか『商業史』226頁）。鉄道をはじめとする通勤手段の発達は、都市郊外の居住者を増やして衛星都市を誕生させ、大都市圏を出現させていった。

　経済活動全体が活性化して所得が向上することにより、都市部を中心に人々の購買力も拡大を見せた。消費文化は近代の文化、とりわけ都市文化をなりたたせる重要な要素の一つとなった。やがて都市部では百貨店やチェーンストアなど、大量消費を促す大規模小売業が出現し、大いに発展していくこととなる。

◎百貨店の発展
　史上初の百貨店は、一説によれば、アリスティド・ブシコーが1852年にパリで開店した衣料品店ボン・マルシェであるといわれるが、「一つの屋根のもとに衣料品などの買回品を中心とする多種類の商品・サービスを取扱ってワンストップ・ショッピングの便宜を提供」する店が（前田和利「デパート」『歴史学事典1 交換と消費』613頁）、むろん突然登場したというわけではない。例えば、反物を扱う専門店が既製服、さらには帽子やアクセサリー、ハンドバッグ、香水・化粧品、靴へと品種を拡大するなど、専門店が商品構成を拡大して総合化する傾向は以前から見られた。

　これに対してブシコーの店舗は、これまでの小売店とは違う以下のような特徴が施されることにより、今日にまで至る百貨店の出発点となった。①仕入れた商品の回転を速めることにより、以前よりも売値と原価との差額（マーク・アップ）が少なくとも事業が成り立つ体制を整えた。②商品の価格を明示して値引き交渉の余地をなくした。③買う買わないは問わず、だれでもが自由に入店できるようになった。④返品を認めるようにした。

　さらにアメリカでは、近代的な経営という面から以下のような特徴も百貨店に備わるようになった。

　Ⅰ. **売り場別分権管理**：各商品群が独立した売り場を構成し、部門別に管理運営されることにより経営責任が明確になった。

Ⅱ．職能別分業：仕入れや販売、物流など従業員が職能別に配置され、こうした分業体制のもとで全体的な協業が成り立つ近代的な組織管理体制が成立した（石坂ほか『商業史』233―236 頁。田島義博『歴史に学ぶ流通の進化』171―175 頁）。

　大衆消費社会の成立を背景として、百貨店が著しい発展を見せたのはアメリカである。大都市に誕生したおもな百貨店を挙げれば、ニューヨークのスチュワート（ワナメーカーに買収）、メーシー、シカゴのマーシャル・フィールド、シアーズ・ローバック（通信販売から参入）、フィラデルフィアのワナメーカー、デトロイトのハドソンなどとなる。これら大都市の大規模な百貨店のなかでもメーシーは、「無料の配送サービス、美しいウインドー・ディスプレイ、各種の催し物、バーゲンセール、子供の遊園施設の設置など、買物の楽しさを消費者に満喫させる点」（石坂ほか『商業史』235 頁）で先端に位置した。アメリカに限らず 19 世紀末から 20 世紀初頭にかけての百貨店は、消費の殿堂として外装・内装ともに宮殿のような豪華な建物を誇り、陳列される豊富な商品群と広大な店内は、当時発展しつつあった博覧会の会場を連想させるほどであった。

◎チェーンストア化と通信販売

　ただし、アメリカでは両大戦間期を境に百貨店の売り上げは減少していき、第二次世界大戦後は小売店の売り上げに占める百貨店のシェアも減少していく。モータリゼーションの展開による郊外への人口移動とともに、チェーンストアの成長がアメリカではいち早く展開していくのである。

　初めて登場したチェーンストアは、通説では 1859 年に設立された A＆P（グレイト・アトランティック・アンド・パシフィック・ティー・カンパニー）であるとされるが、一人の小売商人が複数の店舗を所有した事例はそれ以前にもあったことは疑いない。しかし、グロサリー全般を扱う A＆P 社の店舗数の増加は、おそらく前例がないほど著しいものがあった。すなわち、20 世紀の到来とともに 200 店舗を超え、1920 年には 4,621 店、1930 年には 15,737 店

とまさに爆発的な増加を見せた。

　チェーンストアに共通する特徴としては、①多数の店舗を設けて販売量を増して経費を節減する。②小額の資本で出発し、利益の再投資を繰り返すなかで規模を拡大させた。③分散した店舗の管理・経営を専門知識を備えた管理者が担当した。④廉価販売実現のために掛売りと配達を廃止した、という点が挙げられる。

　G．M．レブハーによれば、チェーンストアの歴史は次の三つに区分されるという。

　　① 1859—1900年：食料品や小間物雑貨などの分野でパイオニアが登場した時期。
　　② 1900—1930年：数百の新たなチェーンが生まれ、その存在が恐れられるようになった時期。
　　③ 1930年以降：スーパーマーケットが登場してこれまでのチェーンストアの存立が脅かされたことにより、スーパーへの転進を図るなどの再編を図り、流通システムのなかで自らの存立期盤を見出していった時期（石坂ほか『商業史』238—241頁。田島義博『歴史に学ぶ流通の進化』175—176頁）。

　都心部の百貨店とは違い、チェーンストアは大都市郊外の開発の波に乗りながら流通業界のなかで地歩を築いていった。

　また、アメリカの小売業の特徴として、通信販売が大きな発展を見せた点が挙げられる。交通や流通の結節点をなした都市部とは違い、こうしたインフラ整備の恩恵に当初与ることのなかった農村部では、都市部と比べて商品価格が高く、しかもすぐには入手できない状況が続いていた。そこに目をつけたのが、モンゴメリー・ウォード社（1872年設立）やシアーズ・ローバック社（1892年設立）など、カタログを配布することにより商品の注文を受け付ける通信販売業者である。これら業者の数百ページにも及ぶカタログには、毎年の最新のモデルの商品が掲載され、その品揃えは百貨店並みであった。しかも、仲介業者を排除するとともに大量仕入れ・大量販売を実施したこと

から販売価格を抑えることができ、通信販売業界の売り上げは急速に伸びていった。

　まずはアメリカを舞台として大規模小売業が大々的に発展し、流通のチャンネルから卸売商などの仲介業者が排除される傾向が続いた。チェーンストアの出現に端を発した流通業界の新たな動きはやがて流通革命と呼ばれ、わが国では戦後になって本格的に展開していくこととなる。

（4）近代日本の商業と大衆消費社会

◎近代日本の商業

　江戸時代の日本の対外商業は、鎖国といういわば管理貿易体制のもとに置かれていた。しかし、1853年のアメリカ使節ペリーの来航を契機として1858年に日米修好通商条約が結ばれると、その後はイギリスやロシア、フランス、オランダなどと通商条約を結ぶことにより、わが国は近代の世界市場へと組み込まれていくことになった。ただし、江戸幕府がこれら諸国から要求された関税自主権や領事裁判権、最恵国条項は明治政府も継承せざるを得ず、このような不平等条約を抱えている限り、国際的に見て日本は半独立国でしかなかった。条約改正が達成されたのは、わが国で憲法が制定され（1889年）、さらに西洋の近代法をモデルとして民法や商法、刑法なども整備される見通しとなった1894年のことであり、1899年から適用されることになった。

　また同じ頃、日本は産業革命期を迎え、20世紀初頭に急速に生産力を増強させていくとともに、経済全体の貿易への依存度を高めていった。貿易依存度（国民総支出に占める輸出・輸入額の合計値）を見ると、1880年代後半には13％程度しかなかったのに対して1910年代には約30％に達するまでとなり、イギリス（44％）やドイツ（38％）とイタリア（28％）の間に位置するまでとなった。日本も世界の主要国と同様、貿易に依拠しながら経済を発展させていたのだった。国内商社の活躍もあった。外国貿易の担い手であるわが国の商社

は、低い手数料や注文を受ける以前の商品買い付け（見込取引）、産地での直接買い付け、そして横浜正金銀行による資金援助などを武器として外国の商社に対する優位を獲得し、シェアを高めていったのである（石井寛治『日本流通史』100、120—127頁）。

　国内商業に目を転じよう。通説に従えば、江戸時代のわが国の流通機構において卸売業は「問屋」と「仲買」に区別されていた。一方の「問屋」は商品集散地で荷主から商品を仕入れ、手数料を徴収してそれを仲買に売り、他方の「仲買」は問屋から仕入れた商品を小売商に売却した。このうち問屋は、売買の仲介だけに従事する荷受問屋から自己勘定で仕入れを行う仕入れ問屋へと発展していく。やがて明治時代に入ると問屋と仲買の区分は不明瞭となり、以前の問屋からは「卸商」といわれる商人が出現していく。かくして、近代の日本では卸商＝問屋が流通機構のなかで優越的な位置を占めるようになり、近世以来のわが国の流通機構が持つ、幾多もの問屋を経て商品が流通する「多段階流通」という特徴が、さらに強化されていくことになった（石井寛治『日本流通史』64、128—129頁）。

　一方、小売業界には近世以来零細な小売店が目立つという特徴があったが、近代になると欧米社会に遅れはしたものの、わが国にも大規模小売店として百貨店が登場することになった。以下、戦前日本の百貨店の展開について概観してみよう。

◎百貨店の誕生と発展
　日本の百貨店の歴史を見ていくうえで1905年という年は一つの画期をなす。すなわち、この年の1月3日のおもな新聞に三越呉服店は大きな広告を掲載し、アメリカにあるようなデパートメントストアの一部を実現可能としたことを宣言したからである。かくして、日本でも本格的な百貨店（デパート）の時代が到来する。すでに、三越呉服店では1895年に理事に就任した高橋義雄のもとで、店員が客の世話をする伝統的な「座売り方式」から、客が自由に店内を歩き回って商品を選ぶことができる「陳列販売方式」が採用され

ていた。この三越を魁（さきがけ）として京都の髙島屋や大丸、名古屋のいとう（松坂屋）、東京の白木屋などの呉服店が百貨店へと転換していった。

百貨店ではありとあらゆる商品が陳列販売される。それゆえ、百貨店という営業形態は容積が多い高層建築を必要とするの

初期の阪急百貨店

で、その建物は必然的に西洋風のビルディングとなった。デザインの面でも洋風が好まれ、呉服店系の百貨店も改築に際してはこれまでの商家風の建物を欧米流の店舗に改めることにより売り場の増設を図った（橋爪紳也『モダン都市の誕生』82—83頁）。百貨店のイメージアップのためにも豪華な近代洋風建築は好都合であった。生産力の増大を背景として、わが国では人々の所得は格差を伴いながらも上昇していた。これを受けて、百貨店側も販売のターゲットをこれまでの上層の人々から存在感を増しつつあったサラリーマンをはじめとする中産層（中流）へと移す傾向が生じた。

日露戦争後、ホワイトカラーの事務員や公務員の数が増えると、これら俸給生活者は新たな社会層として無視できない存在となった。商業面から見た中流の人々の特徴の一つに、必要以上の消費への意欲を持っていたことが挙げられる。彼らは、体面や虚栄心を重んじ、「中流」という地位を維持するために消費への意欲も旺盛で、それゆえ、顧客層として百貨店に取り込まれていった。「衒示的（見せびらかしの）消費」（ヴェブレン）は、有閑階級のみならずその下の中流をも虜にしたのである。それと合わせて消費を肯定的に捉え、消費を楽しむ気運が国民の広い層に徐々に広がっていった。これまでのように単に生きるための生活ではなく、精神的に豊かで物質的に充実した「文化生活」を営むことが権利として主張されていった。20世紀前半の急速な近代化のもと、わが国にも大衆消費社会の芽生えが現れてくるのである（田

崎宣義・大岡聡「消費社会の展開と百貨店」、山本武利・西沢保編『百貨店の文化史』34—40頁)。

　百貨店は呉服屋からのみならず鉄道のターミナルからも誕生した。そのような電鉄会社系列の百貨店の嚆矢として知られるのは阪急百貨店である。同百貨店の生みの親である小林一三は、阪急電鉄の基礎を築くとともに沿線の宅地開発や宝塚歌劇と東宝の創設など、大衆消費社会の到来を視野に入れつつ経営の舵取りを行った経営者として知られる。

　小林は、大阪・梅田駅が一日10万人もの乗降客が行き交う巨大ターミナルへと成長すると、同駅に百貨店を設ける構想を抱くようになった。しかし、わが国では呉服屋系の百貨店が多いので電鉄会社のような素人が手を出すべきではないとの忠告も受けた。そこで小林は拙速をさけるため、1920年に梅田・阪急ビルが完成すると、まずは1階に白木屋を誘致して開店させた。そこでの売り上げが好調であることがわかると、次に小林は2・3階に直営のマーケットを開店し (1925年)、慎重に売り上げの動向を見極めようとした。ここも好成績を出せることを確認したうえで、1929年にようやく阪急百貨店は開店に漕ぎつけた。同百貨店は「どこよりも良い品を、どこよりも安く」をモットーとし、まずは食堂を重視しながら日用雑貨や食料品、さらに呉服などへと扱う商品の幅を広げていった。増築も繰り返され、やがて阪急百貨店はわが国を代表する百貨店の一つへと成長していく (宮本又郎『日本の近代11　企業家たちの挑戦』374—388頁)。

◎モダン都市の時代

　一方、昭和4年に刊行された東京案内の一つは、三越を東京が連想させる最も華やかな色彩を感じさせるものとして位置づけている。東京を見物する者は三越を抜かすことはない、あそこに行けばすべてが解り、近代の一切がある、都会の一切の人々が出入りしている、それゆえ、三越に行くことにより、「都会の華やかなるものをすべてコンデンスして吸収することが出来るわけなのである」。これら三越を称揚する言葉の数々、また「デパートは生きた

都会の縮図である」との位置づけからは、当時百貨店が人々の消費活動、都市の繁華街の中心に君臨するようになったことがうかがえる（今和次郎編纂『新版大東京案内』上、133ページ）。と同時にこの東京案内は、東京や大阪などのわが国の主要都市が1920年代に「モダン都市の時代」と言われる消費生活のある種の成熟期を迎えていたことも示す。帝国劇場のプログラムに掲載され、大反響を呼んだ「今日は帝劇、明日は三越」という広告のコピーも、当時の都市生活の華やかさを伝える。

　竹村民郎は、1920年代を日本と世界の距離が著しく狭められた時期として位置づける。当時、国際政治の世界でわが国は世界の五大国の一つに数え上げられるまでとなった。社会的に見ても、1920年代は欧米諸国に次いで日本でも大衆社会が誕生した時代である（竹村民郎『大正文化』199頁）。

　モダニズムと総称される当時の新しい文化は、当時の世相を取り込んで大都市を中心にモダンな大衆消費社会を出現させた。東京であれば、関東大震災（1923年）後の帝都復興期に都市文化が戦前の最後の輝きを見せた。モダン都市の時代は、モダンガール、モダンボーイの時代でもあった。日本社会の古い因習から解き放たれたこれらモガ・モボをはじめ、都市部では一般大衆までもが貿易の増大、生産力の増強を背景として消費社会の恩恵に与ることができるようになった。百貨店を中心とした商店街は、ネオンの導入によりイルミネーションが輝きを増し、夜のショッピングを彩った。銀座や心斎橋などの中心街は見て歩く（ウィンドウショッピング）だけでも楽しいところであった。シネマや演劇を堪能した後はカフェーでくつろぐことができた。夜であればバーやキャバレーが憩いの場、社交の場となった。都心への移動は郊外電車が、都心内部での移動は路面電車や路線バスのほか地下鉄がおもに利用された。これらはすでに待たずに乗れる便利な交通手段へと成長していた。1920年代、ロンドンやパリ、ベルリンやニューヨークと歩調を合わせて東京や大阪などのわが国の大都市は、モダン都市の時代を迎えたのである。

注

(1) 例えば、都市国家としての伝統を誇るハンザ都市ブレーメンは自由貿易を主張し、その関税同盟への加盟はドイツ統一後の1888年にまでずれ込んでしまった。

第 16 章　戦後の経済発展と流通
——日本を事例として

　第二次世界大戦中の統制期を経て、戦後、経済は世界規模で再び成長の時代を迎えた。前章で見たチェーンストアの登場を発端とするアメリカ流通界の新たな動きは戦後さらに加速し、世界各地へと飛び火して「流通革命」を巻き起こすことになる。本章では日本に焦点を当て、戦後の商業・流通を中心とした変化を概観していくことにしたい。

(1)　流通革命の進展

　チェーンストアは、わが国でもすでに1920年代から30年代初頭にかけて営業を開始していた。しかし、戦時体制への移行と統制経済の強化により、その活動はひとまずは頭打ちとなった。敗戦後の一時期、都市部では空襲の焼け跡に闇市が自然発生的に出現し、大変な賑わいを見せた。とはいえ、継続する経済統制のもと闇取引防止を目的として小売店の登録制（1947年）が実施されると小売業界は息を吹き返し、各地で営業を再開する小売店が見られるようになった。小売店のなかでもひときわ集客力を誇る店がやがて多店舗展開に乗り出し、スーパーマーケット（スーパー）と言われる大規模小売店を築き上げていく。

◎スーパーの登場と発展
　スーパーの特徴として挙げられるのは、①セルフサービス、②ディスカウ

ント、③チェーンストア、④ワンストップ・ショッピング（総合性）である[(1)]。これらの特徴を持つスーパーは、まずは1930年代にアメリカで誕生し、発展していった。現在のスーパーの原型として位置づけられるのは、1930年にマイケル・カレンにより設立されたキング・カレン商店である。

　わが国では、まず1953年12月に東京・青山の青果物店・紀ノ国屋が日本初のセルフサービス店として開店し、55年6月に大阪のハトヤが衣料品店として初めてセルフサービス方式を採用した。その後、セルフサービスを取り入れた店舗は急増していき、そのなかからわが国で初といわれるスーパーが登場する。それが、1956年3月に小倉で開業した総合食料品店・丸和フードセンターである。一方、この頃は勤労大衆に支持されて生活協同組合が組織を拡大し、既存の小売業者が危機感を強めつつあった時期でもある。そこで、1957年に生協対策のために米子で全国小売業経営者会議が開かれると、丸和フードセンターの事例がスーパーの成功例として紹介された。これが一つの契機となり、やがて全国各地でセルフサービスを特徴とするスーパーマーケットが出現するようになった。

　高度経済成長が続く1950年代末から70年代初頭にかけて、スーパーは大きく数を増やした。例えば、1963年末、セルフサービスの店は3,700店を超え、前年からの増加は1,000店以上に達した。まさにブームという表現がふさわしい伸びを見せたのである。1967年、日本経済新聞社は1月30日付けの紙面に小売業のランキングである「ビッグストア一覧表」を掲載した（百貨店を除く）。それによれば、筆頭に位置したのは「主婦の店ダイエー」（西宮）で店舗数29、1966年の年間販売額は400億と推定され、以下、上位10位までにランクされたスーパーをはじめとするビッグストアには次のようなものがあった。なお、順位は1966年の推定売上額によるものである（カッコ内は本部の所在地）。2位：西友ストアー（西友：東京）、3位：緑屋（東京）、4位：スーパー丸栄（福岡）、4位：十字屋（東京）、6位：丸井（東京）、7位：長崎屋（東京）、7位：東光ストア（東急ストア：東京）、9位：灘神戸生協（神戸）、9位：ほていや（名古屋）。それ以外にも、11位：いづみや（大阪）、12位：ニチイ（大阪）、

12位：イトーヨーカ堂（東京）など、今日も、あるいはかつてわれわれになじみのあるビッグストアがこの一覧表に登場している（石原武政・矢作敏行編『日本の流通100年』235—236頁）。

　当初、スーパーのなかには経営がうまくいかなくなったものも見られたが、なかにはチェーンストアのシステムをうまく活かしながら低価格・大量販売を実現し、大規模な店舗展開を実現させるまでに成長したスーパーもあった。

　◎ダイエーの躍進
　その一つにダイエーがある。石井寛治によれば、発展期の「ダイエーの勢いは大変なものであり、まさに「流通革命」の名にふさわしいものであった」という。[2]

　ダイエーの創業者中内㓛（1922—2005）が流通業界で名を成すようになる原点は、第二次世界大戦時に動員先のフィリピンで経験した極限状況のもとでの飢餓にあった。この原体験を踏まえ、中内は次のように述べる。「人間は幸せに暮らしたいと常に考えています。幸せとは精神的なものと物質的なものとがありますが、まず物質的に飢えのない生活を実現していくことが、われわれ経済人の仕事ではないかと思います」。「人間の生活で最も大切なのは、詩でも俳句でもない。物質的に豊かさをもった社会こそ豊かな社会ではないか。好きなものが腹いっぱい食えるのが幸せです。観念より食べることが先です。動物的なものが満たされて、はじめて人間的なものがくると思ったわけです」（佐野眞一『カリスマ』上 166—167頁）。

　復員後の中内は、神戸で薬剤師の父親の仕事を手伝ったのち、大阪で医薬品の現金問屋サカエ薬品を開店、薬品の製造にも手を染めてみたもののうまくいかず、あらためて小売業界への進出を決意するに至った。かくして1957年、中内は大阪市内の京阪電鉄千林駅前に「主婦の店ダイエー」を開店する。「主婦の店」とは、当時動き出していた「主婦の店」スーパーの運動に参加したことによる命名であり、また「ダイエー」は大阪の大と祖父の名前の栄を合わせた命名であるという。この店では、まず医薬品をはじめ化

粧品や日用雑貨、やがて菓子などが扱われたが、神戸三宮をはじめ各地に店舗を設けていく過程で今日見られる総合スーパーの体裁を整えていった。

　ダイエーの躍進はすさまじかった。1964年には東京進出を果たし、70年には社名から「主婦の店」を取って「ダイエー」とし、早くも1972年には、わが国の小売業売り上げランキングで百貨店の首位三越を抜いてトップに躍り出たのである。1969年には、「私にとって、キャッシュ・レジスターの響きは、この世の最高の音楽である」と中内は自著で述べている（『わが安売り哲学』日本経済新聞社）。ちなみに、1972年の小売業界の売り上げ順位を確認しておくと、2位：三越、3位：大丸、4位：高島屋、5位：西友ストアーと続き、8位にはジャスコ、10位にはニチイが登場している。店舗数を見ると、この年百貨店がおおよそ10から12であったのに対してスーパーは少なくて90店舗、多いものは150店舗以上に達していた。スーパーは、個々の店舗は大きくなくともチェーン化することで大量仕入れを可能とし、かくして安値での仕入れ、安値での販売を実施することができた。しかも、総合スーパー化することにより扱う品種は食品をはじめ衣料品、雑貨などの部門で著しい広がりを見せた。スーパーの売り場は格段に充実していったのである。

　これに対して、百貨店には売り場をそれほど大切にしない風潮があったという。売り場の社員は重要視されず、実際に販売を担当したのは、価格の設定権を握っている問屋から派遣された社員であるケースが多かった。やがて、百貨店の店員自身は商品知識が不十分となり、売り場がしっかりと管理されてない百貨店を消費者は徐々に見限るようになってしまった。かくして、百貨店は極力安くて良質な商品を仕入れることに力を入れるスーパーの勢いに圧倒され、顧客を奪われていくようになったというのである。

　「よい品をどんどん安く」という有名なフレーズからは、ダイエーの消費者寄りの姿勢をうかがうことができる。中内は消費者主権の立場に身を置きながら、価格決定権を奪い取るべくメーカー側に公然と戦いを挑むことも厭わなかった。実際、花王石鹸や松下電器からは商品の出荷を止められてしまっ

たこともあった。なかでも、ダイエーの安売りに端を発した松下との確執は長引き、1964年の松下の出荷拒否から95年の両社の和解に至るまで、実に31年を要した。[3]

ダイエーをはじめとするスーパーの躍進は、大規模小売店舗法（大店法：1973年制定、翌年施行。のちにこれは廃止され、大規模小売店舗立地法、都市計画法、中心市街地活性化法の3つが1998年から2000年にかけて施行されることになった。「まちづくり3法」と呼ばれる。）の制定を促した。背景には、中小小売店のスーパーに対する危機感と、旧来の百貨店法がデパートだけを規制の対象としていることへのデパート側の不公平感があった。大店法の制定により、これまで百貨店法の適用を免れていたスーパーにも、出店などに対してさまざまな規制が課せられることになった。

◎流通革命の展開

1962年、林周二著『流通革命』が刊行されると同書は大きな反響を呼び、ベストセラーとなった。当時消費生活を通じて感じ取られていた漠然とした変化が、「流通革命」というわかりやすい言葉で見事にすくい取られたのである。林は、スーパーが誕生した1930年前後のアメリカと流通革命のさなかにある1960年前後の日本に共通する事柄として以下を指摘する。①大衆による大量消費の時代を迎えたこと。とりわけ、中産階級の成長が、「標準化された商品」の大量受容の基盤を作り出した。②青果物での流通経費の肥大が表面化し、それを圧縮・合理化することが社会的な課題となった。このうち②は、日本の問屋業界の存続にかかわる問題を含んでいた。すなわちこから、流通経費の削減、経路の合理化のために、今後は中間に位置する問屋を介さずに生産者と小売業者が直接取引を行う形態が増えるであろうとの予測が導き出されたのである。また、流通革命とはスーパーマーケットなどの大型店舗の登場による、「零細な弱小者同士が乱立する流通機構における勢力ある少数者の出現」をも意味する。それゆえ、流通革命とは卸売業者や中小小売業者の存続を危うくする流通業界の一大変革として受け止められた

のである（林周二著『流通革命』98—99頁）。

　しかし、石井寛治によれば、林周二が唱えた「流通革命」は当時の時点では不発に終わったという。その根拠として、石井は卸売業と中小小売業の数が減るどころかその後も増え続けたことを挙げる。一例を挙げれば、従業員1〜4人の零細小売店の数は1962年から82年にかけて114万店台から144万店台にまで増加したのであった。問屋も減らず、スーパーはむしろ卸売業者を積極的に活用したという。なぜなら、当初スーパーは資金が不足しており、問屋の金融機能に依存する必要があったからである。1980年代に入り、スーパーはようやく卸売業への依存から脱却を図るようになった。この頃になれば、スーパーは資本市場や銀行から自力で資金を調達できるようになり、さらにバーコードから商品情報を読み取り販売情報を記録・集計するPOSシステムが普及したことにより、問屋に頼らずとも小売店は何が売れて何が売れないのかを正確に知ることができるようになった。

　このように卸売業の存在感が薄れるとともに、90年代になると中心市街地の衰退とともに中小の小売店の存続が危ぶまれる時代が改めて到来する。流通革命において危惧された弱者への圧力は、コンビニエンス・ストアや郊外型の商業集積などといった商業・流通界のなおも続く変革とともに、あらためて厳しさを増している（石井寛治『日本流通史』229-231頁）。

　わが国の商業・流通業界の変化は著しい。それを端的に示すのが、上で述べた流通革命の旗手ともいえるダイエーの業績の悪化である。高度経済成長期に急激な成長を見せたダイエーは、1990年代後半から業績を悪化させてリストラを敢行したものの、2001年には中内が社長を引退、2007年にはイオン、丸紅との資本・業務提携を取り結ぶに至った。2015年からはイオンの完全子会社となり、やがてはダイエーの屋号を掲げた店舗が無くなることが決まっている。

(2)　高度経済成長と「豊かな社会」の到来────────

　流通革命の進展とともに、日本人の暮らしはどう変わっていったであろうか。この節では、高度経済成長期を中心とした時期（1950～70年代）の消費生活に光を当てながら、「豊かな社会」が到来しつつあった頃の日本人と商品との関係に注目してみたい。

　終戦直後、闇市が焼け跡で賑わいを見せていた頃、庶民の日常は「タケノコ生活」と表現された。かろうじて戦災を免れた家財道具を携えて地方の農家に買出しに行き、食べ物と交換する先細りする生活を、タケノコの皮をはいで身を小さくしていくさまになぞらえてこう言われた。給料の上昇がすさまじいインフレに追いつかなかった当時、米や代用食の芋や豆はわずかな規定配給量さえ確保されず、「米よこせデモ」さえ実施されるありさまであった。1946年には、戦後経済を統制する最高機関として経済安定本部が発足し、翌47年、食糧の確保や物資の流通秩序の確立などの項目を含む経済緊急対策を発表した。

◎高度経済成長と消費革命
　日本経済再浮上の契機となったのが朝鮮戦争（1950～1953年）であったことはよく知られる。アメリカ軍向けの軍需物資の供給を通じて、わが国の鉱工業生産は戦前の水準を超えるに至り、いわゆる特需を経験した。人々の暮らしにおいて、耐久消費財が少しずつ行き渡るようになり、食生活も改善が進んだ。1951年ごろからは、「さよならタケノコ生活」という新聞の見出しも見られるようになったという。いよいよ高度経済成長の時代を迎えるのである（内野達郎『戦後日本経済史』41─59、106頁）。

　高度経済成長は、一般に1955年から第一次オイルショックの1973年までの約18年間を指す。この間、日本のGNPは名目で13倍、実質で5倍とかつてない経済規模の拡大を経験した（中村正則『戦後史』85─86頁）。高度経

高度経済成長の集大成・大阪万博（太陽の塔）

済成長期も詳しく見れば、何回か好況・不況を繰り返したが、好況期に関しては、1950年代後半のそれは「神武景気」、1950年代末から60年代初頭にかけては「岩戸景気」、60年代後半は「いざなぎ景気」と呼ばれた。東京オリンピック（1964年）と大阪万博（日本万国博覧会：1970年）は、高度経済成長期の最大のイベントである。経済の成長は企業の成長を通じて勤労者の所得を改善し、「消費革命」といわれる生活面での向上、変化をもたらした。

　具体的な変化に注目してみよう。消費革命の立役者は、なんと言っても家庭電化製品であった。家庭電化製品の大量生産と急速な普及は、これまでにない快適な生活を可能とした。なかでも、テレビ、洗濯機、冷蔵庫は「三種の神器」と呼ばれ、1950年代後半（昭和30年代初頭）の神武景気の際に家電ブームの中心に位置した。これらの普及率は、1955年頃では都市部でも10％未満であったが、1965年にはテレビが95％、洗濯機が78％、冷蔵庫が68％となり、70年台初頭にはいずれも90％を超えるまでとなった。各メーカーや販売店は、「一生の買い物」となるこれら電化製品の販売だけでなく、アフターサービスにも力を入れていった。

　電化製品の普及は、炊事・洗濯・掃除といった主婦の仕事に大きな変化をもたらした。洗濯機をはじめ、炊飯器や掃除機などの家電製品は、それまで家事に追われていた主婦にとっては大きな味方となった。家事労働時間に関する調査によると、1949年から59年にかけて一日の家事労働時間は10時間16分から9時間2分に、さらに70年代初頭には7時間台にまで減少したという。

岩戸景気、いざなぎ景気と続く1960年代、今度は「3C」と称される耐久消費財の購入がブームとなった。3Cとは、カラーテレビ（color TV）、自家用車（car）、クーラー（cooler）を指す。このうち、自家用車の普及にはなおも時間がかかったとはいえ、スバル360をはじめカローラ、サニーなど、努力すれば庶民にも購入可能な大衆車が登場したことにより免許を取得する人が増え続けた。本格的なモータリゼーションの時代を迎えるまでにはまだ間があったが、乗用車の普及率は、全国世帯で1970年が22％、1975年には41％と急速な伸びを見せていた（内野達郎『戦後日本経済史』217頁）。テレビは国民的な大きな行事が普及のきっかけとなった。白黒テレビは皇太子御成婚（1959年）、カラーテレビは東京オリンピック（1964年）を契機として普及が進んだ。

◎テレビとCM
　テレビが普及し、民放の放送局が開局すると大量のコマーシャル（CM）が流されるようになった。こうしたコマーシャルも人々の消費意欲を刺激し、「消費は美徳」、さらには「消費者は王様」などといった大衆消費社会を肯定する風潮が強まった。家電製品や自動車のみならず、化粧品や洗剤などの家庭用品、調味料や酒類、菓子などの加工食品のような大量に生産される商品も、テレビ・コマーシャルを通じてブランドとして広く消費者に受入れられていった。
　テレビコマーシャルに限らず、新聞や雑誌の広告、ラジオのCMは、商品やサービスの販売を促進するとともに企業イメージを向上させるという経済的な意味を持つ。しかも、そこで用いられるキャッチフレーズは時代状況を語り、それぞれの時の代弁者にもなりえる。高度成長期の例を幾つか挙げよう。例えば、「大きいことはいいことだ」（森永製菓）、「オー！モーレツ」（丸善ガソリン）、「ガンバラナクッチャ」（中外製薬）などというキャッチフレーズが話題となったことがあった。当時は、大きいこと、勢いのあること、がんばることを良しとする時代であったということが見て取れる。1968年に

レナウン「イエイエ」のCM

日本のGNPはイギリス、西ドイツを抜き、アメリカに次いで世界第二位の規模となり、経済成長はなおも続いていた。こうした事情も、成長志向の強いキャッチフレーズを掲げた商品の登場にあったのであろう。しかし、国民一人あたりのGNPで見れば、日本はまだ世界で20位であった。それゆえ、深川英雄は、「「大きいことはいいことだ」は、掛け声だけでなかなか思うように「大きな」暮らしが現実のものとならない、当時の庶民のささやかな願望を、うまくすくいとったキャッチフレーズだったともいえよう」と解釈するのである。しかし、やがて長かった成長の時代も終わり、公害など成長の弊害にも社会の注目が集まっていくようになる。「モーレツからビューティフルへ」（富士ゼロックス）と価値観は変化していくのである（深川英雄『キャッチフレーズの戦後史』iii、114、122頁）。

◎昭和元禄

とはいえ、高度経済成長を通じて、消費を謳歌する風潮は確実に日本国民の各層に浸透し、「昭和元禄」などといわれる消費社会のある種の爛熟期を迎えるまでとなった。花形商品となったのは、やはり家庭電化製品であり、販売店の増加とアフターサービスの充実、月賦販売の普及などといった要因にも後押しされて家電ブームは長く続いた。生活用品が各家庭に行き渡り、多くの人々が消費生活を享受することができる「豊かな社会」を欧米諸国に引き続き、わが国も迎えたのである。普及が目立った耐久消費財を以下に挙げれば、テレビをはじめ、冷蔵庫、電気洗濯機、電子レンジ、テープレコーダー、ステレオ、電気こたつ、電気毛布などの家電製品、ステンレス製流し

台、ガス瞬間湯沸かし器、石油ストーブ、食堂セット、応接セット、ベッドといったインテリア商品など、各種に及んだ。電化製品を中心に商品の高度化も進み、テレビは周知のように白黒からカラーへ、冷蔵庫は冷凍装置付きに、洗濯機は全自動となるなど各商品の進化も目立った。

　衣食に関して付け加えれば、衣類は綿や羊毛、絹といった天然の繊維に加えて合成繊維が広く用いられるようになり、天然繊維と合成繊維との混紡・交織技術が向上した。見かけもカラフル、ファッショナブルとなり、既製服の流通量が増えていった。食生活では、肉類や果実の消費が伸びる一方で米を中心とした穀物の消費で伸びが止まった。注目されるのは、インスタントラーメンやインスタントコーヒー、化学調味料など手軽な飲食を可能とする食品の消費増大である（内野達郎『戦後日本経済史』170—171、214—217頁）。ことに、1958年に日清食品が開発・販売を開始した「チキンラーメン」は、調理に対する日本人の意識を変えたという点で、換言すれば、「なるべく調理に手間をかけずに食事を済ます」生活へと人々を導いたという意味で大きな意義をもつ商品であると考えられる（木山実「食の商品史」、石川健次郎『ランドマーク商品の研究』22—24頁）。このチキンラーメンを含むインスタント食品のように、これまでのライフスタイルや価値観を大きく変える画期となった商品を、近年では「ランドマーク商品」と呼ぶことがある。

　流通革命は、これらの商品の普及を伴いながら進展していった。商品が消費者に行き渡る際には、メーカーから一方的に製品が供給されるのではなく、小売業者も消費者のニーズに関する情報をメーカーに送り出すようになった（武田晴人『日本近現代史⑧　高度経済成長』112頁）。高度化し広がりを見せつつある消費者のニーズを察知し、それに応じた品揃えを流通経路（チャネル）の開拓・整備を通じていち早く実現させたのが、まずはスーパーマーケットという小売業態であった。

(3) コンビニエンス・ストアとショッピングセンターの躍進

◆1 コンビニエンス・ストア

1980年代、わが国はコンビニエンス・ストア（コンビニ）の時代を迎える。コンビニの急増、またやがては日常的な生活用品を扱う専門量販店の発展により、百貨店に引き続きスーパーも流通業界のなかでの相対的な重要性を徐々に低めていくことになる。

コンビニも、スーパーと同様アメリカを起源とする。1927年に誕生した氷の小売販売店（サウスランド・アイス会社）が顧客の要望に従い、パンや煙草などの日用品を扱っていくなかでコンビニエンス・ストアという業態の基本的なあり方が形づくられていったという。1946年には店名が「セブン - イレブン」に変更され、その店舗数は1970年に3,734店、1980年には6,895店にまで増えていった。

日本では、1960年代末頃からこの新業態の導入が議論されるようになり、73年にはイトーヨーカ堂がセブン - イレブンと提携、翌年セブン - イレブンの1号店を東京で開店している。とはいえ、実はそれ以前からわが国では独立小売商を中心としたコンビニ設立の動きが広がっていた。例えば、1969年に開店した「マミー」（大阪・豊中）は日本初のコンビニといわれるが、これは「共同組合マイショップ・チェーン」という独立小売商の組織が母体となってできた。また翌70年に開店した「Kマート」（大阪市）は、食品問屋が小売商を組織してできたものである。

1970年代に入ると大手スーパー業界もコンビニという業態での事業展開に力を入れていく。すなわち、1973年には西友が「ファミリーマート」の実験店を埼玉県狭山市に開店、74年には、上述のように「セブン - イレブン」の一号店が開店、75年にはダイエーが「ローソン」の一号店を大阪府豊中市に開店し、1980年にはジャスコ（ミニストップ）、ユニー（サークルK）、長

崎屋（サンクス）もコンビニの経営に乗り出した。

コンビニの特徴は、満薗勇に従って以下の四点に整理することができる（満薗勇『商店街はいま必要なのか』241—246頁）。

① **買い物の便利さを消費者に提供**：年中無休で営業時間が長く、近くにあるという立地を通じて消費者に利便性を提供する。安さを売りにするのではなく、「今すぐに欲しい」という消費者の欲求に応える。

② **POSシステムを用いた商品管理の徹底**：広さの限られた店舗で消費者が満足する品揃えを実現させるためには、個々の商品の売れ行きをしっかりと把握しておく必要がある。それを実現させたのがPOSシステム（Point of Sales System：販売時点情報管理システム）である。これを用いることにより、「いつ、どの商品が、いくらで、どれだけ売れたか」、商品ごとに集計することが可能となった。売れ筋商品を中心とした品揃えとすることで、狭い店内を効率的に利用することができるようになった。

③ **「多頻度小口配送」の物流システム**：②のような品揃えを実現するためには、必要な時に必要な分だけの商品が配送されるようなしくみが求められる。そのために、商品納入業者はわずかな量の商品を納入するために一日に何度も配送を行うのである。

④ **チェーンストア方式の採用**：各店舗は本部に発注し、本部が仕入れを一括して行うのでスーパーと同じくスケールメリットを生かすことができる。ただし、スーパーと異なる点として、スーパーが同一会社の直営店として設置されるのが一般的であるのに対して、コンビニはフランチャイズ・チェーン（FC）が多いということが挙げられる。コンビニの場合、多くの店舗は酒屋など既存の小売店が独立した加盟店としてFC契約を結ぶ。これにより、加盟店には経営のノウハウや商標・商号を利用する権利が与えられるが、その対価として加盟金とともにこれらの使用料（ロイヤルティ）を支払うことが求められる。

各加盟店は独立自営業者として自分の店を責任を持って経営していくのである。

コンビニ自体はアメリカで誕生したが、これらの特徴はわが国で培われ完成した「日本型コンビニ」の特徴と述べてもよい。コンビニは、「日本で完成された業態」とも言うことができるであろう。

1980年代以降のコンビニの増加は著しい。具体的な数を挙げれば、1980年から90年にかけて、セブン-イレブンが1,040店から4,328店へ、ローソンが235店から3,700店へ、ファミリーマートが74店から2,236店へと増加している。セブン-イレブンの業界首位の座は維持されるものの、ローソンとファミリーマートも目を見張る追い上げを見せた（満薗勇『商店街はいま必要なのか』249頁）。

コンビニの急成長により、わが国では街の景観や人々の買物の時間帯が変わっていった。来客層の中心である若者の気質にも何らかの影響を与えたはずである。一日に数回来店する者にとって、コンビニはあたかも「自宅の延長」となった（石井寛治『日本流通史』249頁）。近年では、高齢者向けの品揃えも充実させる店舗が増え、コンビニはあらゆる年齢層に受け入れられるようになった。

日本で完成されたといわれるコンビニであるが、効率性が重視されるだけにそのしわ寄せが労働に及んでいる状況は無視することができない。オーナーや店員（アルバイト）に対する過剰労働が繰り返し問題視されている。

◆2　ショッピングセンター

コンビニとともに、ショッピングセンターも街の景観や来客者の気質を変えたと言ってよいだろう。景観面でショッピングセンターは、とりわけ郊外型商業集積としてロードサイド型の専門店とともに都市郊外の風景を変えた。一方、あらゆる商品やサービスを提供することにより、来客者がこうした大型の商業集積が提供するワンストップ・ショッピングの利便性をあたり

まえのものとして受け入れてしまう気質をさらに強めたと考えられる。

　日本ショッピングセンター協会によれば、「ショッピングセンターとは、一つの単位として計画、開発、所有、管理運営される商業・サービス施設の集合体で、駐車場を備えるものをいう。その立地、規模、構成に応じて、選択の多様性、利便性、娯楽性等を提供するなど、生活者ニーズに応えるコミュニティ施設として都市機能の一翼を担うものである」と定義される。さらに、小売業の店舗面積は、1,500㎡以上であること、キーテナントを除くテナントが10店舗以上含まれていることなどの条件が付与される[7]。

　ショッピングセンター出現の背景として、1960年代末の大手スーパーによる店舗の拡大と大型化がある。自社の店舗だけで多様な消費者の欲求を満足させることができなくなり、専門店や飲食店などのテナントを取り込んでいく動きが盛んになったからである。

　早期の事例を挙げよう。1968年11月に京阪電鉄香里園駅（大阪・寝屋川）に開店した「ダイエー・ショッパーズ・プラザ香里園」は、4階建ての直営スーパー部門と2階建ての専門店部門からなる。売り場面積は、それぞれ5,500㎡と6,900㎡で当時としては大きい500台の駐車場を具えていた。京阪電鉄の社内報（1969年3月号）は、「今日までのスーパーの泥臭い、何か生活に追われたイメージなど、微塵も感じられない」との高評価を与えたという。一方、東京では翌69年11月に世田谷で売り場面積1万6,500㎡の高島屋を核店舗とする「玉川高島屋ショッピングセンター」が登場した。これは日本初の本格的な郊外型ショッピングセンターであり、高収益を実現させたことから増床を重ねていくことになった。　その後、例えば大阪・阪急梅田駅地下街の「阪急三番街」（1969年）や船橋（千葉）の「ららぽーと」（1981年）、尼崎（兵庫）の「つかしん」（1985年）、横浜・本牧の「マイカル本牧」（1989年）など、大型店舗と専門店を組み合わせたショッピングセンターが各地に設けられていった。その数は、1970年から88年にかけて229から1,581へと増加し、88年の売上は13兆5,900億円と百貨店の9兆5,500億円をはるかに上回るまでとなった（石原武政・矢作敏行編『日本の流通100年』239—240頁）。

ショッピングセンターの時代の到来は、モータリゼーションの時代の到来と重なった。自家用車の急速な普及と道路網の整備を背景として、ショッピングセンターや大型の専門店は郊外への進出に力を入れた。郊外の方が地価は安く、規制も中心部と比べれば緩やかであるという事情もあった。消費者が都市郊外で買い物をするケースが増えたのである。その結果、周知のように駅前商店街など中心市街地の賑わいが失われ、地方都市を中心にいわゆる「シャッター通り」へと変貌してしまった商店街が目立つようになった。むろん、都市中心部の商店街衰退の理由が常に郊外型店舗の充実にあるというわけではないだろう(8)。また日本の場合、ショッピングセンターが鉄道の駅に隣接して建設されることもしばしば見られるが、その場合でも他の商店を利用していた購買客をショッピングセンターが囲い込んでしまい、いわば「独り勝ち」となってしまうことが多い。

　現在に至るまで、人通りを失ってしまった商店街の賑わいをいかに取り戻すかは、まちづくりや地域振興の観点からも重要な課題であり続けている。商店街活性化のための試みとして、これまで各地で空き店舗を利用したコミュニティ・スペースの確保やチャレンジ・ショップの開店、フリーマーケットや祭りなどのイベントの開催、ポイントカードやスタンプ、さらには地域通貨の導入など、さまざまな試みがなされてきた。しかし、このような取り組みが賑わいの回復につながっているようには思えない。

　商店街に関するある調査によれば、大方の人は商店街はなくならないほうがよいと考えているにもかかわらず、買い物に際してスーパーがあれば商店街はいらないと回答したという（満薗勇『商店街はいま必要なのか』126—129頁）。われわれは、やはりよほどの誘因がない限り、ワンストップ・ショッピングの利便性から逃れることはできないのかもしれない。

(4) 世界貿易の展開

　最後に視点を国際的な商品流通関係に移し、あらためて戦後の世界貿易の展開について見ていくことにしよう。第二次世界大戦終了後、復興が進むにつれ商業は世界規模で回復を遂げ、以前にもまして発展を見せるようになった。ことにドイツの経済発展は著しく、日本と同じく「奇跡の復興」を遂げていく。ドイツをはじめ西欧諸国も日本と同様、商業・流通面でのアメリカからの影響は大きかった。チェーンストアの普及など国内的な変革を伴いながら、各経済大国は世界貿易をも拡大していったのである。

◎戦後世界貿易の性格

　さて、第二次世界大戦以降の世界を見ていくうえで中心となるのは、やはり冷戦体制の深化と崩壊であろう。まずは終戦から冷戦体制が崩壊する1980年代末までの世界貿易を概観してみよう。この時代の世界貿易の特徴は以下の三点にまとめられる（石坂ほか『商業史』280—283頁）。

　一つ目は、貿易面では「関税と貿易に関する一般協定」〔GATT、のちに世界貿易機構（WTO）により継承される〕、通貨・金融面では「国際通貨基金」（IMF）と「世界銀行」（IBRD：国際復興開発銀行）が世界の経済と貿易を牽引したということである。GATTの成立（1947年）により、多角的かつ無差別であり数量制限のない国際貿易が原則とされた。ただし、アメリカ・ドルを基軸通貨とし、欧米の先進国により構築されたこの体制（ブレトン・ウッズ体制）は、1960年代後半になると十分には機能しなくなっていく。

　二つ目は、かねてより現れていた世界経済内での中心(中核)地域と周辺(辺境)地域の経済的な格差の問題が、いわゆる「南北問題」としていよいよ議論の対象とされるようになったということである。この動きを加速したのは、西欧諸国の植民地であった多数のアジア・アフリカ諸国の独立である。おおむね先進国が地球の北側に、植民地など発展途上国が南側に分布していたこ

とから、豊かな「北」と貧しい「南」という構図ができ上がった。

　三つ目は、20世紀初頭に誕生したソビエト連邦（ソ連）が戦後アメリカと並ぶ超大国となり、冷戦体制を背景として、世界貿易体制が米国を中心とする資本主義諸国（西側諸国）とソ連を中心とする共産主義諸国（東側諸国）とに二極化したことである。西側諸国がGATTに結集した一方で、ソ連・東欧の東側諸国も1949年に「経済相互援助会議」（COMECON）を結成し、共産圏内での貿易や分業体制が促進された。

　さて、戦後復興期の世界貿易は、まずは上述のブレトン・ウッズ体制の成立により特徴づけられるが、西側諸国はアメリカの国務長官マーシャルにより提唱された支援計画（マーシャル・プラン）の実施により結束力を強め、欧州経済協力機構（OEEC）が結成されるなど貿易発展のための基礎固めが実施された。東側諸国によるコメコンの結成には、西側のこのような動きが影響を与えていた。東西間の対立は、1953年にソ連の指導者であるスターリンが死去したことにより一時的に緩和し、バーター貿易を中心に東西両陣営間の貿易が復活した。ソ連は本来穀物輸出国であったが、共産主義計画経済の計画倒れにより1960年代になると西側諸国（オーストラリア、カナダ、アメリカ）から金を対価として穀物を輸入せざるを得ない状況となった（キャメロン、ニール『概説世界経済史』Ⅱ、267頁）。

　二度目の世界大戦が終了したとはいえ、戦争と無縁の時代が到来したわけではなかった。1950年に勃発した朝鮮戦争はアメリカと日本で戦争に関連した物資の需要を増大させ、ことに日本では、この戦争による特需が復興への起爆剤となった。初期の段階では粗悪品が目立った日本製品は、のちの高度経済成長期にかけて品質を向上させ、世界各地で流通していくようになる。1960年代に泥沼化したヴェトナム戦争も、日本ととりわけ韓国に戦争特需をもたらした。だが、この戦争に深入りしたアメリカは巨額の戦費の投入を通じて国力を疲弊させ、インフレの昂進により自国製品の競争力を弱めてしまい、例えば、繊維製品の輸出を規制するよう、日本に圧力をかけるなどの行動に出たこともあった。また、1973年10月に生じた第四次中東戦争は、

産油国が連なるアラブ諸国のナショナリズムを高揚させる契機となった。アラブ産油国は、イスラエルを支持する欧米先進国との対決姿勢を強め、「石油輸出機構」(OPEC)などを通じて石油価格の引上げを実施した。石油価格の大幅上昇と、これまでのように欧米先進国の意向どおりには石油が流通しない状況は世界経済に大きな打撃を与え、日本の長期にわたる高度経済成長もこれまでとなった。

一方、世界貿易のなかでは「奇跡の復興」を遂げつつあったドイツ(西ドイツ)も加わった「欧州経済共同体」(EEC：のちの EC、EU)加盟諸国や高度経済成長の波に乗る日本が工業製品の輸出などを通じて存在感を増し、アメリカの地位を徐々に脅かす状況が見られるようになった。オイルショックに先立つ1971年、当時のアメリカ大統領ニクソンは、金とドルの交換停止をおもな内容とするニクソン・ドクトリンの実施を宣言した。流通革命の先端を走り、貿易や投資により豊富な金準備を誇ってきたアメリカではあったが、ヴェトナム戦争に多くの予算が割かれたことなどにより、ドルと金との交換に応じることができない状態にまで経済を悪化させたのである。金に対してドルは減価され、為替市場では、1973年にこれまでの固定相場制から変動相場制への移行が実施された。このようにして、アメリカは世界経済のなかで相対的な地位を低下させてしまったとはいえ、その後も数多くの多国籍企業の活動により、先端技術を盛り込んだ商品や資本の流通を通じてなおも他国の追随を許さない存在感を維持していく。

◎世界貿易に占める各地域のウエイト

ここで、世界貿易のなかでおもな地域が占めるウェイトの変化を見てみよう。以下に示すのは、1965年から1980年にかけておもな地域が世界の総輸出に占める割合をどう変化させたかである。まず、アメリカを見れば、この間に世界の総輸出に占める割合は14.6%から11.3%へと低下を見せた。やはり、世界貿易のなかでは相対的な地位を下げたのである。ちなみに、南北アメリカ大陸全体の輸出を見ても、25.2%から19.9%と割合が低下してい

る。ヨーロッパ（西欧）もウェイトを下げており、同じ期間内に42.6%から40.3%に、EC加盟諸国だけでも36.3%から34.6%に下がっている。ただし、1970年を見れば、世界の総輸出に占める割合は西欧全体で44.3%、EC諸国で37.9%と1965年と比べてむしろ上昇しているので、欧州の相対的な地位低下は1970年代になってから生じたことがわかる。ソ連・東欧圏も割合を下げ、1965年から80年にかけてソ連・東欧圏全体で9.8%から7.1%に落ち込んでいる。これら東側諸国は東西両陣営の一翼を形づくっていたにもかかわらず、世界全体に占める比率は低かったのである。

　欧米諸地域で低下が見られたのは、アジアの躍進が著しかったからである。すなわち、同じ期間に世界の総輸出に占める割合はアジア全体で14.5%から25.3%と10ポイント以上もの上昇を示している。1980年の25.3%は、南北アメリカ大陸全体（19.9%）を上回る値である。経済成長を受けて、貿易の領域でもアジアの時代が到来しつつあったことが見て取れる。アフリカも同じ期間に5.2%から6.0%へと、全体に占める比率は低いとはいえ上昇を見せた[9]。

　さて、1989年から91年にかけて世界では、ベルリンの壁の崩壊（ドイツ再統一）、東欧共産圏諸国の瓦解、ソ連解体などを通じてこれまでの20世紀システムの大枠をなしてきた体制（冷戦構造）が崩壊した。世界史上の一大画期と見なしうるこの変化を経て、世界貿易は現在までのところ、どのような変化・特徴を見せるようになったであろうか。

　同じく、輸出を対象として冷戦構造の崩壊期を間に挟む1985年から2009年までの時期の変化を見ると、輸出のシェアを上昇させた地域はやはりアジアで、この期間に27.4%から36.8%と10ポイント近い上昇を見せている。ここでおもな国に関する値も示せば、中国のこの期間の伸びは1.5%から9.8%とすさまじい。インドも0.5%から1.3%と全世界に占める割合はまだ低いとはいえ上昇している。逆に日本は10%から4.7%へとシェアを半減させている。

　アジア以外の地域では割合を低下させたところが多く、特に南北アメリカ

大陸全体全体では、この期間に23.2％から16.6％へと割合を大きく低下させている。アメリカ合衆国のみでは12.3％から8.6％への低下である。ヨーロッパ全体を見ると44.1％から42.5％とわずかながら低下を見せ、国別ではドイツが10.3％から9.1％へ、フランスが5.7％から3.8％へ、イギリスが5.7％から2.9％へと各主要国ともに低下している。アフリカも、同じ期間に3.6％から2.6％へと低下している。ソ連崩壊後のロシアについては、1995年と2009年の割合を示せば1.6％から2.5％となり、上昇はしているとはいえ世界全体に占める比率はなおも低い。ちなみに、輸入のシェアも輸出とほぼ同じであるが、アメリカは輸出と比べて輸入のシェアが高いという特徴を持つ（宮崎勇・田谷禎三『世界経済図説』22―23頁）。

　改めて、1965年と2009年の間のシェアの変化を確認すれば、アジアは14.5％から36.8％へと大幅に上昇し、アメリカは一国で14.6％から8.6％に低下した。また、ヨーロッパは1965年に旧西側諸国だけで42.6％、2009年には欧州全域で42.5％であるからやはり全体としてシェアを低下させたと見てよいであろう。

　2008年の商品輸出額から見た上位5カ国は、1位が14,982億ドルのドイツ（世界全体のシェア10.0％）、2位が14,346億ドルの中国（9.6％）、3位が12,954億ドルのアメリカ（8.7％）、4位が7,465億ドルの日本（5.0％）、5位が6,019億ドルのフランス（4.0％）の順であった。19世紀後半、「世界の工場」の位置を占めたのは「最初の工業国家」イギリスであった。21世紀になって改めて「世界の工場」と呼ばれるようになったのは、周知のように中国である。中国製品が世界各地で流通するようになった。

　貿易の中身について簡単に確認しておけば、貿易全体のなかでは工業製品が農産物や原材料と比べて比重を増してきた。特に電気・電子機器を含む機械類が、おおかたの先進国や新興国で最大の輸出品目へと比重を伸ばしてきている。逆に多くの途上国では、これらの品目が輸入において最大の比重を占めるようになった。途上国の輸出品目では、原油や農産物、衣料などの一次産品や労働集約的な商品のシェアが高く、工業製品の占める比率も高まり

つつあるとはいえ（宮崎勇・田谷禎三『世界経済図説』24―25頁）、少なからぬ数の「南」の国々の貧困問題はまだ解決されていない。

◎グローバル化の進展――結びにかえて

　流通の世界でもグローバル化が進みつつある。例えば日本の場合、わが国の小売業者が諸外国に進出するだけでなく、西友がウォルマート（アメリカ）の子会社になり、スウェーデン発祥のIKEAが店舗展開を進めるなど、外国の小売企業の日本進出も当たり前となった。単に商品がグローバルに流通するだけでない、小売業者が多国籍的に事業を展開する時代となった。商品が一層種類を増し、大量に流通し消費される状況を多くの人々は当然のものとして受け止めている。豊かな社会が到来したといわれて、もうかなりの時間が経過した。

　とはいえ、世界各地で豊かな社会があまねく実現しているというわけではない。資本主義的な世界経済体制（近代世界システム）のもとで先進国と途上国の間の貧富の差は維持されたままであり、さらに近年の新自由主義的な原理・志向の一層の浸透により格差は一国内でも拡大しつつあるのが現状である。加えて地球環境の悪化により、省資源化などを通じた環境問題への配慮はもう欠かせなくなった。農産物さえもグローバルに流通している現状を見て、行き過ぎたグローバリゼーションに不安を抱く人々も存在することであろう。「地産地消」や「スローフード運動」のような、地域で生産された農産物や海産物の地域内での消費や地域の伝統的な食のあり方を推奨する動きは、今後ますます盛んになるに違いない。このようなスローガンのもとでは、流通過程はグローバルに流通する商品と比べてはるかに短くなる。

　今後、社会はどのような方向に進もうとするのか、われわれは預言者ではないのでそれを明言することはできない。楽観的な進歩史観に基づいた今後の社会発展の見取り図を描くことは、もうわれわれにはできないだろう。しかし、少なくとも次のように謙虚に言うことはできるのではないだろうか。すなわち、これからの社会について知るためには、これまでの社会について

知る必要があると。

　本書では、流通のいわば歴史形成力なるものを念頭に置きながら、商業・流通の歴史を社会や文化とのかかわりなどを考慮しながら描き出してきた。流通の歴史を検証することが、現在の世界、われわれの社会が抱えている問題を解決することに直接役立つことはないであろうが、広く商業・流通の歴史をほかのさまざまな領域と関連させて見ていくことにより、将来への何がしかの展望を抱くことができる場合もあり得るのではないだろうか。

注

(1) 石井寛治『日本流通史』、221頁。以下、おもに同書と、石原武政・矢作敏行編『日本の流通100年』有斐閣、2004年、第6章に依拠する。
(2) 石井寛治『日本流通史』、223頁。以下、同書におもに依拠しながらダイエーの躍進をふり返ってみる。
(3) ダイエーと松下の対立は、城山三郎の『価格破壊』のモデルになったと言われている。
(4) 以下、おもに武田晴人『日本近現代史⑧　高度経済成長』岩波新書、2008年、98—114頁に依拠する。
(5) ランドマーク商品とは、単なるヒット商品、ベストセラー商品とは違い、生活スタイルや価値観の変化にとってまさしくランドマークとなる商品である。インスタント食品以外にも、例えば、上記の「三種の神器」、「3C」、電子レンジ、ペットボトル、冷凍食品、パソコン、自動販売機、クレジット・カード、携帯電話などが挙げられるという。石川健次郎「なぜ、商品を買うのだろうか――商品史のドア」、石川健次郎編『ランドマーク商品の研究――商品史からのメッセージ』同文館、2004年、10—11頁。
(6) 以下、コンビニに関しては、満薗勇『商店街はいま必要なのか――「日本型流通」の近現代史』講談社現代新書、2015年、238—290頁に主に依拠する。
(7) 日本ショッピングセンター協会のホームページ（http://www.jcsc.or.jp/sc_data/data/definition）。2016年12月8日閲覧。
(8) 商店街衰退の理由は商店街自体にあるとする見方もある。以下を参照。久繁哲之介『商店街再生の罠――売りたいモノから、顧客がしたいコトへ』ちくま新書、2013年。
(9) 加世田博編『概説西洋経済史』昭和堂、1996年、204頁、表—12—3。但し、1990年になるとアフリカの比率は2.5%と著しく低下してしまう。ちなみに、同年の世界全体に占める比率は、アジアが25.0%、西欧が47.0%、ソ連・東欧が5.1%、南北アメリカ大陸全体が19.1%となり、1980年と比べれば、西欧のみ上昇、ほかは低下ないし若干の低下といったところである。

参考文献

◆辞典・事典・地図など

荒憲治郎・内田忠夫・福岡正夫編『経済辞典』講談社学術文庫、1980 年。
川北稔責任編集『歴史学事典 1　交換と消費』弘文堂、1994 年。
川北稔責任編集『歴史学事典 13　所有と生産』弘文堂、2006 年。
『世界史辞典』平凡社、1983 年。
『山川世界史小辞典』山川出版社、2004 年。
『世界史用語集』山川出版社、2014 年。
『日本史用語集』山川出版社、2014 年。
『新編西洋史辞典　改訂増補』東京創元社、1993 年。
『大辞泉』増補・新装版、小学館、1998 年。
『平凡社世界大百科事典』、2007 年改訂新版。
『プッツガー歴史地図』帝国書院、2013 年。
フィリップ・パーカー編著（蔵持不三也・嶋内博愛訳）『世界の交易ルート大図鑑──陸・海路を渡った人・物・文化の歴史』柊風舎、2015 年。

◆邦語文献

青木康正『世界史リブレット 25　海の道と東西の出会い』山川出版社、1998 年。
青柳正規『トリマルキオの饗宴──逸楽と飽食のローマ文化』中公新書、1997 年。
浅田實『商業革命と東インド貿易』法律文化社、1984 年。
浅田實『東インド会社──巨大資本の盛衰』講談社現代新書、1989 年。
池本幸三「ヴァージニア植民地と黒人奴隷──植民地時代の北アメリカ」、『週刊朝日百科　世界の歴史 87　18 世紀の世界 1　植民地と貿易』朝日新聞社、1990 年。
石井寛治『日本流通史』有斐閣、2003 年。
石川健次郎「なぜ、商品を買うのだろうか──商品史のドア」、石川健次郎編『ランドマーク商品の研究──商品史からのメッセージ』同文館、2004 年。
石坂昭雄・壽永欣三郎・諸田實・山下幸夫『商業史』有斐閣双書、1980 年。
石坂昭雄・船山栄一・宮野啓二・諸田實『新版西洋経済史』有斐閣双書、1985 年。
石原武政・矢作敏行編『日本の流通 100 年』有斐閣、2004 年。
市井三郎『歴史の進歩とはなにか』岩波新書、1971 年。
市村佑一・大石慎三郎『鎖国　ゆるやかな情報革命　新書・江戸時代④』講談社現代新書、1995 年。
伊藤栄『西洋商業史』東洋経済新報社、1971 年。
岩波講座『世界歴史 15　商人と市場──ネットワークの中の国家』岩波書店、1999 年。
内野達郎『戦後日本経済史』講談社学術文庫、1978 年。
海野弘『百貨店の博物史』アーツアンドクラフツ、2003 年。
海老澤哲雄『世界史リブレット 35　マルコ・ポーロ──『東方見聞録』を読み解く』山川出版社、2015 年。

老川慶喜・小笠原茂・中島俊克編『経済史』東京堂出版、1998 年。
大黒俊二「シャンパーニュの大市、その成立過程と内部組織――序説的概観」、『待兼山論叢』13、1979 年。
大黒俊二『嘘と貪欲――西洋中世の商業・商人観』名古屋大学出版会、2006 年。
大塚久雄『社会科学の方法――ヴェーバーとマルクス』岩波新書、1966 年。
大塚久雄『国民経済――その歴史的考察』講談社学術文庫、1994 年。
岡田英弘『歴史とはなにか』文春新書、2001 年。
鹿島茂『デパートを発明した夫婦』講談社現代新書、1991 年。
加世田博編『概説西洋経済史』昭和堂、1996 年。
片桐一男『開かれた鎖国――長崎出島の人・物・情報』講談社現代新書、1997 年。
片桐一男『出島――異文化交流の舞台』集英社新書、2000 年。
加藤祐三「アジア三角貿易の展開――茶とアヘンと綿布と」、『週刊朝日百科　世界の歴史 87　18 世紀の世界 1　植民地と貿易』朝日新聞社、1990 年。
金澤周作編『海のイギリス史――闘争と共生の世界史』昭和堂、2013 年。
川勝平太『日本文明と近代西洋――「鎖国」再考』NHK ブックス、1991 年。
川北稔『工業化の歴史的前提――帝国とジェントルマン』岩波書店、1983 年。
川北稔『洒落者たちのイギリス史――騎士の国から紳士の国へ』平凡社ライブラリー、1993 年。
川北稔『砂糖の世界史』岩波ジュニア新書、1996 年。
川北稔『イギリス近代史講義』講談社現代新書、2010 年。
河野友美『食味往来――食べものの道』中公文庫、1990 年。
河原温『世界史リブレット 23　中世ヨーロッパの都市世界』山川出版社、1996 年。
河原温『ヨーロッパの中世②　都市の創造力』岩波書店、2009 年。
岸本美緒『世界史リブレット 13　東アジアの「近世」』山川出版社、1998 年。
木畑洋一『二〇世紀の歴史』岩波新書、2014 年。
小池滋『英国鉄道物語』晶文社、1979 年。
神山四郎『歴史入門』講談社現代新書、1965 年。
小原博『日本流通マーケティング史――現代流通の史的諸相』中央経済社、2005 年。
小松芳喬『鉄道の誕生とイギリスの経済』清明会叢書 9（非売品）、1984 年。
今和次郎編纂『新版大東京案内』上・下、ちくま学芸文庫 2001 年。
齋藤寛海『中世後期イタリアの商業と都市』知泉書館、2002 年。
桜井英治・中西聡編『新体系日本史 12　流通経済史』山川出版社、2002 年。
佐口透『マルコ＝ポーロ――東西を結んだ歴史の証人』清水書院、1984 年。
佐藤彰一・池上俊一・高山博編『西洋中世研究入門』名古屋大学出版会、2000 年。
佐藤次高・岸本美緒編『地域の世界史 9　市場の地域史』山川出版社、1999 年。
佐野眞一『カリスマ――中内㓛とダイエーの「戦後」』上・下、新潮文庫、1998 年。
『三内丸山遺跡と北の縄文世界』、アサヒグラフ別冊、朝日新聞社、1997 年。
斯波照雄『中世ハンザ都市の研究――ドイツ中世都市の社会経済構造と商業』勁草書房、1997 年。
斯波照雄・玉木俊明編『北海・バルト海の商業世界』悠書館、2015 年。
清水廣一郎『中世イタリアの都市と商人』洋泉社、1989 年。

清水元『アジア海人の思想と行動——松浦党・からゆきさん・南進論者』NTT出版、1997年。
下山晃『交易と心性——商業文化の表層と深層』太陽プロジェクト、2003年。
杉原薫『アジア間貿易の形成と構造』ミネルヴァ書房、1996年。
杉山伸也『グローバル経済史入門』岩波新書、2014年。
杉山伸也、リンダ・グローブ編『近代アジアの流通ネットワーク』創文社、1999年。
住谷一彦『マックス・ヴェーバー——現代への思想的視座』NHKブックス、1970年。
住谷一彦・八木紀一郎編『歴史学派の世界』日本経済評論社、1998年。
高橋理『ハンザ「同盟」の歴史——中世ヨーロッパの都市と農業』創元社、2013年。
高橋清四郎『ドイツ商業史研究』お茶の水書房、1977年。
高村象平『中世都市の諸相——西欧中世都市の研究1』筑摩書房、1980年。
高村象平『ハンザの経済史的研究——西欧中世都市の研究2』筑摩書房、1980年。
高村直助『会社の誕生』吉川弘文館、1996年。
武田晴人『日本近現代史⑧　高度経済成長』岩波新書、2008年。
武野要子編『商業史概論』有斐閣、1993年。
竹村民郎『大正文化』講談社現代新書、1980年。
田崎宣義・大岡聡「消費社会の展開と百貨店」、山本武利・西沢保編『百貨店の文化史——日本の消費革命』世界思想社、1999年。
田島義博『歴史に学ぶ流通の進化』日経事業出版センター、2004年。
谷澤毅「近世ヨーロッパ経済とオランダ——オランダ東インド進出の経済的背景」、『長崎県立大学論集』第36巻第4号、2003年。
谷澤毅『北欧商業史の研究——世界経済の形成とハンザ商業』知泉書館、2011年。
玉木俊明『北方ヨーロッパの商業と経済——1550―1815年』知泉書館、2008年。
玉木俊明『近代ヨーロッパの誕生——オランダからイギリスへ』講談社選書メチエ、2009年。
玉木俊明『近代ヨーロッパの形成——商人と国家の近代世界システム』創元社、2012年。
玉木俊明『歴史の見方——西洋史のリバイバル』創元社、2016年。
常松洋『世界史リブレット48　大衆消費社会の誕生』山川出版社、1997年。
角山栄『堺——海の都市文明』PHP新書、2000年。
角山栄・村岡健次・川北稔『生活の世界史10　産業革命と民衆』河出文庫、1992年。
徳島達朗『近代イギリス小売商業の胎動』梓出版社、1986年。
徳永豊『アメリカの流通業の歴史に学ぶ』中央経済社、1992年。
友松憲彦『近代イギリス労働者と食品流通——マーケット・街路商人・店舗』晃洋書房、1997年。
豊田武・児玉幸多編『体系日本史叢書13　流通史Ⅰ』山川出版社、1969年。
豊原治郎『アメリカ流通史論考』未来社、1976年。
中澤勝三『アントウェルペン国際商業の世界』同文舘出版、1993年。
長澤和俊『シルクロード』講談社学術文庫、1993年。
中西聡・中村尚史編『商品流通の近代史』日本経済評論社、2003年。
中村勝己『世界経済史』講談社学術文庫、1994年。

中村正則『戦後史』岩波新書、2005年。
二宮宏之『歴史学再考——生活世界から権力秩序へ』日本エディタースクール出版部、1994年。
二宮宏之『全体を見る眼と歴史家たち（増補版）』平凡社、1995年。
二宮宏之『マルク・ブロックを読む』岩波書店、2005年。
野田宣雄『歴史をいかに学ぶか——ブルクハルトを現代に読む』PHP新書、2000年。
橋爪紳也『モダン都市の誕生——大阪の街・東京の街』吉川弘文館、2003年。
長谷川貴彦『世界史リブレット116　産業革命』山川出版社、2012年。
服部春彦『フランス近代貿易の生成と展開』ミネルヴァ書房、1992年。
羽田正『興亡の世界史15　東インド会社とアジアの海』講談社、2007年。
波部忠重『貝の博物誌』保育社カラー文庫、1975年。
林健太郎『史学概論（新版）』有斐閣、1970年。
林周二『流通革命——製品・経路および消費者』中公新書、1962年。
林周二『流通』日経文庫、1982年。
林周二『現代の商学』有斐閣、1999年。
林玲子・大石慎三郎『流通列島の誕生　新書・江戸時代⑤』講談社現代新書、1995年。
林玲子『江戸と上方——人・モノ・カネ』吉川弘文館、2001年。
原田政美編『市場と流通の社会史2　日本とアジアの市場の歴史』清文堂、2012年。
樋口謹一編『空間の世紀』筑摩書房、1988年。
久繁哲之介『商店街再生の罠——売りたいモノから、顧客がしたいコトへ』ちくま新書、2013年。
廣田誠『日本の流通・サービス産業——歴史と現状』大阪大学出版会、2013年。
廣田誠編『市場と流通の社会史3　近代日本の交通と流通・市場』清文堂、2011年。
深川英雄『キャッチフレーズの戦後史』岩波新書、1991年。
深沢克己「比較史のなかの国際商業と国際秩序」、社会経済史学会編『社会経済史学の課題と展望』有斐閣、2002年。
深沢克己『海港と文明——近世フランスの港町』山川出版社、2002年。
深沢克己『商人と更紗——近世フランス＝レヴァント貿易史研究』東京大学出版会、2007年。
深沢克己編『近代ヨーロッパの探求9　国際商業』ミネルヴァ書房、2002年。
藤田貞一郎・宮本又郎・長谷川彰『日本商業史』有斐閣新書、1978年。
古島敏雄・安藤良雄編『体系日本史叢書14　流通史Ⅱ』山川出版社、1975年。
星名定雄『情報と通信の文化史』法政大学出版局、2006年。
増田四郎『都市』ちくま学芸文庫、1994年。
増田四郎『西洋中世世界の成立』講談社学術文庫、1996年。
松井透『世界市場の形成』岩波書店、1991年。
松浦章『世界史リブレット63　中国の海商と海賊』山川出版社、2003年。
丸山雍成編『日本の近世6　情報と交通』中央公論社、1992年。
三浦展『第四の消費——つながりを生み出す社会へ』朝日新書、2012年。
水島司『世界史リブレット127　グローバル・ヒストリー入門』山川出版社、2010年。
道重一郎『イギリス流通史研究——近代的商業経営の展開と国内市場の形成』日本経

済評論社、1989 年。
満薗勇『商店街はいま必要なのか——「日本型流通」の近現代史』講談社現代新書、2015 年。
南川高志『新・ローマ帝国衰亡史』岩波新書、2013 年。
宮崎勇・田谷禎三『世界経済図説』第三版、岩波新書、2012 年。
宮崎正勝『イスラム・ネットワーク——アッバース朝がつなげた世界』講談社選書メチエ、1994 年。
宮本又郎『日本の近代 11　企業家たちの挑戦』中央公論新社、1999 年。
村井章介『日本史リブレット 28　境界をまたぐ人びと』山川出版社、2006 年。
村井章介責任編集『シリーズ港町の世界史 1　港町と海域世界』青木書店、2005 年。
毛利健三『自由貿易帝国主義——イギリス産業資本の世界展開』東京大学出版会、1978 年。
森田義之『メディチ家』講談社現代新書、1999 年。
諸田實『ドイツ初期資本主義研究』有斐閣、1967 年。
諸田實『フッガー家の時代』有斐閣、1998 年。
諸田實「16、17 世紀ドイツにおけるイギリス毛織物の輸入・仕上げ・販売——「ロンドン＝アントウェルペン枢軸」の延長」、『商経論叢』（神奈川大学）第 35 巻第 2 号、1999 年。
諸田實『晩年のフリードリヒ・リスト——ドイツ関税同盟の進路』有斐閣、2007 年。
家島彦一『イスラム世界の成立と国際商業——国際商業ネットワークの変動を中心に』岩波書店、1991 年。
家島彦一『海が創る文明——インド洋海域世界の歴史』朝日新聞社、1993 年。
家島彦一『海域から見た歴史——インド洋と地中海を結ぶ交流史』名古屋大学出版会、2006 年。
山田雅彦編『市場と流通の社会史 I　伝統ヨーロッパとその周辺の市場の歴史』清文堂、2010 年。
山田勝『商業発展史論』創成社、1993 年。
湯浅赳男『増補新版　文明の「血液」——貨幣から見た世界史』新評論、1998 年。
弓削達『ローマはなぜ滅んだか』講談社現代新書、1989 年。
湯沢威「鉄道の発生と世界への普及」、湯沢威・小池滋・田中俊宏・松永和生・小野清之『近代ヨーロッパの探求 14　鉄道』ミネルヴァ書房、2012 年。
湯沢威『鉄道の誕生——イギリスから世界へ』創元社、2014 年。
米川伸一『ヨーロッパ・アメリカ・日本の経営風土』有斐閣新書、1978 年。
李為・白石善章・田中道雄『文化としての流通』同文館出版、2007 年。
歴史学研究会編『地中海世界史 3　ネットワークのなかの地中海』青木書店、1999 年。
渡辺尚・作道潤『現代ヨーロッパ経営史——「地域」の視点から』有斐閣、1996 年。

◆邦語翻訳文献
ジャネット・L．アブー＝ルゴド（佐藤次高・斯波義信・高山博・三浦徹訳）『ヨーロッパ覇権以前——もうひとつの世界システム』上・下、岩波書店、1989 年。
Ｃ．ウィルスン（堀越孝一訳）『オランダ共和国』平凡社、1971 年。
イマニュエル・ウォーラーステイン（川北稔訳）『近代世界システム』Ⅰ・Ⅱ・Ⅲ・Ⅳ、

名古屋大学出版会、2013年（執筆に際しては、岩波書店版の川北稔訳『近代世界システム——農業資本主義と「ヨーロッパ世界経済」の成立』I・II、1981年も参照）。
コルネリゥス・ウォルフォード（中村勝訳）『市の社会史——ヨーロッパ商業の一断章』そしえて、1984年。
パトリック・オブライエン（秋田茂・玉木俊明訳）『帝国主義と工業化　1415—1974——イギリスとヨーロッパからの視点』ミネルヴァ書房、2000年。
E．H．カー（清水幾太郎訳）『歴史とは何か』岩波新書、1962年。
ロンド・キャメロン、ラリー・ニール（速水融監訳）『概説世界経済史』、I「旧石器時代から工業化の始動まで」、II「工業化の展開から現代まで」東洋経済新報社、2013年。
ヨーゼフ・クーリッシェル（増田四郎監訳、伊藤栄・諸田實訳）『ヨーロッパ中世経済史』東洋経済新報社、1974年。
ヨーゼフ・クーリッシェル（松田智雄監訳、諸田實・松尾展成・柳澤治・渡辺尚・小笠原茂訳）『ヨーロッパ近世経済史』I・II、東洋経済新報社、1982年、1983年。
ケヴィン・グリーン（本村凌二監修、池口守・井上秀太郎訳）『ローマ経済の考古学』平凡社、1999年。
ヴェルナー・ゾンバルト（金森誠也訳）『ブルジョア』中央公論社、1990年。
ヴェルナー・ゾンバルト（金森誠也訳）『恋愛と贅沢と資本主義』講談社学術文庫、2000年。
ヴェルナー・ゾンバルト（金森誠也訳）『戦争と資本主義』講談社学術文庫、2010年。
ヴェルナー・ゾンバルト（金森誠也訳）『ユダヤ人と経済生活』講談社学術文庫、2015年。
M．v．ティールホフ（玉木俊明・山本大丙訳）『近世貿易の誕生——オランダの「母なる貿易」』知泉書館、2005年。
モリー・ハリスン（工藤政司訳）『買い物の社会史』法政大学出版局、1990年。
ゲルト・ハルダッハ、ユルゲン・シリング（石井和彦訳）『市場の書——マーケットの経済・文化史』同文館出版、1988年。
ウィリアム・バーンスタイン（鬼澤忍訳）『華麗なる交易——貿易は世界をどう変えたか』日本経済新聞出版社、2010年。
アンリ・ピレンヌ（増田四郎・小松芳喬・高橋幸八郎・高村象平・松田智雄・五島茂訳）『中世ヨーロッパ経済史』一條書店、1956年。
アンリ・ピレンヌ（増田四郎監修、中村宏・佐々木克己訳）『ヨーロッパ世界の誕生——マホメットとシャルルマーニュ』創文社、1960年。
アンリ・ピレンヌ（佐々木克己訳）『中世都市』創文社、1970年。
アンドレ・G．フランク（山下範久訳）『リオリエント——アジア時代のグローバル・エコノミー』藤原書店、1998年。
W・ハミッシュ・フレーザー（徳島達朗・友松憲彦・原田政美訳）『イギリス大衆消費市場の到来　1850—1914年』梓出版社、1993年。
A．プレシ、O．フェールターク（高橋清徳編訳）『図説　交易のヨーロッパ史——物・人・市場』東洋書林、2000年。
フェルナン・ブローデル（村上光彦・山本淳一訳）『物質文明・経済・資本主義』全6冊、

みすず書房、1985—99年。
フェルナン・ブローデル（浜名優美訳）『地中海』普及版、全5冊、藤原書店、2004年。
フェルナン・ブローデル（浜名優美監訳）『ブローデル歴史集成Ⅱ　歴史学の野心』藤原書店、2005年。
マルコ・ポーロ（愛宕松男訳注）『東方見聞録』1・2、平凡社東洋文庫、1970、1971年。
W.H.マクニール（清水廣一郎訳）『ヴェネツィア——東西のかなめ、1081—1797』岩波書店、1979年。
L・マグヌソン（玉木俊明訳）『産業革命と政府——国家の見える手』知泉書館、2012年。
P．マサイアス（小松芳喬監訳）『改訂新版　最初の工業国家——イギリス経済史1700—1914年』日本評論社、1988年。
村川堅太郎訳注『エリュトゥラー海案内記』中公文庫、1993年。
ミシェル・デュ・ジュルダン・モラ（深沢克己訳）『ヨーロッパと海』平凡社、1996年。
レオポルド・フォン・ランケ『世界史概観』改版、岩波文庫、1961年。
アンソニー・リード（平岡秀秋・田中優子訳）『大航海時代のアジア』、Ⅰ「貿易風のもとで」、Ⅱ「拡張と危機」法政大学出版局、1997年、2002年。
フリードリッヒ・リスト（小林昇訳）『経済学の国民的体系』岩波書店、1970年。
ジョルジュ・ルフラン（町田実・小野崎晶裕訳）『商業の歴史』文庫クセジュ、白水社、1976年。
フリッツ・レーリヒ（瀬原義生訳）『中世の世界経済——一つの世界経済時代の繁栄と終末』未来社社会科学ゼミナール、1969年。
ウォルト・ホイットマン・ロストウ（木村健康・久保まち子・村上泰亮訳）『経済成長の諸段階——一つの非共産党宣言』ダイヤモンド社、1961年。
ロバート・S．ロペス（松宮浩憲訳）『中世の商業革命——ヨーロッパ950-1350』法政大学出版局、2007年。
モーリス・ロンバール「マホメットとシャルルマーニュ——経済的問題」、アンリ・ピレンヌほか（佐々木克巳編訳）『古代から中世へ——ピレンヌ学説とその検討』創文社、1975年。

◆そのほか

日本ショッピングセンター協会のホームページ（http://www.jcsc.or.jp/sc_data/data/definition）、2016年12月8日閲覧。
日本百貨店協会のホームページ（http:// www.depart.or.jp/）、2016年12月15日閲覧。
日本ハンザ史研究会のホームページ（邦文文献目録）（http://hensegroup.blogspot.jp/p/blog-page_9129heml）、2016年12月15日閲覧。

図版出所一覧

22頁「コジモ・デ・メディチ」:Paul Wescher, Grosskaufleute der Renaissance, Basel, o. J.（刊行年記載なし）, S.43.

23頁「ヤーコプ・フッガー」:Paul Wescher, Grosskaufleute der Renaissance, Basel, o. J.（刊行年記載なし）, S.93.

30頁「商品が山積みされた現代の市場（ベトナム・ダナン）」:筆者撮影。

33頁「ブレーメンのクリスマスの市」:筆者撮影。

57頁「フリードリヒ・リスト（ドイツ・ライプツィヒ駅）」:筆者撮影。

68頁「大塚久雄」:石崎津義男『大塚久雄 人と学問』みすず書房、2006年、目次前の頁。

78頁「フェルナン・ブローデル」:ブローデル『地中海』6（藤原セレクション版）、藤原書店、1999年、カバーより。

94頁「えびすのイメージ」:『週刊神社紀行50、西宮神社、今宮戎神社』学習研究社、2003年、15頁。

99頁「古代地中海世界」:筆者作成。

103頁「古代ローマのガレー船」:『週刊朝日百科 世界の歴史70、16世紀の世界1 船と地図』朝日新聞社、1990年、E-420頁。

107頁「富本銭」:『お金――貨幣の歴史と兵庫の紙幣』たつの市立龍野歴史文化資料館、2005年、5頁。

119頁「近世初頭のリューベック」:Alte Deutsche Städtebilder. Farbige Bilder nach Braun und Franz Hogenberg, Hamburg, 1964, S. 54-55.

122頁「内陸交通の動脈・ライン川」:筆者撮影。

124頁「中世地中海・南欧のおもな商業都市」:筆者作成。

125頁「ヴェネツィア（16世紀頃）」:樺山紘一『世界の歴史16 ルネサンスと地中海』中央公論社、1996年、79頁。

126頁「ジェノヴァ（16世紀頃）」:樺山紘一『世界の歴史16 ルネサンスと地中海』中央公論社、1996年、81頁。

128頁「ポルトラーノ海図（地中海）」:『週刊朝日百科 世界の歴史70、16世紀の世界1 船と地図』朝日新聞社、1990年、E-430頁。

130頁「中世北方ヨーロッパの主な商業都市」:筆者作成。

132頁「リューベックの市場（1630年）」: Silber, Gold und Hansehandel, Archiv der Hansestadt Lübeck, 2003.

141頁「近世初頭のブレーメン」:Alte Deutsche Städtebilder. Farbige Bilder nach Braun und Franz Hogenberg, Hamburg, 1964, S.94-95.

146頁「シルクロードの3つの幹線」:長澤和俊『シルクロード』講談社学術文庫、1993年、21頁の地図を参考に作成。

153頁「アッバース朝の主要経路」:宮崎正勝『イスラム・ネットワーク――アッバース朝がつなげた世界』講談社選書メチエ、1994年、72頁の地図を参考に作成。

155頁「アジア海域の地域交易圏の連鎖」:『週刊朝日百科 世界の歴史67 16世紀

の世界1　商品と物価』朝日新聞社、1990年、B-422頁。
156頁「17世紀の中国船」:『週刊朝日百科　世界の歴史70　16世紀の世界1　船と地図』朝日新聞社、1990年、E-425頁。
162頁「先住民とコロンブス」:『週刊朝日百科　世界の歴史67　16世紀の世界1　商品と物価』朝日新聞社、1990年、B-430頁。
167頁「16世紀のアントウェルペン」:『週刊朝日百科　世界の歴史67　16世紀の世界1　商品と物価』朝日新聞社、1990年、B-444〜445頁。
172頁「16世紀のオランダの市場」:『週刊朝日百科　世界の歴史67　16世紀の世界1　商品と物価』朝日新聞社、1990年、B-435頁。
173頁「ポーランドからダンツィヒに向かう穀物」:『週刊朝日百科　世界の歴史67　16世紀の世界1　商品と物価』朝日新聞社、1990年、B-443頁。
177頁「長崎を訪れたオランダ船」:『図説長崎歴史散歩　−大航海時代にひらかれた国際都市』ふくろうの本、河出書房新社、1999年、52頁。
179頁「出島の水門」:『図説長崎歴史散歩——大航海時代にひらかれた国際都市』ふくろうの本、河出書房新社、1999年、53頁。
186頁「ハンブルクの取引所（1661年）」:Silber, Gold und Hansehandel, Archiv der Hansestadt Lübeck,2003.
223頁「初期の阪急百貨店」:『東京人』1998年5月、128号、39頁。
234頁「高度経済成長の集大成・大阪万博（太陽の塔）」:『大阪万博——20世紀が夢見た21世紀』小学館、2014年、12‐13頁。
236頁「レナウン「イエイエ」のＣＭ」:『東京人』2007年12月、248号、57頁。

索 引

あ行

アイスランド 115, 186
アウクスブルク 22-3, 81, 121-2
アカプルコ 164
アジア 13, 16-7, 19, 23, 27-8, 60, 73, 83, 86, 88, 95, 101, 103-4, 106, 110-1, 114, 123, 127, 129, 143-4, 148, 151, 154-61, 164, 168, 174, 176-7, 183, 192, 199, 206, 209-12, 243, 246-7, 249, 251-3, 255-7
——三角貿易 16, 17, 209, 210, 251
アジール 32
アッバース朝 151-2, 154, 254
アナール学派 v, 75-6
アフターサービス 216, 234, 236
アフリカ 5, 83, 95, 101-2, 104, 111, 126, 143, 152, 154, 159-60, 163, 169, 209, 243, 246, 247, 249
アヘン戦争 210
亜麻 134, 180, 196
アメリカ viii, 3, 9, 13, 27, 40, 42, 51, 55, 64, 75, 80, 82-5, 157, 159, 162, 175, 209-22, 227-8, 231, 233, 236, 238, 240, 243-50, 252, 254 →新大陸も参照
アラビア 95, 104, 110-1, 115, 121, 125, 127, 129, 154
アルハンゲリスク 180
アルプス 22, 102, 106, 109, 116, 119, 121, 125, 134, 171
アルメニア人 18, 86
アントウェルペン vii, 23, 34, 121, 166-70, 175, 193, 252, 254, 258

イギリス vii, 3, 11, 14-7, 25, 28-9, 35, 52, 54-6, 61, 64-5, 68-73, 83, 85, 88, 138, 161, 167, 180-5, 188, 190, 192-203, 205-6, 208-14, 221, 236, 247, 251-6 →イングランドも参照

——東インド会社 14-5, 29, 199
石井寛治 i, ii, 107-8, 222, 229, 232, 240, 249-50
イスラーム 109-13, 145, 147, 151-2, 154, 158-9, 162
イタリア 5, 20-2, 81, 101, 110, 113-4, 116-7, 121, 123, 125, 127, 129, 131-2, 135, 142, 149, 165, 168, 181, 183, 190-1, 213, 221, 251
一次産品 83-5, 137, 140, 192, 247 →原材料も参照
市場 iv, vii, 5, 9-10, 13-7, 28-36, 42, 53, 57, 68, 70-1, 80-1, 92, 94-5, 105, 112, 116, 132, 157, 163, 165, 170-2, 180, 182, 185, 190, 192, 195-8, 201-2, 206, 208-15, 221, 232, 245, 250-1, 253-5, 257-8
イベリア半島 23, 83, 100, 111, 127, 134, 152, 154, 158, 164-5, 173, 186
イングランド 20, 115-6, 122, 126-7, 135, 137, 140, 161, 165-9, 171, 175, 186-7 →イギリスも参照
インド vii, 5, 13, 15-7, 19, 24-5, 27-9, 73, 103-4, 129, 144, 148, 154, 156-62, 167-8, 174-5, 177-9, 184, 188, 194-6, 199-200, 209-10, 219, 246, 250, 252-4
インド洋 103, 148, 154, 161, 254

ヴァイキング →ノルマン人
ヴァージニア 209, 250
ウィーン 121
ヴィク 112, 120
ヴィスビュー 115, 132
ヴィスマル 132, 133, 137
ウィンドウショッピング 200, 225
ヴェーバー, マックス v, 51, 59, 62-7, 71-3, 119, 251-2
ヴェネツィア 5, 9, 22-3, 114, 121-3, 125-6, 129, 147-9, 161, 168, 256-7
ウォーラーステイン, イマニュエル 54, 75, 79,

82-3, 85-7, 89, 154, 254
ヴォルテール 44
海のシルクロード 103, 144, 147-8
運河 202-5, 214

エーゲ海 19, 100-1
営業の自由 211
江戸 5, 8-9, 177-9, 221-2, 250, 253
えびす 32, 94
『エリュトゥラー海案内記』 103-4, 256
エルサレム 20, 114, 148
エルベ川 116, 186-8, 211
エルミナ 159, 175
エレクトロン 101
遠隔地商人 18, 70, 132-3
エンリケ航海王子 159

オアシス路 144, 146
大市 vii, 30, 32, 34-5, 38, 95, 116-7, 121-2, 129, 132-3, 166, 183, 185, 187-92, 251　→メッセ
大黒俊二 29, 31-3, 36, 122, 251
大阪（大坂） 5, 8, 29, 38, 178-9, 224-5, 228-9, 234, 238, 241, 253, 258
大阪万博 38, 234, 258　→日本万国博覧会
オーストリア 164, 182
大塚久雄 67-8, 71-3, 82, 251, 257
オスマン帝国 106, 158, 165, 183
オランダ vii, 11, 25, 27-8, 55, 72, 85, 134-8, 140-1, 154, 161, 165-6, 170-84, 187, 193, 196, 221, 252, 254-5, 258　→北ネーデルラント
――独立戦争 25, 166, 170
――の世紀 171
――東インド会社 27-8, 174, 177-8
オリーブ油 22, 100-2, 110, 129, 131, 163
オリエント 19, 86, 103, 255
卸（卸商、卸売商など） 30, 168, 198, 215-6, 221-2, 231-2

か行

ガーシェンンクロン, アレグザンダー 73, 197
カーニヴァル 95
カール五世 164
カール大帝 109, 111
会計 6, 178
海賊 115, 181, 253
買廻品 11, 12
カカオ 14, 84, 162
価格革命 163
革命 viii, 3, 6, 11, 14-7, 52, 54, 61-2, 70, 72-4, 83, 86, 157, 163, 185, 188, 192, 194-202, 204-6, 208-11, 213, 221, 227, 229, 231-4, 237, 245, 250, 252-3, 256
果実 100, 127, 129, 131, 168, 199, 237
カソリック 25, 164
価値自由 63
カディス 188
カドゥケウス 95, 257
株式会社 iv, 6, 26-9, 178
ガマ、バスコ・ダ 160
ガラス 103, 146-7, 176, 192, 200
カルタゴ 19, 31, 100, 102
カルテル 24
ガレー船 103, 125, 131, 257
カロリング朝 109-10, 112, 116, 119
観光 9, 118, 123, 206
関税 54, 56-7, 79-80, 172, 182, 184, 211-2, 221, 226, 243, 254
環日本海交流 97
管理貿易体制 177, 179, 221

生糸 103-4, 129, 131, 155, 175, 183
キエフ 121
キオス島 127
機械 16, 54, 194-5, 208, 212, 216-7, 247
貴金属 12-4, 18, 83, 93, 104, 114, 129, 134, 179
奇跡の復興 243, 245
北ネーデルラント 165, 171, 175　→オランダも参照
北前船 5, 8, 97
キニーネ 14, 163
絹 7, 13, 15, 22, 83, 103-4, 110, 114, 127, 129, 131, 142-4, 146, 149, 155, 163, 175, 183-4, 187, 191-2, 200, 237
喜望峰 5, 158, 159

キャラコ 15-6, 36, 161, 188, 194, 210　→木綿
境界性 31, 94
教皇 21, 25, 109-11, 147, 189
　──庁の銀行家 25
強国 25, 180
　──の時代 180　→スウェーデン
共産主義 42, 51, 60, 62, 244
共同企業 22, 26, 29　→パートナーシップ
共同体 31, 92-4, 245
局地的市場圏 70-1
ギリシャ vi, 19, 43, 94, 98, 100-2, 106
キリスト教 14, 32, 43, 72, 109, 111, 119, 127, 145, 147, 159, 162, 177
ギルド 20, 69, 118, 165　→同職組合
銀 13, 17, 23, 73, 86, 100-1, 131, 146-7, 155, 158, 160-1, 163-4, 166-9, 173, 179, 183, 191, 200, 209　→銀貨も参照
銀貨 103-5, 107, 111-2, 146, 161　→銀も参照
禁制圏 34
金属 12-4, 18, 83, 93, 101-2, 104, 114, 129, 134, 146, 150, 169, 178-80, 187, 191-2
金本位制 182, 208
金融 6, 24, 29, 72, 81, 83, 85, 182-3, 208, 232, 243

空間の世紀 52-3, 253
クリーブランド 217
グローバリゼーション 88, 156, 248
グローバル・ヒストリー v, 87-8, 253

ゲートウェイ 188
ケーニヒスベルク 137
経営 7, 9, 22, 26-7, 69, 105, 118, 205, 211, 218, 220, 224, 228-9, 239-40, 253-4
経済圏 5, 24, 82, 212
経済の三層構造 80-1
経済発展段階説 v, 49, 51
啓蒙主義 53, 57
軽量高価 131, 136, 146
毛織物 13-4, 16, 22, 32, 69, 73, 114, 116-7, 126-8, 132, 134-5, 142, 159, 163-4, 167-9, 171, 175,-6, 178, 181-4, 186-7, 190-1, 193, 195, 209, 254

毛皮 115, 117, 129, 132, 134, 136, 187, 191-2 →皮革も参照
血縁関係 21
ゲルマン（民族、文化） 106, 109-11, 114, 119
ケルン 64, 117, 121-2, 132-4, 137, 167-9, 185
原材料 83-4, 101, 138, 180, 205, 208, 210, 247　→一次産品も参照
建設都市 119
権力の真空地帯 31, 94

交易路 5, 7, 9, 78, 115, 143-6, 151　→通商路、流通経路も参照
航海図 127, 128
交換 vi, 10, 12-3, 29, 31, 33-6, 50, 73, 80, 92-5, 131, 142, 154-5, 160, 197, 208, 218, 233, 245, 250
鉱業 190
工業国家 11, 73, 194, 247, 256
考古学 18, 39-40, 96-7, 105, 112, 144, 255
皇国史観 44
鉱山 23-5, 137, 163, 169, 190-1, 203
香料（香辛料） 5, 13-4, 19, 22-3, 27, 73, 101, 103, 110, 114-5, 117, 125, 129, 131, 134, 146-7, 149, 158, 160-1, 167-9, 174-5, 178, 183, 191
高度経済成長 viii, 42, 228, 232-4, 236, 237, 244-5, 249, 252, 258
後背地 140, 167, 186
後発先進国 53, 73, 196, 197, 211
香木 103, 149
小売店 198, 199, 213, 215-6, 218-9, 222, 227, 231, 232, 239
香料諸島 160-1, 174
港湾都市 vii, 114, 116, 121, 123, 127, 129, 133, 140, 158, 183-6, 192, 213
コーヒー 14, 175, 184, 188, 192, 196, 199, 237
五か所商人 178
国際商業 21, 24, 30, 34, 72, 154, 169, 170, 182-3, 185, 209, 212, 252-4
黒死病 157-8
国富 18, 53, 181
国民経済 50, 54, 56, 70, 73, 82, 87, 197-8, 251
穀物 34, 78, 84, 100-3, 108, 114, 126-7, 134, 136-

索　引──261

8, 140-1, 163, 165-6, 169, 172-3, 175, 180, 186-7, 208, 237, 244, 258
黒曜石　12, 18, 93, 96
互酬　33, 92
胡椒　13-4, 103-4, 117, 129, 134, 160, 168-9, 175, 187
コチニール　14, 162, 164
黒海　101, 115, 121, 126
国家の時代　19, 108
国境　24, 56, 152
コッゲ船　128, 134-5, 257
ゴトランド島　132
小林一三　224
個別実証科学　47
娯楽市　32
コルベルティスム　184
コロンブス　13, 150, 158, 161-2, 257
コンスタンティノープル　106, 110-1, 113-5, 121-3, 152
コンビニ（コンビニエンス・ストア）　viii, 6, 232, 238-40, 249
　viii, 6, 232, 238
コンメンダ　26

さ行

サービス　10, 173, 216, 218-9, 227-8, 234-6, 240, 241, 253
最初の工業国家　11, 194, 247, 256
財政＝軍事国家　196
在地的商品　30
再分配　33, 92
ザクセン　54, 188-91
鎖国　vii, 176-9, 221, 250-1
砂糖　14, 84, 117, 129, 175, 178, 184, 188, 192, 208, 251
三角帆　127-8
産業革命　viii, 3, 11, 15-7, 52, 54, 70, 72-3, 83, 86, 185, 188, 192, 194-202, 204-6, 208-11, 213, 221, 252-3, 256
産業資本　66, 69-71, 254
3 C　245, 249
参事会　20

三十年戦争　25, 46, 141, 191
三種の神器　234, 249
三内丸山遺跡　96-7, 251
三圃制　118

シアーズ・ローバック　219-20
シェイクスピア　18
ジェール, ルイ・ド　25, 180
ジェントリー　72
ジェントルマン資本主義　72
塩　8, 12, 18, 93, 126, 129, 131, 134-6, 175-6, 187
——の道　93
シカゴ　215, 217, 219
時間の三層構造　78-9
陶磁器　39, 147, 155, 176, 179, 199-200, 216
識字率　21
自給自足　4, 33, 105, 111
嗜好品　12, 162, 196, 199, 213
史実　iv, 38-41, 45-6, 64
市場原理　33, 35, 42
史的唯物論　→唯物史観
シドン　98, 123
シナ海　154-5
死の商人　25
資本主義　v, 11, 25, 42, 51, 59-60, 62, 64-74, 77, 80-3, 85, 89, 155, 210, 244, 248, 254-5
——の精神　65-6, 71
資本制　60-1, 67-8, 71, 82
市民　20, 34, 60-1, 66, 74, 105, 112, 118, 120, 170-1, 217
シャイロック　18
社会構成体　60-1
ジャガイモ　14, 180
奢侈品　4, 11, 12, 18, 22, 93, 103-4, 131, 134, 136, 149
シャッター通り　242
ジャムチ　149
シャンパーニュの大市　34, 116-7, 121-2, 129, 251
宗教　13-4, 23, 25, 60, 65, 86, 88, 93, 96, 133, 141, 145-6, 151, 158, 164, 170-1, 186
——改革　23, 25, 65, 141, 164, 170

集散地 8, 137, 167-8, 189, 222
十字軍 114, 122
自由主義 42, 44, 248
重商主義 18, 64, 70, 181-4, 210
従属理論 84
周辺(辺境) 8, 31, 52-3, 79, 83-6, 93, 96, 98, 101, 120, 135-6, 143-4, 151, 155, 164, 168, 170, 175, 189-90, 196-7, 213-5, 243, 254
自由貿易 54-6, 211-2, 214, 226, 254
自由貿易帝国主義 55, 212, 254
重量安価 134
祝祭性 31-2, 95
シュテティン 132, 137, 140
シュトラールズント 132, 139
ジュネーブ 34, 117, 121
シュモラー、グスタフ・フォン 50, 63
狩猟・採集 12
シュレージェン 54, 187, 190
循環史観 43
荘園 105, 118
商館 6, 100, 121, 125, 132-3, 136, 160, 166, 170, 177-9
蒸気機関 195, 203-4
蒸気機関車 203-4
商業資本 70-1
商業都市 vii, 5, 23, 121-5, 130, 134, 142, 155, 167, 170, 182, 185
商業の復活 111, 113
商業民族 18-9, 86, 95, 98
商社 4, 21, 26, 221-2
商人 i-ii, iv, 4, 6-7, 10, 12-3, 17-22, 24-7, 29, 32, 34, 40-1, 57, 69-72, 81, 88-9, 94-5, 101-3, 108, 111-8, 120, 122, 125-9, 131-4, 136-42, 146-7, 149-52, 154, 158, 160, 166-75, 177-8, 180, 183-4, 186-7, 189-92, 197-8, 200-1, 205, 208, 211, 215, 219, 222, 250-3
消費者 4, 11, 12, 50, 197-8, 215-7, 219, 230, 235, 237, 239, 241-2, 253
情報 ii, 4, 7-9, 13, 52, 65, 70, 86, 92, 98, 148-9, 160, 217, 232, 237, 239, 250-1, 253
昭和元禄 236
初期資本主義 25, 254

食卓革命 14
植民地 16, 52, 73, 85, 100, 126-7, 160, 162, 164, 174-5, 182, 184, 187-8, 192-3, 195, 197, 199, 209-10, 212, 243, 250-1
食料 11, 30, 34, 62, 92, 163, 169, 184, 195, 199, 208, 216, 220, 224, 228 →食糧も参照
食糧 34, 83, 84, 98, 105, 118, 138, 140, 165, 172, 180, 233 →食料も参照
ショッピングセンター viii, 6, 238, 240-2, 249, 256
私掠 181
史料 39-41, 46-8, 76, 92, 95-6, 101, 103, 122
シルクロード vii, 7, 103, 143-8, 151, 156, 252
真珠 103-4, 129, 131, 149-50, 192
新自由主義 42, 44, 248
新大陸 vii, 13-4, 27, 73, 157-8, 160-6, 169, 173, 175-6, 187, 212 →アメリカも参照
進歩史観 41-5, 51, 59, 72, 248
信用 6, 50, 81, 150, 206

水運 8, 112, 171, 187, 201, 214
スイス 191, 211
スウェーデン 25, 83, 115, 132, 137, 140, 179, 180, 248 →強国の時代も参照
スーパー(スーパーマーケット) 6, 220, 227-32, 237-9, 241-2
スカンディナヴィア半島 135, 137, 175, 180
スコーネ 135-6
錫 178, 183, 191
スティーブンソン(ジョージとロバート) 203-4
ストックトン・ダーリントン鉄道 204
スミス、アダム 53-4
スローフード運動 248

生活文化 13-4, 17, 199, 206
聖ゴドリック 20-1
西漸運動 214
生産関係 60-1, 70
生産力 11-2, 42, 44, 54, 59-62, 71-3, 165, 208, 209, 211, 213, 221, 223, 225
──史観 11, 44, 62, 72
聖性 31, 94

税制 6
製鉄 (業) 214-8, 224-5, 229, 241-2, 251, 254
正統配給組織 198, 215
西洋 4, 13, 19, 23, 31, 48, 68, 72-3, 80, 88, 95, 100-1, 115, 117, 122, 134, 136, 142, 158, 159, 161, 164, 170, 175, 178-9, 181, 186-7, 192-3, 211-3, 215, 221, 223, 249-53
世界経済 vi, 11, 13, 17, 24, 34, 50, 54, 73, 79, 82,-6, 89, 113, 118-9, 135, 151, 154-7, 166-7, 171, 182, 184, 186, 194, 197, 210, 212, 243-5, 247-8, 252, 254-6
世界史 3, 41, 44, 48, 87, 122, 145, 150, 246, 250-4, 256
世界市場 vii, 13-4, 157, 171, 180, 185, 197, 212, 221, 253
世界システム論 v, 79, 82, 84, 85, 86, 87
世界商品 12, 13
世界帝国 82
世界の工場 54, 55, 247
石炭 88, 175, 195, 201, 202, 205, 206, 208
石鹸 129, 176, 216, 230
セビーリャ 80, 162, 163
セブン-イレブン 238, 240
セルフサービス 227-8
前面地 186
先進国 53, 73, 84, 196-7, 211, 213, 243, 245, 247-8
専制国家 19
全体を見る眼 v, 75-6, 78, 85, 253
船舶共有組合 27
船舶用資材 196
専門品 11-2
染料 14, 100, 103, 117, 129, 131, 162-4

送金 21, 25, 128
象牙 103-4, 129, 131, 146, 159, 169, 175, 178
造船 100, 114, 125-6, 137, 140, 176, 180-1
装置産業 25
ソキエタス 26-8
ソ連 42, 51, 62, 244, 246-7, 249
ゾンバルト, ヴェルナー v, 66-7, 255

た行

ダーウィン, チャールズ 52
ターンパイク 201, 204
ダイエー 228-32, 238, 241, 249, 251
大航海時代 vii, 13-4, 23, 27, 73, 86, 125, 154-9, 161, 165, 174, 199, 256, 258
大衆消費社会 viii, 4, 208, 210, 212-3, 215-7, 219, 221, 223-5, 235, 252
隊商 21, 95, 145-6
大西洋 23, 80, 88, 115, 117, 134, 136, 158-9, 161, 175, 181, 186-7, 192, 213, 215
大分岐 88-9
太平洋 97, 164
タケノコ生活 233
煙草 8, 14, 188, 208-9, 214, 238
鱈 134-6
樽 9, 135, 175
ダンツィヒ 132-5, 137, 140-1, 172-3, 188, 258

チェーンストア 218-21, 227-9, 239, 243
地産地消 248
『地中海』 v, 77, 79-80, 89, 154, 256-7
茶 14, 17, 175, 196, 199, 206, 208-9, 251-2
中核 →中心
中継商業 11, 72, 184
中国 13, 17, 42-3, 82, 86, 89, 97, 103-4, 107-8, 121, 143-4, 147-8, 154-6, 161, 176, 196, 209-10, 246-7, 253, 257
中心(中核) 3, 5-6, 8-9, 11, 13, 19, 21, 24, 30-1, 33-4, 39, 44, 48-9, 52-3, 56, 59, 67-9, 72, 76, 79, 81-7, 93-4, 97, 100, 105-7, 109-10, 112-4, 116, 118-21, 127, 132-3, 138, 141, 143, 146, 151-2, 154-9, 161-2, 166-7, 171-3, 175-6, 180, 182-3, 190-2, 196--8, 202, 208, 210-1, 213-4, 216-8, 225, 227, 231--4, 237-40, 242-4, 254
中世都市 vi, 19-20, 34, 64, 111-3, 118-21, 126, 133, 251-2, 255
中世の世界経済 vi, 24, 34, 113, 118-9, 135, 151, 167, 256
中産的生産者 69, 71
長安 146, 148

朝貢貿易 155, 176
丁子 129, 160, 168, 178
沈黙交易 31, 92, 94

通勤 206, 218
通商軸 133
通商網 23, 27, 104, 118, 160 →取引網、流通網も参照
通商路 5, 95, 103, 117, 121, 133, 169 → 交易路、流通経路も参照
通信販売 219-21
ツンフト 118

ディアス, バルトロメウ 86, 159
低開発 73, 84-5, 197, 209
定期市 4, 6, 30, 33-5, 197-8
――の時代 33-5
テイク・オフ理論 51
帝国 vi-vii, 19, 46, 55, 82, 100, 102, 104-6, 109-10, 114, 123, 149, 151-2, 154, 158-9, 162-5, 183, 189, 195, 210, 212, 225, 250-1, 254-5
――主義 155, 212, 253
低地地方 115-6, 121, 131, 137, 166-9, 171, 183, 190 →ネーデルラントも参照
ティルス 98, 123
手形 6
出島 177-9, 251, 258
鉄 5, 25, 54-5, 93, 97, 134, 137, 180, 195-6, 201, 203, 212, 214
鉄鉱石 195, 201, 205
鉄道 5, 56-7, 195, 202-7, 211, 214-6, 218, 224, 242, 251, 254
デトロイト 217, 219
デフォー, ダニエル 15, 201
店舗 6, 21-2, 35, 190, 198-200, 218-20, 223, 227-32, 238-42, 248, 252

ドイツ 20, 22-3, 27, 30, 32, 35, 44, 46, 49-57, 59, 63-4, 68, 79, 81, 110, 113, 115-7, 120-22, 125, 131-3, 135-8, 142-4, 163-4, 167-70, 175, 183-93, 195-6, 200, 210-3, 221, 226, 236, 243, 245-7, 251-2, 254
――関税同盟 57, 211, 254
――東方植民 116, 132
銅 23, 93, 100, 102, 125, 131, 134, 137, 159, 165-7, 169, 175, 179-80, 183, 187, 191
東欧 42, 62, 83-4, 109, 117, 121, 132, 136, 173, 189, 190-1, 244, 246, 249
東京 29, 48, 223-5, 228-30, 234-5, 238, 241, 250-1, 253-4, 258
――オリンピック 234-5
同職組合 20, 69, 118 →ギルド
同族会社 24, 26, 27
東南アジア 13, 129, 144, 154, 161, 176
『東方見聞録』 149, 150, 156, 250, 256
トウモロコシ 14, 180
独占 24, 28, 70, 114, 127, 136, 160-1, 174, 181, 212
独立自営農民（ヨーマンリー） 69, 71-2
都市・農村関係 112, 118
都市の時代 19, 20, 224-5
都市法 20, 189
ドナウ川 119, 121
ドニエプル川 115, 121
トリックスター 95
トリップ, エリアス 25, 180
トリマルキオ 18, 103-4
『――の饗宴』 103-4, 250
取引所 6, 169, 186, 258
取引網 24 →通商網、流通網も参照
トルコ 79, 106, 127, 145, 158, 181
奴隷 18, 60-1, 83, 101-2, 104-6, 115, 129, 159, 163, 175, 209, 214, 250
――制 60-1, 83, 209, 214
トレヴィシック, リチャード 203
問屋 69, 222, 229-32, 238

な行

長い16世紀 140, 154
中内功 229, 251
仲買 222
長崎 95, 97, 174, 177-9, 228, 238, 251-2, 258
長崎会所 178

長澤和俊 143-5, 147, 156, 252
ナポリ 22, 114, 120
鉛 93, 102, 150, 178, 183, 187
ナント 143, 184, 188, 241
南北問題 17, 84, 243

肉 8, 135, 237
——屋 199
肉桂 103, 129, 160, 168
ニクズク 129, 160, 168
ニジニ・ノブゴロド 35
鰊 8, 134-6, 169, 172, 175
日常生活 8, 75, 80, 88
日用品 11, 30, 102, 163, 238
二宮宏之 76-8, 89, 253
日本 3-4, 7-9, 14, 23, 30, 38, 42-4, 55, 68, 72-4, 96-7, 107-8, 150, 160, 176, 178-9, 196, 212, 221-2, 224-5, 227-38, 240-56
——海 8, 97
——万国博覧会 38, 234
乳香 103-4, 129
ニューヨーク 175, 213-7, 219, 225
ニュルンベルク 23, 57, 121-2, 168, 185, 190

ネーデルラント 115, 121, 164-5, 167, 170-1, 175-6 →低地地方も参照
ネットワーク vii, 5, 25, 34, 88-9, 101, 112, 114, 143, 151-2, 154-5, 158, 170, 175-6, 205, 215, 250, 252, 254
年市 30, 32, 34, 116, 197

農奴 60-1, 84, 106
ノウハウ 24, 174, 239
ノルウェー 115, 133, 135, 137
ノルマン人(ヴァイキング) 115, 120, 130

は行

パートナーシップ 22, 26, 29 →共同企業も参照
バグダード 151
博物学 4, 52, 76, 178
博覧会 6, 35, 38, 192, 219, 234

母なる貿易 173-4, 255
ハプスブルク 23, 24, 164
林周二 i, 10, 17, 231-2, 253
バルト海 vi, 23, 78-9, 84, 101, 113, 115-6, 119, 121, 123, 129, 131-41, 165-6, 169, 171-5, 180, 184-8, 196, 251
バルヘント 23-4, 169
パルミラ 144
阪急 223-4, 241, 258
ハンザ(同盟) vi, 27, 115, 119, 121-2, 131-42, 165-6, 170-2, 180-1, 185-6, 190, 211, 226, 251-2, 256-7
——商業圏 27, 136
——ハンザ総会 139, 141
半周辺(半辺境) 83, 86
パンとサーカス 105
ハンブルク vii, 119, 133, 135, 137, 141-2, 184-8, 191-3, 196, 258
半辺境 →半周辺
ハンムラビ法典 19, 95-6

ビール 134, 136-7, 176
皮革 101, 108, 117, 129, 169, 187, 191 →毛皮も参照
東アジア 155, 174, 176, 192, 251
東インド vii, 5, 13, 15-6, 24-5, 27-9, 73, 157-61, 167-8, 174-5, 177-9, 199, 250, 252-3
東インド会社 15-6, 25, 27-9, 161, 174, 177-9, 199, 250, 253
ビザンツ 106, 115, 152
必需品 4, 11-2, 18, 70, 93, 102, 104, 166, 173, 213, 216
ピッツバーグ 214, 217
非日常 32, 95, 190, 192
百貨店 6, 35, 192, 218-20, 222-5, 228, 230-1, 238, 241, 250, 252, 256, 258
ピューリタン 65
平戸 174, 177
ピレンヌ 110-3, 120, 142, 152, 255-6
——・テーゼ 112, 152
広場 32, 118, 120, 190
貧困 17, 50, 63, 84-5, 248

266

ファミリーマート 238, 240
フィラデルフィア 213, 219
フィレンツェ 21, 120-2, 129, 142, 183
風土 7, 9, 76, 254
フェア 29, 30, 32, 192
フェーブル, リュシアン 76-7
フェニキア vi, 19, 31, 38, 95, 98, 100, 102, 123
フェリペ二世 77, 164, 166
ブシコー, アリスティド 218
フッガー家 22, 23, 24, 25, 81, 169, 254
────の時代 22-4, 254
『物質文明・経済・資本主義』 v, 77, 80, 81, 255
物流 i, 144, 205, 219, 239
フビライ 147-50
富本銭 107, 257
ブラバント 135
フランク, アンドレ・グンダー 84, 86, 255
フランクフルト 34-5, 38, 117, 121-2, 134, 168-9, 185, 200
────大市 38, 117
フランス 21, 34-5, 44, 52-3, 57-8, 61, 67, 75-7, 110, 114-5, 117, 120-1, 134, 137, 165, 180, 182-5, 187-8, 191-3, 210-1, 221, 247, 253
フランチャイズ・チェーン（FC） 239
ブランド 12, 217, 235
フリーセン人 114
ブリッジウォーター 202
ブリュージュ（ブルッヘ） 22, 116-7, 121, 128, 132-5, 166-8, 170
ブルク 120
ブレーメン 33, 64, 119, 137, 141-2, 226, 257
ブレスラウ 23, 121, 190
ブレトン・ウッズ体制 243-4
プロイセン 53-6, 137, 140, 211
ブローデル, フェルナン v, 75, 77-81, 84-5, 154, 157, 255-7
ブロック, マルク 76, 77, 253
プロテスタンティズム 65-6
『プロテスタンティズムの倫理と資本主義の精神』 65
フロンティア 35

文化 i, 2, 7-9, 12-4, 17, 20, 22, 25, 36, 44, 57, 60, 76, 88, 94-6, 106, 109-11, 125, 145-6, 151, 171, 199, 206, 217-8, 223-5, 249-55, 257
文書 21, 39, 48, 76, 96, 149
文物 7, 9, 111, 146
文明 19, 75, 77-8, 80-1, 85, 98, 101, 104-6, 110, 119, 145, 154, 159, 212, 252-5

ヘーゲル, ゲオルク・ヴィルヘルム・フリードリヒ 44, 61
兵器 25, 93, 114, 180
ヘゲモニー 54, 85-6
ベッカー, カール 40-1, 48
ベルゲン 133, 136
ヘルメス 94-5
ベルリン 225, 246
辺境 →周辺
遍歴商人 20, 112

封建制 60-1, 67-8, 71, 74, 77, 82, 157
宝石 12, 93, 103-4, 115, 129, 131, 146, 149, 191, 216
法則定立科学 47
簿記 6, 128-9
保険 6
保護貿易 54-7, 188, 210-2, 214
ボストン 213, 215
北海 vi, 23, 79, 96, 113-6, 121, 123, 127, 129, 131, 133-5, 137-40, 158, 169, 171, 172, 184-7, 192, 251
北方ヨーロッパ 3, 27, 80, 114, 125, 130-1, 133-5, 142, 171, 180, 188, 190, 193, 252
没薬 103, 129
ボルティモア 213, 215
ボルドー 184, 188
ポルトガル 14, 137, 159-62, 164, 167-8, 174-7, 182, 187
ポルトゥス 112-3, 120
ボン・マルシェ 218

ま行

マーケット 6, 29, 30, 62, 220, 224, 227-8, 231,

索 引 ── 267

237, 242, 252, 255
マーケティング 62, 251
マーチャント・アドヴェンチャラーズ 168, 186
マカオ 160-1, 174
マクデブルク 119
マゼラン 13, 38, 160
まちづくり 118, 231, 242
マニュファクチャー 69, 194
マラーノ 170, 186
マラッカ 160, 174
マルクス, カール v, 42, 44, 51-2, 59,-62, 66-7, 71, 73-4, 104, 251
　——主義 42, 51, 66, 74
マルコ・ポーロ vii, 7, 147, 151, 156, 250, 256
マルセイユ 110, 183-4
マンチェスター 16, 54-5, 198-9, 202, 204-6
マンチェスター学派 54-5

未開発 85
三越 222-5, 230
蜜蠟 115, 132, 134, 136, 191-2
見本 6, 30, 35, 192, 198
　——市 6, 30, 35, 192
明礬 22, 117, 126-7, 131, 187

無縁の地 31
ムスリム 111-2, 152
無敵艦隊 164-5
ムハンマド 111
紫染料 100

メシュエン条約 182, 193
メッセ 6, 30, 32, 249-50　→大市も参照
メディチ家 21-6, 142, 183, 254
メロヴィング朝 109-10
綿(綿花、木綿、綿織物も含む) 8, 14-7, 23, 39, 54, 104, 127, 161, 169, 175, 178, 183-4, 187-8, 192, 194-6, 206, 208-11, 214, 237, 251
免罪符 25

モータリゼーション 219, 235, 242
木材 100, 102, 134, 136-7, 140, 165-6, 175, 180,
187, 196
モダンガール 225
木綿 8, 14-6, 104, 192, 208-9　→キャラコも参照
最寄品 11
諸田實 ii, 3, 23-4, 57, 193, 250, 254-5

や行

薬種 14, 22, 129, 131, 146, 160, 179, 183
ヤンキー・ペドラー 215

唯物史観(史的唯物論) 42, 44, 52, 59-60, 62, 71
ユーラシア vii, 7, 88, 103, 106, 143-6, 151-2, 154-5, 176, 209
豊かな社会 viii, 229, 233, 236, 248
ユダヤ人 18, 66, 86, 95, 170-1, 190-1, 255
ユトランド半島 132-3, 141, 185

ヨーロッパ vi, vii, 3, 9, 13-4, 18, 20, 22, 24, 26-7, 31-5, 43, 48, 60, 65-6, 71, 80, 82-3, 86-9, 94, 102, 106, 109-14, 116-23, 125-7, 129-31, 133-5, 140, 142-4, 147, 150-2, 154-9, 161-4, 167, 169, 171, 174-5, 179-80, 182-8, 190-3, 196-7, 199, 202-3, 207-15, 246-7, 251-6
　——世界誕生論 110, 112, 152
　——中心史観 48, 86-7
羊毛 22, 100-1, 116, 129, 132, 134-5, 167-8, 183, 184, 192, 208, 237
よろずや 216

ら行

ライプツィヒ vii, 34-5, 57, 121, 168, 185, 187-92, 257
ライン・ワイン 137, 169, 175　→ワインも参照
羅針盤 127
ランカシャー 198
ランケ, レオポルド・フォン 46, 48, 52, 76, 256
ランドマーク商品 237, 249-50

リーガ 132-3
リヴァプール 198, 202, 204-5
リヴァプール・マンチェスター鉄道 204-5

リスト, フリードリヒ v, 50, 55-7, 188, 254, 256-7
リトアニア 191-2
理念型 64
リヒトホーフェン, フェルディナント・フォン 143
略奪 93, 115, 162, 176, 181
流通革命 viii, 6, 221, 227, 229, 231-3, 237, 245, 253
流通経路 4-5, 50, 134, 135, 198, 237 →通商路、貿易路も参照
流通史観 44
流通システム 7, 220
流通網 57, 198, 215, 217 →通商路、取引網も参照
リューネブルク 136
リューベック 9, 23, 119, 122, 132-3, 135-42, 172, 185-8, 257
両替 21, 101, 128-9
両極分解 69-71, 195
リヨン 34-5, 117, 121, 183, 192

ルカ・パチョーリ 129
ルネサンス 21-2, 25, 142, 257

冷戦 42, 51, 59, 243-4, 246
レヴァント貿易 125, 181, 183, 253
歴史観 iv, 41-6, 48, 59, 72, 87
歴史形成力 2-3, 6, 8-9, 143, 249
歴史主義 52-3, 57
歴史の世紀 52-3
歴史学派経済学 v, 49-50, 52-5, 63, 188
レコンキスタ 127
レジャー 32, 206
レバノン杉 100

労働価値説 59
ローソン 238, 240
ローマ vi, 18-22, 25, 43, 46, 60, 82, 94, 100, 102-6, 109-12, 114, 119-20, 123, 126, 147, 152, 158, 164, 189, 203, 250, 254-5, 257
ロシア 35, 61, 101, 115, 117, 121, 132, 136, 182, 187, 191, 196, 212-3, 221, 247
ロスチャイルド 18
ロストック 132-3
ロンドン 22, 32, 121-2, 132-3, 168-9, 188, 193, 198-200, 202-3, 206, 208, 225, 254

わ行

ワイン 19, 100-2, 110, 114, 129, 131, 134, 137, 163, 169, 175, 182, 187 →ライン・ワインも参照
和同開珎 107
ワンストップ・ショッピング 218, 228, 240, 242

■著者紹介

谷澤　毅（たにざわ・たけし）
　　長崎県立大学経営学部教授
　　1962年東京生まれ
　　早稲田大学大学院経済学研究科博士後期課程単位取得満期退学
　　博士（経済学：早稲田大学）

　　［主要業績］
　　『北欧商業史の研究――世界経済の形成とハンザ商業』知泉書館、2011年
　　『佐世保とキール　海軍の記憶――日独軍港都市小史』塙書房、2013年
　　『地域と越境――「共生」の社会経済史』（内田日出海、松村岳志との共編）春風社、
　　　2014年
　　『長崎偉人伝　武藤長蔵』長崎文献社、2020年

世界流通史

2017年4月30日　初版第1刷発行
2025年2月28日　初版第2刷発行

著　者　谷澤　毅
発行者　杉田　啓三

〒607-8494　京都市山科区日ノ岡堤谷町3-1
発行所　株式会社　昭和堂
TEL（075）502-7500／FAX（075）502-7501

ⓒ 2017 谷澤毅　　　　　　　　　　　　　印刷　亜細亜印刷
ISBN978-4-8122-1630-9
＊落丁本・乱丁本はお取り替えいたします
Printed in Japan

本書のコピー、スキャン、デジタル化等の無断複製は著作権法上での例外を除き禁じられています。本書を代行業者等の第三者に依頼してスキャンやデジタル化することは、例え個人や家庭内での利用でも著作権法違反です

マルサス人口論事典

マルサス学会 編　A5判上製・368頁　定価8,800円

人口という視点から人や社会の幸福、国の発展を描く経済学を構築したマルサス。その考えは200年以上にわたり歴史の吟味に耐えて受け継がれてきた。人口と経済の問題が大きな課題となっている日本の現代で、マルサスの人口論の全容があらためて示される意義は計り知れない。

概説世界経済史［改訂版］

北川勝彦 ほか編　A5判並製・288頁　定価2,530円

経済史を学ぶための理論と方法から、日本・欧米・アジア・アフリカの各地域の経済史まで、バランスよく、かつコンパクトにまとめた入門書。経済学を初めて学ぶ学生はもちろん、世界全体および各地域の経済史をおさらいしたい社会人にも最適。

食と農の環境経済学——持続可能社会に向けて

宇山 満著　四六判並製・192頁　定価2,200円

農業は環境にやさしいのか、環境の破壊者なのか？　わたしたちの食行動は、環境とどんな関係をもっているのか？　日常的な視点から、食と農と環境に関わる疑問について、経済学の立場から解説する入門書。

人口論とユートピア——マルサスの先駆者ロバート・ウォーレス

中野 力著　A5判上製・344頁　定価6,600円

マルサス人口論に影響を与えた人物として、スミス、ヒューム、ステュアートらがいるが、誰よりも大きな存在がウォーレスだ。エディンバラ大学所蔵の草稿を解読し、彼の全貌に迫る本邦初の著作。

スコットランド経済学の再生——デュガルド・スチュアートの経済思想

荒井智行 著　A5判上製・288頁　定価5,280円

D・スチュアート思想は、スミス以降のスコットランド経済学を甦らせ、今日のスコットランド福祉社会形成の伏流となった。世界で初めて大学で経済学の独立講義をした彼の思想の全貌を探求する。

（表示価格は10%税込）

昭和堂刊

昭和堂ホームページ http://www.showado-kyoto.jp/